개척하는 지성

21세기 뉴 노멀 사회의 도전

나남
nanam

나남신서 1977

개척하는 지성

21세기 뉴 노멀 사회의 도전

2018년 11월 15일 발행
2021년 1월 5일 2쇄

지은이   廉載鎬
발행자   趙相浩
발행처   (주) 나남
주소   10881 경기도 파주시 회동길 193
전화   (031) 955-4601(代)
FAX   (031) 955-4555
등록   제 1-71호 (1979.5.12)
홈페이지   http://www.nanam.net
전자우편   post@nanam.net

ISBN 978-89-300-8977-7
ISBN 978-89-300-8655-4(세트)

나남신서 1977

개척하는 지성

21세기 뉴 노멀 사회의 도전

염재호 지음

나남
nanam

Pioneering Intellectuals

Challenges for the New Normal Society in the 21st Century

by

Jaeho Yeom

nanam

머리말

모두 위기라고 한다. 터널 끝이 보이지 않는다고 한다. 젊은이들은 부모들이 누렸던 경제수준을 자신들의 미래에는 결코 기대할 수 없다고 한다. 그래서 아예 노력도 하지 않고 포기한 채 주저앉아 있는 것처럼 보인다.

언론은 연일 3포 시대를 넘어 5포 시대, 7포 시대를 외치고 있다. 포기해야 할 것이 너무 많다. 우리 사회는 젊은이들에게 미래가 없다는 좌절감과 상실감만 매일매일 깊이 각인시키고 있다. 그렇기에 젊은이들은 미래에 대한 불안과 현재에 대한 불만만 키워나가고 있다.

젊은이들이 미래를 준비할 꿈도 꾸지 못하고 현재에 살아남기 위해 전전긍긍한다. 앞으로 어디로 가야할지 방향감각을 잃은 채 불안해하고 있다. 지금 당장 어디로 가야할지 몰라 우왕좌왕하고 있으면서 미래를 바라볼 여유를 부리는 것은 사치처럼 보인다. 과연 우리 시대는 젊은이들이 이처럼 비전도 없이 포기하고 살아야 하는 시대인가?

젊은이들의 아픔과 고민은 어느 시대에나 있었다. 사회에 대한 인식이 싹트기 시작하는 성인의 문턱에서 이상적인 꿈을 간직한 젊은이들은 현실 사회의 모순을 비판했다. 대부분의 꿈 많은 젊은이들은 시대적 아픔을 기성세대보다 더 깊이 느끼며 살았다.

1930년대 중반 스페인 내전이 벌어졌을 때 국제여단에 참여하여 프랑코 국가주의군과 싸운 젊은이들의 순수한 열정과 아픔을 우리는 기억한다. 당시 혈기왕성한 젊은이였던 헤밍웨이, 조지 오웰, 생텍쥐페리, 앙드레 말로 등은 인민의 자유와 평화를 위해 스페인 내전에 참전했다. 하지만 전 세계의 젊은이들이 동경했던 사회주의 이념은 그리 쉽게 성취되지 못했다.

사회주의 이상을 추구했던 국제여단의 젊은이들은 현실적인 러시아 공산주의에 실망하고, 프랑코를 은밀하게 지지했던 서구와 미국의 자본주의에 분노하며 패배의 쓴잔을 마셔야만 했다. 그들은 비참하게 전투에서 지고 나서 아쉬움만 가득 안고 각자의 나라로 귀국해 오랜 기간 허무한 패전의 쓰라림을 안고 살아야만 했다. 애덤 호크실드Adam Hochschild는 《스페인 내전: 우리가 그곳에 있었다》Spain in Our Hearts에서 20세기 초에 세계 젊은이들이 겪은 이 같은 이념적 갈등과 현실적 참여의 간극이 빚어낸 시대적 아픔을 잘 묘사하고 있다.

제 2차 세계대전은 더 많은 젊은이들의 희생을 요구했다. 그래서 전쟁이 끝나고 평화가 온 뒤에도 젊은이들은 정신적 공황상태에서 방황하기 시작했다. 시대를 비관하고 데카당한 행동이 이어졌다. 기성세대와 국가에 대한 저항이 젊은이들 사이에 번져 나갔다. 게다가 냉전시대로 접어들면서 한국전쟁, 베트남전쟁과 같이 사상적 갈등으로 빚어진 전쟁에 참여한 젊은 군인들의 정신적 트라우마도 심각한 시대적 아픔으로 남게 되었다.

1960년대 학생운동이 전 세계에 질풍노도와 같이 번졌을 때에도 젊은이들의 방황은 시대의 아픔과 같이했다. 우리나라에서는 1960년 4·19혁명을 통해 학생들이 정권을 무너뜨린 최초의 사례를 만들었고, 1968년 프랑스의 학생운동은 68혁명을 가능하게 했다. 무라카미 하루키村上春樹는 그의 대표작 《노르웨이의 숲》에서 1960년대 일본 젊은이들이 좌절하고 방황하던 모습을 그렸다. 안보세대라고 불린 일본의 젊은이들처럼 당시 전 세계의 젊은이들도 혼란에 빠져 있었다. 히피가 등장하고 베트남전쟁과 68혁명을 경험한 많은 나라의 젊은이들이 미래에 대한 불안감과 현실에서의 좌절감으로 방황했다.

1960년대와 1970년대의 전 세계 젊은이들은 체 게바라에 열광했고, 남미에서는 혁명이 일어나고 종속이론이 확산되었다. 저개발국 곳곳에서 정부에 대한 불신이 높아졌고 반정부 투쟁이 일어났다. 이 과정에서 분노와 상실감이 젊은이들 가슴에 깊이 남았다.

우리에게도 이승만 독재정권, 박정희 유신정권과 전두환 군사독재 정권에 맞서 치열하게 민주화를 위해 투쟁한 젊은이들의 아픔과 상실감이 있었다. 이 모든 젊은이들의 방황과 좌절, 그리고 현실세계에 대한 실망과 분노는 이상주의적인 사상에 대한 동경과 시대사적 아픔에 그 근원을 두고 있다.

하지만 지금은 이전의 세기말적 혼란이나 사상적 상실감보다는 훨씬 더 현실적인 문제로 실망하고 좌절하는 우리의 젊은이들을 마주치게 된다. 이곳저곳에서 인공지능, 제4차 산업혁명, 창업, 벤처 등을 화두로 21세기의 미래 모습을 이야기한다. 이념적 갈등보다는 적응하기 어려운 현실과 불확실한 미래에 대한 두려움이 젊은이들을 더 크게 흔들어 놓고 있다.

아직 경험해보지 못한 미래가 너무 빠른 속도로 전개되고 있다. 이에 적응하지 못하는 젊은이들에게 미래는 불안과 초조로 다가온다. 21세기의 급격한 변화를 현실로 받아들일 수밖에 없다는 것은 인정하지만 이에 효과적으로 대응하기 위한 뚜렷한 방안은 알지 못해서 젊은이들은 초조하기만 하다. 오히려 이들은 20세기식 사고의 늪에 깊이 빠져서 허우적거릴 뿐이다. 20세기의 방식으로 더 열심히 준비하고 더 경쟁적으로 노력하고 있지만 그 결과는 미지수로 남아 있다. 이처럼 갈 길을 찾지 못해 헤매는 우리 젊은이들의 모습이 안타깝기만 한다.

사회를 이끌어 나가야 할 지도자나 집단 중에서 어느 누구도 희망을 이야기하지 않는다. 사회문제 해결을 책임져야 할 정부나 정치권도 문제의 핵심을 모르는 것 같다. 문제를 해결하지 못해 발만 동동 구르고 즉흥적인 단기처방만 난무하지, 본질적인 문제의 근원에는 전혀 접근하지 못한다.

정치권은 진보와 보수, 이념의 문제로 미래를 풀어보려고 한다. 미래의 불확실성과 위기에 대한 대안을 제시하기보다는 여야 간에 서로 책임을 전가하면서 문제의 본질을 왜곡시킨다. 그러기에 포퓰리즘적인 처방만이 정치권의 눈을 사로잡는다.

때로는 이념의 틀에 사로잡혀 미래의 숙제를 과거의 문제해결 방식으로만 풀려고 한다. 정치적 이해관계로만 문제를 접근하지, 진솔하게 문제의 핵심을 들여다보지 못하고 있다. 젊은이들과 함께 고민하고 미래지향적 대안을 제시하려는 노력은 찾아보기 어렵다. 마치 암울한 미래를 한탄하기만 하다가 몰락한 구한말을 보는 것과 같다고나 할까?

과연 지금은 위기의 시대인가? 이 위기는 우리나라만의 위기인가? 그리고 이 위기는 나라의 미래를 열어갈 우리 젊은이들만 짊어져야 하는 위기인가? 이 위기를 극복하기 위한 우리의 전략은 무엇인가?

세계는 어지러울 정도로 빠르게 변화하고 있다. 하지만 우리의 대응은 눈을 감고 발을 질질 끌며 마지못해 끌려가고 있는 형국이다. 미래를 향해 도전하기는커녕 오히려 미래에 대한 불안감으로 전전긍긍하기만 한다. 미래를 피하고 싶은 불확실성으로만 보고 문제의 핵심을 애써 외면하려고 한다. 그렇기 때문에 조금의 변화도 거부하고 고집스럽게 현재의 기득권을 사수하려고 한다.

그러나 알량한 현재의 이익을 조금도 양보하지 않은 채 버티고 있으면 사회 전체는 점점 나락으로 떨어지게 된다. 왜 우리 사회는 19세기 근대화 과정에서 자신들의 이익만을 견고하게 지키려고 싸우다가 당쟁에 빠져 미래를 외면한 구한말 선비들을 비난만 하는가? 근대화를 준비하지 못한 결과로 20세기 초반 온 민족이 고통 받았던 쓰디쓴 역사적 진실을 외면하고, 지금도 그 과정을 되풀이하려고 하는가?

모두 이 위기를 극복해야 한다는 원론에는 공감한다. 하지만 문제를 풀어나가는 각론에는 제각각의 이해 때문에 해결책에 한 걸음도 다가서지 못한 채 좌충우돌하고 있다. 미래를 논의하는 공간에는 초고령사회, 저출산, 경제양극화, 청년실업, 탐욕적 신자유주의, 과잉복지, 관료규제, 슈퍼국회, 정치불신, 흙수저, N포세대 등 부정적인 단어들만 난무하고 있다. 행복, 삶의 질, 꿈, 용기, 도전, 희망과 같은 미래를 향한 긍정적인 단어들은 찾아보기 어렵다.

미래에 대한 불안감은 커지는데 정치 지도자들뿐 아니라 사회 지도자들도 뚜렷한 방향제시를 못하고 있다. 대학이 되었건, 기업이 되었건, 언론이 되었건 우리 사회 지도층의 고민과 대안의 목소리가 잘 들리지 않는다. 서로 다른 사람들에게 돌만 던지고 자신은 오불관언하고 뒷짐 지고 쳐다보면서 우리의 미래가 걱정스럽다고 혀만 차고 있다. 그동안 고도경제성장을 이룩하면서 이만큼 잘살게 되었는데, 앞으로가 걱정이라는 부정적 전망만 난무한다. 이제 우리에게는 미래도 없고, 비전도 없는 우울한 시대를 맞게 될 것이라고 사방에서 소리 높여 외치는 구호만 메아리치고 있다.

젊은이들이 금수저, 흙수저로 신분을 가르기 시작했다. 현재의 어려움을 극복하려고 노력하기보다는 자신이 처한 어려움에 대한 책임을 남의 탓으로 전가하는 세태가 확산되지 않기를 바라는 마음이 간절하다. 그동안 우리 사회에는 다소 무분별한 자신감이 넘쳐 있었다. 언제나 "하면 된다"라는 무한한 자신감으로 가득 차 있던 시기도 있었다. 전혀 문제없었던 것은 아니지만, 그래도 그런 태도를 가진 이들은 미래에 대한 꿈과 희망을 이야기할 수 있었다.

하지만 요즘 세대는 패기와 긍정적 태도는 잃어버리고 사회, 제도 그리고 국가, 더 나아가 자신의 부모까지 탓하게 되었다. 이제 젊은이들이 '헬 조선'을 외치면서 자신들을 돌봐주지 못하는 조국을 비난하는 심각한 지경에까지 이르렀다.

이런 지경까지 오게 된 데에는 기성세대가 이를 극복하기 위한 대안을 사전에 적절하게 제시하지 못한 탓도 있다. 열심히 일만 하면 성공할 수 있었던 과거의 경험은 기성세대들에게는 정답이었지만, 젊은 세대에게 아무리 이야기해도 먹혀들지 않는다. 시대가 바뀌어 이전 같지 않다고 생각한다. 자신만 열심히 일한다고 문제가 해결되는 것은 아니라고 지금 젊은이들은 생각한다.

　지금의 젊은 세대들은 이전 세대보다 훨씬 많은 노력을 하고, 능력면에서도 이전 세대보다 훨씬 뛰어나다. 하지만 이처럼 능력이 뛰어난 젊은이들이 실력을 발휘할 만한 사회시스템이 준비되어 있지 못하다보니 젊은 세대는 미래에 대해 불안해하고 있다. 이 때문에 그들은 기성세대를 부러워하고 동시에 부모세대만큼 가지지 못한 것에 대한 불만으로 가득 차 있다.

　그렇다면 문제의 핵심은 이들이 능력을 펼칠 수 있는 사회시스템을 사전에 만들어주지 못한 데에 있는 것은 아닐까? 세상이 바뀌고 미래가 빠르게 변화하는데 기성세대가 자신들은 노력만 하면 성공한다는 단순한 성공논리에 빠져서 우리의 젊은 세대에게 노력만 하라고 권하고 있거나, 노력이 부족하다며 젊은이들을 힐난하고 있는 것은 아닌가? 하지만 젊은이들의 현실 안주나 도전정신 부족을 탓하기에 앞서 미래의 불확실성에 대응하기 위한 시스템을 왜 미리 갖추지 못했는지 되돌아 봐야 하는 것은 아닐까?

　이제 젊은이들이 어떤 사회시스템에서 미래를 준비해야 하는지, 그들이 실력을 발휘할 터전은 제대로 마련되어 있는지 함께 고민해야 하는 것은 아닐까? 부모들이 성취한 열매를 자식들이 땀 흘리지 않고 공짜로 따먹을 수 있는 방법만을 가르쳐주었기 때문에 이들이 도전하지 못하는 것은 아닌지 고민해볼 필요는 없을까? 거시적 관점에서 시스템을 미리 기획하지 못한 기성세대의 무능력을 탓해야 하는 것은 아닐까? 아니면 기성세대들은 무한경쟁 속에서 앞만 보고 달리느라 먼 미래를 내다보는 넓은 시야를 갖추는 것을 생각지 못했더라도, 이제는 젊은이들에게 보다 큰 그림을 보여주어야 하는 것은 아닌가?

새로운 사회시스템을 갖추기 위해서는 20세기 고도경제성장 과정에 쌓여 있었던 제도적 모순을 개혁하는 것이 필요하다. 급속한 경제성장 과정에서 쌓인 많은 사회적 모순과 불합리한 제도나 관행을 과감하게 벗어던지는 것은 매우 중요하다. 하지만 이에 못지않게 중요한 것은 21세기에 걸맞은 새로운 시스템을 설계해서 젊은이들이 미래를 더 잘 준비할 수 있도록 인도해주는 것이다.

그러나 힘들어 하는 젊은이들을 위해 몇몇 지성인들이 이 시대를 진단한 것을 살펴보아도 미래의 새로운 시스템을 위한 제언은 그리 많지 않다. 일찍이 김난도 교수는 《아프니까 청춘이다》를 통해 청춘의 어려움은 삶의 보편적 현상이라고 역설했다. 청춘의 어려움과 고통은 인생의 통과의례라는 것이다. 그렇기에 젊은이들이 살아가는 과정에서 한 번은 이를 극복하고 도전해야 한다고 격려한다.

장하성 교수의 《왜 분노해야 하는가》는 우리 사회의 소득격차에 초점을 맞춘다. 소유격차보다 소득격차가 문제라고 한다. 소득격차를 해결하기 위해 젊은이들이 자신들의 노력에 대한 정당한 보상을 사회에 요구해야 한다고 주장한다. 특히 우리 경제가 세계 10위권으로 도약했지만 개인의 부보다는 기업의 부만 커졌기 때문에 개인이나 가계의 소득증대를 대기업에게 요구해야 한다고 한다.

재독 철학자 한병철의 《피로사회》 정도가 21세기 사회변화에 주목하고 있다. 그의 성찰에 따르면 기존 사회가 규율 중심의 사회였던 반면에 이제는 성과 중심의 사회로 바뀌고 있다. 성과 중심의 사회는 더 치열한 노력과 경쟁을 요구한다. 열심히 노력만 하면 성공하는 것이 아니라 언제나 시장과 조직에서 그 결과를 평가받아야 한다. 그래서 더욱 신경증적인 피로사회로 젊은이들을 몰아간다. 이런 피로사회이기 때문에 젊은이들의 불안감이 심화되는 사회병리적 현상이 나타난다고 설명한다.

한병철의 분석은 21세기로 진입하며 나타나는 시대사적 변화에 주목한 독특한 분석이다. 규율 중심에서 성과 중심으로 사회가 변화한다는 것은 시키는 일을 성실하게 열심히 잘하는 것만으로는 미래에 살아남기 어렵다는 것을 뜻한다. 조직인으로서 규율을 잘 지키고 정답만 찾아서 행동하는 것이 아니라 사회나 조직이 기대하는 자기만의 구체적인 성과가 있어야 성공하는 시대로 변화하고 있다.

어렸을 때부터 시키는 공부만 열심히 해 온 우리 젊은 세대에게는 경험해보지 못한 충격이다. 자기 스스로 무엇인가 결과를 만들어내야 하고, 이전에는 없던 길에서 성취를 이루어내야 한다는 것은 모범생들에게는 무시무시한 충격이고 도전이다. 그저 시키는 대로 열심히 잘 달려왔는데 갑자기 벼랑 끝이 나타나서 눈앞에 펼쳐진 낭떠러지를 홀로 마주하는 것과 같은 것이다.

앞으로도 왜, 지금, 젊은이들이 꿈을 갖지 못하고 불안해하고 있는

지를 다루는 책들이 많이 쏟아져 나올 것이다. 여러 분석들은 나름대로 의미 있는 답을 구하려고 하겠지만, 나는 이곳에서 조금 다른 시각으로 문제에 접근해 보려고 한다.

우리가 마주하고 있는 이 위기를 인류가 21세기에 당면한 문명사적 대전환기에 나타나는 보편적인 현상으로 이해하고자 한다. 지금의 위기를 우리 사회의 젊은이들에게만 닥치는 특수한 현상으로 보기보다는 인류 문명사에 나타나는 거대한 변화의 물결마다 마주치게 되는 보편적인 현상으로 보려는 것이다. 그리고 그러한 관점에서 문제를 극복하기 위한 방안들은 어떤 것이 있는지, 우리 사회가 이를 극복하기 위해서는 어떤 지혜를 모아야 하는지, 21세기를 살아가야 하는 젊은이들을 위한 새로운 시스템 설계를 어떻게 하는 것이 바람직한지를 탐색해보려 한다. 새로운 질서, 즉 뉴 노멀New Normal이 형성되는 가운데 우리에게 필요한 능력은 무엇인지를 제시해 보려 한다. 그렇게 해서 어렴풋이나마 우리 젊은이들이 21세기 미래를 개척해 나가기 위한 나침반을 가질 수 있기를 바란다.

개척하는 지성
21세기 뉴 노멀 사회의 도전

차 례

제 1 장

21세기의 문명사적 대전환

위기의 시대인가 기회의 시대인가?

인류의 역사에서 매번 양상이 조금씩 다르기는 했지만 언제나 세기말, 세기 초가 되면 인류는 위기를 맞았다. 이전에 경험해보지 못했던 새로운 현상들이 등장하여 인류를 불안하게 만들었다. 이러한 위기가 사회혼란을 야기해서 때로는 대공황으로 이어지기도 하고, 때로는 세계대전으로 치닫기도 했다. 어떤 곳에서는 극단적 포퓰리즘 정치가 국민들을 현혹하기도 했고, 다른 곳에서는 퇴폐주의 문화나 종말론적 철학이 등장하기도 했다.

다른 한편으로 보면, 인류의 문명사는 이런 위기를 겪으면서 발전해왔다. 인류의 역사는 거대한 역사의 수레바퀴 아래에서 새로운 길로 들어설 때마다 힘겹게 이를 극복하기 위한 노력의 결과로 진화해 온 것을 증언해주고 있다. 마치 미래가 없을 것처럼 엄청난 위기로 삶을 위협당해 온 것이 인류의 역사였지만 인류는 언제나 집단지성을 통해 이를 극복해 왔다. 문명사적 위기라는 역사의 변곡점마다 인류는 이를 극복하기 위한 현명한 노력을 통해 새로운 역사를 써 내려온 것이다.

그런 점에 비추어 볼 때 21세기 초, 지금 우리가 경험하는 위기는 인류 문명사의 또 하나의 변곡점이라고 할 수 있다. 따라서 이러한 위기는 우리나라만 겪고 있는 특수한 현상이라기보다는 전 세계가 겪고 있는 보편적 현상으로 보는 것이 맞다. 다만 우리 사회가 지난 50년간 전 세계 어느 나라도 경험해보지 못한 엄청나게 빠른 속도의 경제발전과 민주화를 이루었기 때문에 그 현상을 더 뼈저리게 느낄 뿐이다.

21세기 인류 사회는 또다시 진화하고 있다. 이 변화는 이전보다 훨씬 빠른 속도로 전개되고 있다. 19세기 말, 근대화라는 문명사의 변화과정을 배경으로 한 구한말의 역사에서 보았듯이 이에 잘 적응하지 못하면 세기말의 변화는 우리에게 엄청난 위기를 가져다준다.

유럽은 18세기 후반 산업혁명을 통해 급속한 근대화의 길을 걸었다. 일본도 1868년 메이지 유신을 통해 빠른 속도로 19세기 중반 이후 유럽식 근대화 발전모델을 좇아갔다. 일본이나 유럽과는 다르게 19세기 말 근대화 과정에서 한국과 중국은 과거에 안주하다 몰락하여 20세기 전반에 식민지와 전쟁이라는 쓰디쓴 역사적 경험을 겪어야 했다.

역사는 반복되는가? 21세기 초 우리가 어떤 위기 극복 능력을 보이느냐에 따라 21세기 중반과 후반 나라의 운명이 결정될 것이다. 이런 도전에 현명하고 적극적으로 대응해서 나름의 길을 찾아낸다면 현재 당면하고 있는 위기는 우리에게 오히려 기회를 가져다 줄 것이다. 우리는 힘겨운 노력을 통해 식민지와 전쟁의 쓰라린 상처를 딛고 20세기 중반 비참한 경제후진국에서 20세기 말 세계 10위권의 경제대국으로 부상했다. 이러한 역사적 경험은 우리를 다시 한 번 긴장하게 만든다.

인류 역사의 진화과정을 돌이켜 볼 때 변화에 슬기롭게 대처할 수 있는 방법은 반드시 존재한다. 다만 과거의 틀에 안주해서 제자리걸음만 하거나, 내부적 갈등으로 이를 극복하지 못하는 것이 문제이다. 미래를 위해 과감하게 도전하지 않으면, 시대의 선각자들이 비판을 감수하면서도 새로운 길을 제시하지 않으면, 그 사회는 서서히 침몰하여 쇠퇴의 길을 걷게 된다는 것을 역사는 잘 보여주고 있다.

과거에 길들여진 우리 몸은 미래의 가 보지 못한 길을 가는 것을 두려워한다. 미래를 개척하고 도전하는 것은 쉬운 일이 아니다. 불확실성을 헤쳐 나가는 것은 고통스러운 일이다. 그렇기에 기득권을 가진 개인이나 집단은 자신의 이익을 지키기 위해 갖가지 논리를 만들어 내고 미래의 불확실성을 과장하여 새로운 변화를 거부한다.

프랑스의 문호 빅토르 위고Victor Hugo는 이렇게 말했다.

> "미래는 여러 가지 이름을 갖고 있다. 약한 자들에게는 불가능이고,
> 겁 많은 자들에게는 미지이고, 용기 있는 자들에게는 기회이다."

위기는 언제나 있다. 과거에도 있었고, 현재에도 있고, 미래에도 있을 것이다. 문제는 위기 그 자체에 있는 것이 아니라, 위기에 어떻게 대처하는가의 방법론에 있다. 위기를 기회로 바꾸기 위한 노력이 필요하다. 그렇기에 미래는 다가오는 것이 아니라 우리가 만들어가야 하는 것이다. 이제 우리는 미래를 먼저 열고, 미래를 헤쳐 나가, 새로운 미래의 길을 만들어내야 한다.

과거로부터 읽는 미래

18세기는 19세기를 예견하지 못했고, 19세기는 20세기를 예견하지 못했다. 20세기를 지나 21세기 입구에 서 있는 우리도 21세기의 미래를 예견하지 못해 불안하다. 변화의 속도가 점점 가속화되고 있기 때문에 더더욱 미래의 위기에 대한 불안감은 가중된다.

　그런 점에서 볼 때 과거는 미래의 나침반이다. 과거로부터 미래를 읽는 지혜를 빌리면, 미래에 전개될 가 보지 않은 길에 대한 어느 정도의 예측이 가능해진다. 이를 위해 인류 사회가 18세기에서 19세기로 진입하면서 어떤 변화가 있었는지, 19세기에서 20세기로 바뀔 때는 어떤 위기가 있었고, 인류는 이를 어떻게 극복했는지 살펴보는 것이 필요하다.

18세기 말 산업혁명의 도전:
19세기 노동의 위기와 과학기술의 발전

18세기 후반 영국에서 일어난 산업혁명은 증기기관의 동력화로 기존의 생산방식을 획기적으로 변화시켰다. 널리 알려진 바와 같이 증기기관은 18세기 초에 그 원리가 발견되었지만, 18세기 후반에 본격적으로 실용화되었다. 영국의 제임스 와트James Watt가 1774년 증기기관의 실용화에 성공하자 이를 활용한 산업이 급속히 팽창한 것이다.

18세기가 끝나고 19세기 초가 되면서 증기기관을 활용한 새로운 생산방식은 많은 기술노동력을 필요 없게 만들었다. 18세기 이전에는 직물이나 도자기 생산 등 주요 산업이 개인적으로 기술이 뛰어난 장인들의 수작업에 의존하였다. 하지만 산업혁명의 결과로 증기를 에너지원으로 활용하면서 엔진을 장착한 기계의 엔지니어링화가 촉발되어 생산의 대혁신이 일어났다. 기계가 급속히 기술 장인들의 노동력을 대체하면서 기술노동자들에게는 위기의 시대가 도래했다.

증기기관의 에너지로 기계생산이 가능해지자 생산성이 급격히 향상되었다. 기술변화로 인한 생산성의 향상은 자본가들로 하여금 더 많은 부를 축적하게 만들었다. 그리고 더 많은 부를 축적한 자본가들은 다시 새로운 기술 생산방식을 더 빠르게, 그리고 더 많이 채용하게 되었다. 이와 같은 생산 패러다임의 선순환적 변화는 18세기 말과 19세기 초에 유럽을 중심으로 급속히 확산되었다.

기계화가 노동자들의 일자리를 하나둘 빼앗자 실업으로 내몰린 노동자들의 삶은 황폐해지고 불만은 고조되었다. 게다가 당시 나폴레옹 전쟁의 여파로 유럽 내에 나타난 경제 불황은 이런 상황을 더욱 악화시켰다. 실업문제가 확산되는 가운데 경제 불황까지 겹치게 되자 유럽의 경제는 불에 기름을 부은 듯 악화되었고, 유럽 전역으로 심각한 경제 위기가 퍼져 나갔다.

경제 전체로 볼 때는 기계화로 인해 생산성이 증대되었지만, 아이러니컬하게도 생산성의 증대는 고용의 감소로 이어져 개인이 소비할 수 있는 전체 소득이 감소했다. 즉, 아무리 좋은 물건을 값싸게 만들어도, 소비자들의 경제력이 떨어져서 물건이 팔리지 않는 모순적 상황이 발생한 것이다. 이처럼 사회의 소비능력이 감소하면 생산에도 영향을 미치게 된다. 기술발전으로 인해 더 적은 비용으로, 더 많은 양을 생산할 수 있게 되지만, 실업의 영향으로 소비가 줄어들어 오히려 생산량도 줄일 수밖에 없는 악순환이 발생하는 것이다.

새로운 생산요소의 변화와 혁신이 나타나면 기존의 생산시스템에서는 생각하지도 못했던 외부효과externality가 나타난다. 19세기 초 유럽 경제에도 부정적 외부효과가 나타났다. 기계화로 생산성이 증대되는 긍정적 효과도 있었지만, 엄청난 실업의 증가라는 예기치 못한 외부효과가 뒤따르게 되어, 아무리 생산이 촉진되어도 소비가 이를 쫓아오지 못해 오히려 경제에 부담을 주게 된 것이다.

요즘 우리가 목격하는 21세기 초 노동의 위기도 19세기 초 유럽이 겪었던 현상과 유사하다. ICTInformation and Communication Technologies, 3D 프린팅, 나노기술, 로봇 등 자동화로 기술 혁신이 일어나는 반면, 이로 인한 노동과 산업구조의 외부효과가 심각하게 나타나고 있다. 생산시스템의 변화로 인해 대기업의 생산성은 급속히 증대되지만 노동생산의 효율화로 인해 실업도 급속히 증가하는 외부효과가 나타난 것이다. 단순히 제조업 생산직뿐 아니라 생산 인력을 관리하는 사무직 노동자들의 고용에도 심각한 영향을 미쳐 산업 전 분야에서 고용이 급속히 감소하고 있다.

기업 조직은 생산성과 효율성을 위해 자동화와 무인화의 기술을 도입하여 발 빠르게 움직인다. 조직은 끊임없이 구조조정을 통한 '축소화'down-sizing의 길을 택하며 인력을 감축하고 있다. 고용의 위기가 나타나자 노동조합은 더 강력하게 노동권을 보장하려고 투쟁의 길로 나선다. 그럴수록 기업은 노조의 영향력으로 인한 경영의 불확실성을 줄이기 위해 고용을 축소하는 방향을 더 강화한다.

최근 미국에서 파트타임 근로자의 시급을 20달러로 인상하는 최저임금제가 몇 개의 주에서 통과되었다. 이 결과 나타난 외부효과로, 시급 20달러 최저임금제가 통과된 주를 중심으로 맥도날드처럼 파트타임 근로자를 많이 고용하는 기업에서는 주문과 음식 서빙을 전부 자동화하는 기계로 대체하기 시작했다. 자동판매기와 같은 기계로 소비자가 직접 햄버거를 주문하고 음식 창구를 통해 주문한 음식을 찾아가는 방식으로 주문 서비스 방식이 변화했다. 노동의 권리가 강화되면 인간을 대체하는 자동화와 기계화가 더욱 빠르게 진행되는 악순환의 모순이 다시 나타난 것이다.

단순히 인스턴트 음식을 파는 가게에서만 이런 현상이 나타나는 것은 아니다. 반도체 회사, 자동차 회사 등 제조업 생산라인뿐 아니라 물류, 유통회사들에서도 자동화된 기계들이 인간의 노동력을 대체하는 현상이 급속히 증가하고 있다. 따라서 기업에 장기 고용되어 일하는 것이 21세기에는 먼 옛날이야기가 될 것이다.

이제 개인이 고용되는 것이 아니라 단기적 계약에 의한 네트워크 조직의 연결로 자신의 능력을 발휘해야 하는 시대로 바뀌고 있다. 20세기 대량생산체제에서 발달했던 피라미드 구조의 계층제 조직은 점점 사라지고 있다. 정형화된 작업지시서에 따라 구성원들이 주어진 일만을 처리하던 조직의 형태는 점점 자취를 감출 것이다. 그처럼 정형화된 일은 컴퓨터, 로봇 또는 인공지능이 훨씬 효과적으로 더 잘 처리할 수 있기 때문이다.

21세기 조직의 일은 문제해결형 단기 프로젝트 중심으로 바뀌고 있다. 일의 과정보다는 결과가 중시된다. 이런 프로젝트들을 성공적으로 운영하기 위해서는 개인과 조직을 효과적으로 연결시켜주는 네트워크의 활용이 더욱 필요하게 된다. 결국 조직은 피라미드 조직에서 네트워크 조직으로 변화할 것이다. 피라미드 조직에서 연공서열제, 종신고용제, 호봉제 등의 인사관리와 보상체계는 점점 화석화되어 갈 것이다. 왜냐하면 일의 내용이 달라지기 때문이다.

이를 자세히 살펴보면 지금 우리가 이야기하는 '노동의 종말', '고용시대의 종언'이라는 위기적 현상도 인류가 두 세기 전에 경험했던 것과 유사한 시대적, 문명사적 위기라고 볼 수 있다. 기계화와 자동화가 대량생산체제의 단순 노동을 대체하기 시작하면서, 기술자보다는 이를 잘 관리하는 사무직, 영업직이 각광을 받던 대형화된 조직체계가 위기를 맞게 되었다는 것이다. 18세기 말에서 19세기 초에 나타난 생산과 조직의 변화를 거시적으로 보면 오늘의 문제를 잘 이해할 수 있는 반면교사가 될 것이다.

19세기 초 기계화의 영향으로 고용이 급속히 감소하고 기계가 기존 노동력을 대체하는 위기가 지속되자, 1811년에서 1817년에 걸쳐 영국 직물공업지대에서는 네드 러드Ned Ludd라는 인물을 중심으로 기계파괴운동이 일어났다. 러드의 이름을 따 러다이트운동Luddite Movement이라고 불렸던 기계파괴운동은 새로운 생산방식에 적응하지 못하는 기존 노동자들의 항거였다. 기계가 자신들의 일자리를 빼앗아갔기 때문에 기계를 파괴하고 실업에 처한 노동자들을 다시 생산라인에 복귀시켜야 한다고 주장했다.

하지만 산업혁명 이후 석탄에너지를 이용한 증기기관의 실용화는 누구나 따를 수밖에 없는 효율적인 생산방식으로 정착되었다. 산업혁명은 더 이상 돌이킬 수 없는 비가역적인irreversible 현상으로 전 세계에 확산되었다. 결국 러드가 주도한 기계파괴운동도 일시적인 사회적 분노의 표출에 그치고 말았다. 오히려 영국은 이러한 산업혁명의 결과로 기술을 끊임없이 개발하여 이를 바탕으로 19세기 후반 엄청난 경제번영을 이루고 제국으로서 전 세계를 제패하기 위한 발판을 마련했다.

산업혁명의 유산은 영국뿐 아니라 유럽 전역과 미국으로 확산되었다. 단순히 증기기관뿐 아니라 과학기술을 활용한 새로운 발명의 시대가 19세기 후반 활짝 열렸다. 그레이엄 벨의 전화기, 토머스 에디슨의 백열등과 축음기, 라이트 형제의 비행기, 노벨의 다이너마이트 등 엄청난 발명이 이 시기에 줄이어 나타났다. 1865년에서 1900년 사이에 발명특허가 미국에서만 64만 종에 이르렀다고 할 정도로 19세기 후반 인류의 과학기술은 엄청난 속도로 진화하였다.

결과적으로 산업혁명은 새로운 기술과 발명을 촉발시키는 기제로 작용하여 19세기 후반이 되자 인류는 그동안 경험해보지 못한 기술진보의 혜택을 누리게 되었다. 19세기 초에는 기계가 노동력을 대체하여 일자리 감소와 실업증가라는 경제적 위기가 도래했다고 걱정을 했지만 19세기 중후반 이후 인류는 이전에 경험하지 못한 경제적 풍요를 이루었다. 변화의 위기를 기술의 진보라는 또 다른 외부효과를 통해 극복해냈기 때문이다. 즉, 다양한 도전을 통해 과학기술을 혁신하면서 고용위기를 극복할 수 있었고, 세계경제가 급속히 팽창하게 된 것이다. 이처럼 세기 초의 위기를 인류가 잘 극복해내면 세기말에는 놀라운 인류의 진보가 나타나게 된다는 것을 역사는 증명하고 있다.

19세기 말 조직관리의 도전:
20세기 노동의 소외와 대량생산체제의 발전

19세기 말과 20세기 초, 제 2차 산업혁명 시대에는 전기를 활용한 대량생산체제라는 새로운 생산시스템이 등장했다. 1911년 프레더릭 테일러Frederick W. Taylor에 의해 확산된 '과학적 관리법'Scientific Management이 대표적인 예이다. 테일러는 19세기 말 선도적 기업을 중심으로 조직관리나 생산 관리에서 과학적인 분석을 통해 경영의 효율성을 높이는 방법을 집대성하여 과학적 관리법을 제창했다. 과학적 관리법에 의한 생산방식은 표준화된 생산시스템을 통해 대량생산을 가능하게 했다.

테일러는 19세기 말 화학과 물리학에서 유행했던 과학적 실험방법론을 생산시스템에도 적용했다. 그는 기업의 생산성과 효율성 증대를 위해 가장 완벽하고 효율적인 생산방식을 찾아내는 과학적 관리법이 필요하다고 주장했다. 예를 들어 광산에서 광부가 석탄을 채굴할 때에도 삽질을 몇 번 반복한 다음에 허리를 펴고 쉬어야 가장 효율적인지 실험을 통해 알아낼 수 있다고 믿었다. 그는 조직 안에서 시간 및 동작의 연구, 표준 과업량 설정, 차별 성과급제도, 직능별 직장제도 등 다양한 과학적 관리기법을 도입하여 생산성에 영향을 주는 관리의 효율화를 추구했다.

이러한 과학적 관리법은 미국뿐 아니라 유럽에도 확산되어 조직을 효율적으로 관리하기 위한 다양한 기법들이 출현했다. 명령 통일의 법칙, 통솔 범위의 법칙 등 조직관리의 기본적 원리들이 이때 등장했다. 19세기 초에는 증기기관을 비롯한 과학기술의 혁신이 생산을 증대시켰다고 한다면 20세기 초반에는 과학적 관리법을 통해 일을 잘게 나누고 표준화하여 생산성과 효율성을 높이기 시작했다.

작업의 세분화와 표준화는 이전과는 달리 적은 시간에 엄청난 대량생산을 가능하게 만들었다. 따라서 생산기술 자체보다는 복잡하게 나누어진 분업화된 생산라인을 관리하는 기법과 인력을 관리하는 기술들이 더 중요해졌다. 이런 과정에서 이전에는 기술을 담당하던 블루칼라가 대접 받았지만 새로운 시대에는 관리를 담당하는 화이트칼라가 대접 받는 시대로 바뀐 것이다. 20세기 초반 이공계 출신 기술자보다도 법대, 경영대를 나온 관리자들이 더욱 대접 받게 된 것도 바로 이러한 이유 때문이다.

심지어 러시아 혁명 이후 소련의 레닌과 트로츠키도 미국의 이러한 과학적 관리법에 심취해 있었다. 그들은 과학적 관리법을 공산주의 생산방식에 적용해야 한다고 주장했다. 스탈린은 레닌주의의 핵심이 소련의 혁명정신과 미국의 효율적 관리법을 혼합한 것에 있다고 말하기까지 했다. 이에 따라 소련의 경제개발 5개년 계획도 과학적 방법론에 의해 사회와 생산을 효율적으로 관리할 수 있다는 신념을 바탕으로 성

립되었다.

유명한 영화 〈닥터 지바고〉의 첫 장면에서 수많은 노동자들이 줄을 지어 퇴근하는 모습이 인상적이다. 공장은 대규모 생산체제로 표준화와 분업화로 정교하게 구성되어 공산당의 감독과 지도하에 획기적인 생산성 향상을 보였다. 이런 과학적 관리와 계획경제의 도입으로 소련은 1950년대 스푸트니크 인공위성 발사에 성공할 때까지 경제나 과학기술 발전에서 실제로 미국보다 우위를 보이기도 했다.

20세기 초 과학적 관리법을 통한 생산 및 산업구조의 변화를 상징적으로 잘 보여주는 또 하나의 대표적인 예가 찰리 채플린이 주연한 〈모던타임스〉*Modern Times*라는 영화다. 이 영화에서는 수많은 양떼가 목장으로 들어가는 장면을 공장에 출근하는 수많은 노동자들의 이미지와 연결하여 보여주고 있다. 당시에는 개인의 능력이 아니라 조직의 관리능력이 생산성과 효율성을 향상시키는 핵심적인 요소로 떠올랐다. 이 영화는 조직 내에서 근무하는 기술자나 공장근로자가 대중 속에 이름 없는 부속품과 같은 존재로 전락했다는 사실을 상징적으로 표현했다.

이 영화에서 채플린은 표준화된 생산라인에서 근무하는 공장근로자인 주인공으로 등장한다. 끝없이 돌아가는 컨베이어 벨트에서 채플린은 잠시도 쉴 새 없이 나사를 조이는 작업을 수행한다. 화장실에 가는 것도 효율적으로 관리되어서 화장실에서 지체하면 모니터 스크린에 관리자가 나타나 작업에 빨리 복귀할 것을 명령한다. 심지어 밥 먹는 시간도 효율적으로 활용하려고 자동급식 기계를 만들어 채플린이 컨베이어 벨트에서 나사 조이는 작업을 하면서도 밥을 먹을 수 있는지 실험하기도 한다.

이처럼 인간이 효율적인 관리하에 작업을 하게 되면서 노동은 인간 으로부터 분리되기 시작했다. 인간이 하나의 기계 부속품처럼 거대한 공장의 생산시스템의 일부분으로 전락한 것이다. 이런 과정에서 인간 은 노동으로부터 소외된다. 이제 인간은 필요한 물건을 직접 만들어 쓰기 위해 일을 하는 것이 아니라, 노동을 대가로 임금을 받아서 자신 이 원하는 상품을 구매하는 방식으로 생산과 소비 패턴이 변화했다. 이전에는 없었던 새로운 생산방식과 삶의 모습이 20세기에 출현했다.

이런 생산구조에서 나타나는 부산물이 노동운동이다. 대기업이 조 직의 효율성만 추구하는 데에 대항하여 임금노동자의 근무조건, 노동 의 안정성과 임금수준을 둘러싼 노사갈등이 나타났다. 영화 〈모던 타 임스〉에서 채플린이 공장근로자로서 작업을 하다가 우연치 않게 노동 운동에 가담해서 감옥에 수감되는 장면도 이런 20세기 초반의 근대화 과정을 상징적으로 보여주는 것이다.

테일러리즘Taylorism과 포디즘Fordism으로 대변되는 20세기 초반의 과 학적 관리법을 적용한 생산시스템은 분업화와 전문화를 통해 대량생산 을 가능하게 했다. 대량생산에 따라 기업 조직은 점점 비대해졌다. 경 영학, 행정학과 같이 조직관리를 연구하는 학문이 빠르게 발전했다.

대량생산과 대량소비의 구조는 대기업 조직의 출현을 촉진하였다. 이른바 '규모의 경제'로 인해 세분화되고 표준화된 생산시스템이 총생 산량을 극대화시키고, 단위 생산비를 절감시켰다. 그리고 대기업에서 주어진 과업만을 수행하는 임금노동자의 생산구조가 형성되었다.

영화 〈모던타임스〉에 나타난 기계화된 인간의 모습.

영화 〈모던타임스〉에서 컨베이어벨트에서 작업하고 있는 채플린.

이 과정에서 생산의 증가가 노동의 증가와 임금의 상승을 일으키고, 다시 소비수요의 증가로 생산의 증가가 일어나는 경제의 선순환구조가 나타났다. 한때 GM의 근로자수가 70만 명을 넘을 정도로 대기업은 조직의 비대화를 통해 효율성을 추구하며 성장하게 되었다.

하버드대학의 경영사학자 챈들러Alfred Chandler 교수는 이러한 대기업화 현상을 두고 생산자들이 인위적으로 대규모 생산조직을 만들었다고 해서 '보이는 손'visible hands이라고 불렀다. 그리고 아담 스미스가 이야기한 시장 메커니즘에 의한 '보이지 않는 손'invisible hands에 대비되는 개념인 '보이는 손'으로 시장이 발전하게 되었다고 주장했다. 자본주의 경제가 서로 모르는 보이지 않는 손들에 의해 효율성을 창출했다면, 대량생산체제에서는 보이는 손들이 조직의 대형화라는 인위적 효율성을 창출해냈다는 것이다. 바로 이런 대량생산체제의 조직 운영방식이 20세기의 주요한 생산시스템으로 정착하게 된 것이다.

20세기 대기업과 대량생산체제의 특성은 생산의 효율성뿐만 아니라 소비의 효율성도 증대시켰다. 이로 인해 일반 대중들까지 그동안 상상하지 못했던 고가의 물품들을 손쉽게 소유할 수 있게 되었다. 결국 20세기의 대량생산체제는 노동의 소외현상을 초래한 반면에 인류가 재화를 충분히 소비하는 시대로의 변화를 불러왔다. 20세기는 인류 역사상 최초의 대량소비 시대였고, 이로 인해 가장 풍요로운 시대가 되었다.

20세기 초반에는 뉴욕의 추수감사절 행렬에서 마차가 주류를 이루었다. 자동차는 한두 대 보이는 것이 전부였다. 그러다가 10년 만에 마차는 사라지고 자동차들의 행렬이 뉴욕 거리를 가득 채웠다. 이는

1900년 뉴욕의 거리 풍경. 추수감사절 행렬은 대부분 마차였고, 자동차는 한두 대뿐이었다.

1913년 뉴욕의 거리 풍경. 거리를 가득 채운 자동차들의 행렬이 10여 년 전과 대조적이다.

포디즘에 의한 자동차 대량생산시스템의 결과이다. 포디즘이 도입되기 이전에 자동차를 소유하는 것은 극소수의 사람들만 향유할 수 있는 문화였다. 마치 지금 극히 일부의 자산가들만 자가용 비행기를 소유할 수 있는 것과 마찬가지이다. 하지만 대량생산체제의 발전으로 보다 많은 일반 소비자들이 자동차 같은 귀한 제품들을 개인용으로 구매할 수 있게 되었다.

그러나 풍요로운 20세기는 과잉소비로 인해 에너지 위기, 쓰레기 문제, 대기오염, 오존층 파괴, 지구온난화와 같은 심각한 환경파괴의 부작용도 낳았다. 또한 대량생산 시대의 초기에는 이로 인해 발생하는 사회적 외부효과를 효과적으로 해결하지 못해서 인류는 실업과 인플레이션, 대공황 등 전 세계를 휩쓸었던 경제위기를 경험해야만 했다.

미국에서는 대량생산체제로 인해 소득 양극화가 심화되고 실업문제와 심각한 빈곤문제가 등장하면서 1929년 대공황을 경험하게 되었다. 하지만 1917년 공산혁명 이후 러시아인들은 자신들이 구상한 경제계획과 과학적 관리법으로 모든 인민들이 공평하게 부를 누리며 살 수 있다는 확신을 갖게 되었다. 그리고 이러한 공산주의 이념은 동유럽을 시작으로 전 세계에 급속하게 퍼져나가기 시작했다. 소비에트 연방이 구성되어 많은 동유럽과 발트 3국, 중앙아시아 국가들이 소련의 국가체제로 흡수되거나 정치적 영향권 안으로 편입되었다.

러시아에서 시작된 공산화가 빠른 속도로 유럽을 잠식하는 것을 우려한 유럽의 보수정당들은 이를 막기 위해 협상을 시작했다. 1930년대 오스트리아 보수정권은 노동자계급을 끌어안는 노사정 대타협을 이끌어냈다. 공산화되는 것보다는 노동자들의 이야기를 경청하고 그들을 정책결정에 참여시켜 노동세력을 내재화하는 전략을 취한 것이다. 이른바 코포라티즘corporatism이라는 보수정치와 진보노동의 합리적인 정책연합은 이렇게 탄생하였다. 이후 코포라티즘은 서유럽과 북유럽의 사회민주주의의 전통으로 이어지게 되었다.

한편 미국에서도 대량생산체제로 인해 나타난 대기업 주주들과 근로자들의 급속한 빈부격차 확대를 해결하기 위해 과감한 사회주의적 정책들을 도입할 수밖에 없는 상황에 직면하였다. 대량생산시스템의 변화를 통해 수확한 생산 효율화의 열매를 대기업 주주들이 독점하면서 소득 양극화 현상이 심각하게 나타났기 때문이다.

어느 시기에나 기술진보가 급격하게 나타나서 산업구조가 변하고, 생산시스템이 변화하면 소득 양극화 현상이 심각하게 나타난다. 즉, 사회변화에 따라 경제시스템이 급격하게 바뀌면 부익부 빈익빈 현상이 자동적으로 나타난다.

미국은 소득 양극화를 극복하기 위해서 한때 개인의 연간소득에서 100만 달러를 초과하는 금액에 대해 90%가 넘는 세금을 부과하는 과감한 소득세제 개편을 추진했다. 미 의회는 1913년에 3,000달러 이상의 개인소득에 대해 1%, 50만 달러 이상의 소득에 대해서는 6%의 초과세를 부과한 것을 시작으로 소득 초과분에 대한 과세를 단행했다. 그러던 것이 소득 양극화가 심화되면서 1918년에는 100만 달러 이상의 소득에 대해서는 77%까지 세금을 부과했다. 제2차 세계대전 당시 루스벨트 대통령은 2만 5,000달러 이상의 소득에 대해서는 일괄적으로 100% 세금을 부과하자는 제안을 했지만 의회가 승인하지 않았다.

이런 초과소득에 대한 세금은 1952년에 92%까지 상승했고, 1965년부터 1981년까지는 70%로 조정되었다.

이처럼 미국이 재정 확충을 위해 매우 높게 부과했던 소득세율은 제2차 세계대전 이후 조금씩 낮아졌다. 1960년대 초 케네디 대통령은 100만 달러 이상 소득에 대해 90%가 넘던 개인소득세율을 70%대로 낮추었고, 이후 소득세율은 꾸준히 줄어들다가, 1986년 레이건 대통령이 일괄세율을 도입하면서 최고 소득세율이 28%까지 낮아졌다.

유럽의 많은 나라에서도 기술진보에 따른 소득 양극화를 극복하기 위해 1940년대에 누진세제를 도입했다. 하지만 이런 정책의 변화에 대한 저항 또한 컸다. 영국에서는 누진세율 정책 도입 초기에는 누진세가 개인의 재산권을 심각하게 침해한다고 반발하면서 위헌 소송을 제기하기도 했다.

이러한 세제개편은 단순히 소득 양극화를 극복하는 것뿐 아니라 사회간접자본에 대한 적극적인 재정지출을 통해 고용과 투자를 촉진하게 되었다. 미국은 1929년 세계 대공황을 극복하기 위해서 케인스식 재정정책을 과감하게 펼쳤다. 정부의 과감한 재정투자를 통해 대규모 개발사업으로 고용을 창출하고 지역의 산업기반을 확충하여 경제를 부흥시킨다는 전략이었다. 대표적인 예로 루즈벨트 대통령 시절에 테네시강 유역 개발 공사TVA: Tennessee Valley Authority와 같이 수력발전소와 연결된 대규모 지역사회개발 SOC 사업이 추진되었다.

이처럼 세기 초의 기술진보로 인해 사회적 갈등과 모순이 초래되면, 인류는 다양한 정책적 대응이나 새로운 사회시스템 설계로 그 해결의 실마리를 찾아왔다. 즉, 기술과 생산의 변화는 새로운 사회적 모순을 발생시켰고, 국가와 정부는 이런 모순과 불합리한 현상을 극복하기 위해 다양한 사회제도를 도입한 것이다. 하지만 이러한 대응을 통해 사회적 모순을 극복하지 못하면 인류는 엄청난 시련과 고난을 겪어야 했다.

20세기 초에 나타난 세계 대공황이라는 위기가 두 차례의 세계대전으로까지 이어지게 된 것을 보면 이를 잘 알 수 있다. 조직관리를 통한 효율적 생산성 향상은 노동자의 소외현상을 초래했다. 게다가 대량생산으로 인한 자본의 독점이 사회적 갈등을 낳게 만들었다. 특히 미국과 유럽은 기술진보에 따른 경제 불균형의 모순을 보호무역주의로 풀려고 했다. 자국 산업을 보호한다는 명목으로 보호무역을 주장했던 시도가 전 세계를 대공황에 빠지게 한 것은 당시 정치지도자들의 어리석은 문제해결 방식 때문이었다고 볼 수 있다. 이것은 지금 트럼프 대통령의 '미국 우선주의'America First에 따라 미국과 중국 사이에 일어나고 있는 보호무역전쟁이 앞으로 전 세계 경제에 미칠 파장이 어떠할지를 잘 보여주는 역사적 선례가 될 수 있다.

잘못된 문제해결 대응으로 인해 인류는 두 차례의 세계대전까지 경험해야 했다. 특히 나치는 이러한 경제적 불균형의 모순을 유대인들의 부도덕한 경제독점과 이익추구 때문이라는 포퓰리즘적 선동으로 부각시켜 유대인 학살을 자행하고 독일 국가의 제국주의적 이념 확산을 주장하여 인류를 제국주의 전쟁이라는 대혼란에 빠트리고 말았다.

결국 세기가 바뀌면서 새롭게 나타난 생산혁신이 초래한 기존 체제의 변화 요구가 인류를 불안하게 만든 것이다. 이에 따른 문제를 국가나 사회가 슬기롭게 해결하지 못하자 미래에 대한 불안은 더 넓게 확산되었다. 그리고 이를 극복하는 과정에서 정치지도자들이 손쉽게 포퓰리즘적 정치선동으로 문제의 근본적 원인을 다른 사회적 이유의 탓으로 돌리는 바람에 인류는 세계대전이라는 참상까지 겪어야만 했다.

인류는 20세기 초반 역사상 가장 참혹했던 세계대전을 경험했다. 하지만 역설적이게도 전쟁이 끝난 후 이를 극복하는 과정에서 인류는 또다시 풍요로운 소비의 길을 걷게 되었다. 그동안 유럽 중심의 세계 정치무대에서 홀로 떨어져 있다가 제2차 세계대전에 참전한 미국이 전후 세계시장에 적극적으로 진출함으로써 세계 경제는 다시 부흥하기 시작했다.

제2차 세계대전 후 복구과정에서 미국이 마셜 플랜Marshall Plan을 통해 전쟁으로 황폐해진 유럽을 재건하고, 아시아 지역의 공산주의 확산을 막기 위해 일본의 경제부흥을 지원하는 과정에서 20세기 후반 인류는 다시 한 번 엄청난 생산성의 향상과 대량생산으로 경제성장과 풍요를 누리게 되었다. 19세기처럼 20세기에도 세기 초에 나타난 생산시스템의 급격한 변화에서 비롯된 심각한 사회적 위기로 고통을 겪었다. 하지만 20세기 후반 이를 극복하는 과정에서 인류는 기술발전을 통해 세기말에 또 다시 풍요로운 시대를 맞게 된 것이다.

20세기 말 정보통신 기술의 도전:
21세기 노동의 종말과 네트워크 사회의 등장

20세기 후반 기술의 혁신에는 제2차 세계대전 중 개발된 전자통신 기술이 큰 도움을 주었다. 전쟁에서 개발되었던 전자통신 기술이 민간산업에 활용되면서 인류 역사의 또 다른 도약을 가져온 것이다. 전후 전자통신 기술의 발전은 트랜지스터의 개발과 이를 이용한 트랜지스터 라디오의 발명으로 이어지고, 20세기 말에는 컴퓨터의 등장과 반도체산업의 발전으로 인류 문명을 또 한 번 송두리째 바꾸어 버렸다.

1946년 펜실베이니아대학의 존 모클리John Mauchly와 존 에커트John P. Eckert가 개발한 최초의 전자계산기인 컴퓨터는 진공관을 사용하여 만들어졌다. 1957년에는 트랜지스터를 사용한 컴퓨터가 만들어졌고, 이후 1965년에 지금 우리가 흔히 반도체라고 하는, IBM에서 개발한 최초의 집적회로IC를 사용한 컴퓨터가 만들어져서 인류는 급속하게 정보통신사회로 진입했다.

컴퓨터의 발전은 반도체산업의 발전 없이는 불가능했다. 반도체는 전기를 통하게 하고 싶을 땐 도체, 그렇지 않을 땐 부도체의 성질을 가지고 있어 반도체半導體라고 불린다. 반도체는 전기가 통할 때는 1, 안 통할 때는 0이 되게 해서 디지털 신호를 보낼 수 있다. 이러한 디지털 신호를 통해 전기가 흐르는 빠른 속도로 정보를 전달하는 반도체는 모든 산업과 사회시스템을 획기적으로 변화시켰다.

이제 인류는 아날로그로만 이해되던 세계를 디지털로 전환시켜, 보다 빠르고 정확하게 모든 사물을 인식하고 생산하게 되었다. 또한 반도체가 정보를 거의 빛의 속도로 처리하여 인류 문명의 새로운 도약을 가능하게 만들었다. 20세기 후반 반도체를 이용한 전자산업은 모든 다른 산업에도 영향을 미쳐 생산성을 획기적으로 높이고 많은 생산물을 반도체를 이용한 제품으로 변화시켰다.

이른바 '1세대 반도체'인 진공관은 진공상태의 유리관 안에, 마치 백열전구 안의 필라멘트와 같이, 금속판 전극을 넣어 전기신호를 보낼 수 있는 장치이다. 진공관을 이용하여 만든 라디오가 지금 젊은 세대가 보면 초기의 텔레비전 수상기처럼 보이는 엄청나게 큰 제니스Zenith 라디오였다.

이처럼 진공관으로 만들어진 라디오가 보급되다가 RCA가 개발한 트랜지스터 기술을 활용해서 일본의 소니가 1955년에 트랜지스터 라디오를 개발했다. 진공관 대신 항생제처럼 생긴 알록달록한 작은 크기의 트랜지스터가 바로 '2세대 반도체'이다.

소니SONY를 창립한 모리타 아키오盛田昭夫 회장의 책, *Made In Japan*에 따르면 휴대용 트랜지스터 라디오가 등장함으로써 야구장에서도 라디오를 통해 야구 중계를 들을 수 있는 획기적인 시대가 열린 것이다. 소니는 휴대용 라디오를 개발하고, 다시 워크맨이라는 휴대용 녹음기를 만들고, 이어서 휴대용 비디오카메라를 만들었다. 20세기 후반 누구나 손쉽게 어디에서나 음악을 즐기고, 영상을 제작할 수 있게 된 것이다. 트랜지스터의 발전은 20세기 전자산업의 핵심인 반도체산업의 발전 가능성을 크게 열어주었다.

진공관, 트랜지스터 같은 반도체를 더 작게 만들기 위한 기술 발전이 연이어 일어났다. 얇은 실리콘 기판에 반도체 회로를 집적하여 설계한 3세대 반도체, 집적회로IC가 바로 그것이다.

IC는 처음 등장했을 때 우리의 미래가 과연 얼마나 바뀔 것인가 하는 호기심을 자극하기에 충분했다. 1960년대에는 중학교에 입학하는 자녀가 부모에게 받는 최고의 선물은 만년필이나 손목시계였다. 대부분 매일 태엽을 감아줘야 작동하는 손목시계는 중학생들의 보물 1호였다. 장난치거나 운동하다가 시계 유리가 깨지면 패닉에 빠지곤 했다.

진공관을 이용한 라디오
제니스.

그러다가 태엽을 감지 않고 손을 흔들어주기만 해도 태엽이 자동으로 감기는 손목시계가 등장했다. 이것은 엄청난 기술 진보처럼 보였고 그런 시계를 가진 아이들은 부러움의 대상이었다.

그러던 중 1960년대 말 신문의 해외토픽 난에 반도체의 개발로 시침과 분침이 없고 숫자로 시간이 표시되는 손목시계가 독일에서 발명되었다는 신기한 소식이 실렸다. 이제는 한 번 쓰고 버리는 일회용 전자시계를 어느 누구도 신기하게 생각하지 않지만, 당시에는 미래를 여행하는 것 같은 충격이었다.

1960년대에는 대부분의 초등학교 교실 칠판 옆에 커다랗게 시침과 분침을 그려놓은 시계모형이 있었다. 시간을 읽는 법을 분침과 시침을 움직이며 선생님이 열심히 가르쳐주시던 시대에 자동으로 시간을 숫자로 표시해주는 시계가 나왔다니 신기하기 그지없을 뿐이었다. 이제는 원시시대 이야기처럼 들리지만 1970년대에 접어들면서 전자 손목시계가 등장한 것처럼 그렇게 반도체는 20세기 후반 인류의 생활을 송두리째 바꿔 놓았다.

IC는 동일한 실리콘 기판에 집적된 소자들의 가로와 세로의 크기를 반으로 줄여 그 용량을 키우는 기술로 발전한다. 따라서 보통 같은 면적 안에 그 용량이 4배씩 늘어난다. 그렇기 때문에 IC는 보통 1K, 4K, 16K, 64K, 256K 와 같이 4배수로 진화한다. 1K IC라고 하면 1,000개의 반도체 기능을 하는 회로가 집적된 것을 말한다. 이처럼 4배씩 진화하는 반도체의 용량은 1,000개를 의미하는 1K에서 계속 발전하여 100만 개를 의미하는 1M(메가), 10억 개를 의미하는 1G(기가)를 넘어 1조를 의미하는 1T(테라)까지 발전하게 되었다.

1964년에는 IBM이 최초로 컴퓨터에 사용할 수 있는 IC를 개발했고, 1980년에는 IBM이 '4세대 반도체'라고 하는 64K DRAM을 개발하여 반도체 개발 속도가 가속화되는 전기를 마련했다. 여기에 일본도 미래를 미리 내다보고 세계 시장에서 IBM의 독주를 견제하고 미래 산업에서 일정 부분 세계시장을 확보하기 위해 반도체 개발에 국가 차원의 총력전을 펼쳤다.

1976년에 일본의 통산성은 IBM의 4세대 반도체 프로젝트 전략에 대항하는 전략을 세웠다. 통산성이 중심이 되어 NEC를 비롯한 후지쓰, 도시바, 히타치, 미쓰비시 등 5개의 반도체 회사가 참여하는 'VLSI Very Large Scale IC 프로젝트'라는 공동연구개발체제를 구축했다.

엄청난 연구개발비의 지원과 공동연구 조직구성을 통해 1980년에

1세대 반도체
진공관

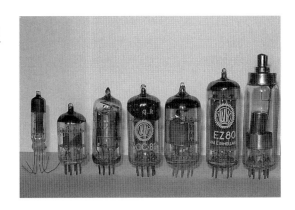

2세대 반도체
트랜지스터

3세대 반도체
집적회로

결국 일본도 IBM의 4세대 반도체 개발에 대항하는 64K DRAM의 생산에 성공하였다. 이것이 20세기 후반 미국과 일본 간에 치열한 반도체 개발 경쟁이 시작된 계기가 되었다.

한국도 삼성이 1980년대 초 반도체 개발 참여를 선언했다. 당시 삼성의 이병철 회장이 일본의 컴퓨터와 반도체 육성 전략을 보고 미래산업을 예측하면서 삼성의 주력산업을 경공업에서 전자산업으로 전환하는 획기적인 시도를 한 것이다. 처음에는 미래에 대한 무모한 투자같아 보였다. 이러한 시도에 대해 당시 일본의 미쓰비시연구소는 〈삼성이 반도체에서 성공할 수 없는 5가지 이유〉라는 보고서까지 만들었다고 한다.

하지만 지금 삼성은 세계 반도체 시장을 선도하는 누구도 따라가기 어려운 전자기업으로 성장했다. 1980년대 초에 미국과 일본이 4세대 컴퓨터 개발계획으로 64K DRAM 개발에 국가적 총력을 기울여 전자산업을 주도하는 것을 목격하고, 삼성도 기업전략을 전자산업으로 개편하고 무모한 도전과 개척을 시작한 결실을 지금 보고 있다.

1980년대가 시작되면서 유학자율화, 국비유학생 제도와 병역 혜택을 제공하는 KAIST대학원에 우수한 인재를 모은 것도 우리나라 미래 전자산업에 대한 또 하나의 투자가 된 셈이다. 스탠퍼드나 MIT 등 미국의 유수한 대학에서 전자공학을 전공한 유학생 인재들이 모이기 시작했고, 이들이 오늘의 한국 반도체를 이끌어가는 원동력이 되었다. 삼성반도체의 성공신화를 이끌어온 진대제, 황창규, 권오현 등은 1980년대 스탠퍼드대학의 전자공학과에서 공부하고 연구하던 대표적인 인재들이었다.

또한 새로운 기술 혁신을 위해 수조 원에 달하는 생산라인에 끊임없이 투자하는 오너 중심의 한국 반도체산업의 과감성은 보수적인 투자를 하는 전문경영인 중심의 일본을 크게 앞질러 오늘의 세계 반도체산업을 주도하게 되었다. 게다가 섬세하고 집약적인 시스템 엔지니어링을 바탕으로 한 한국의 제품생산 문화는 반도체 생산에서 전 세계에서 가장 높은 고수율high yield rate을 창출하여 한국 반도체산업이 어느 누구도 넘볼 수 없는 생산 경쟁력을 확보할 수 있도록 했다. 현재 전 세계 반도체 DRAM 시장은 삼성, SK 하이닉스, 미국의 마이크론의 3파전으로 시장이 분점되어 있다.

인텔의 회장을 역임한 고든 무어Gordon Moore는 페어차일드의 연구원 시절이었던 1965년에 앞으로 반도체 용량이 2년에 평균 두 배씩 늘어날 것이라고 예측했다. 이후 실제로 반도체의 용량은 18개월 만에 두 배씩 증가하는 지수적 성장을 이루어냈다. 그래서 반도체와 컴퓨터 성능이 18개월마다 두 배로 증가한다는 '무어의 법칙'Moore's Law이 널리 회자되었다. 이후 삼성전자의 황창규 전 사장이 삼성의 반도체 발전속도는 평균 1년 만에 두 배씩 용량이 증가했다고 하는 '황의 법칙'을 소개하여 반도체의 빠른 발전속도를 설명했다.

현재는 우리가 사용하는 휴대용 외장 반도체가 평균 64G 정도의 용량이어서 트랜지스터 1개 용량의 640억 배에 달하는 신호처리 장치를 갖고 다니는 셈이다. 삼성전자가 얼마 전 개발한 휴대용 SSDSolid State Disk의 용량은 1TB(테라바이트)로 트랜지스터 1조 개에 달하는 신호처리 능력을 갖게 되었다. 약 50년 동안 처리능력을 1K에서 1T로 10억 배 향상시킨 반도체의 발전속도는 우리가 상상하지 못할 정도의 빠른 속도로 인공지능AI: Artificial Intelligence의 시대로 우리를 몰아넣고 있다.

컴퓨터는 0과 1이라는 디지털 신호를 통해 빛과 같이 빠른 속도로 정보를 전달한다. 컴퓨터는 전자회로를 활용한 고속의 계산과 데이터 처리뿐 아니라 사무관리나 자동제어 및 영상정보 처리, 더 나아가 인공지능으로까지 활용되어 오늘날 인류의 삶을 바꾸어 놓고 있다.

사실 컴퓨터의 활용이 이렇게 빠른 속도로 발전할지는 컴퓨터가 등장하던 1970년대에는 아무도 제대로 예측하지 못했다. 1975년 우리나라 KIST가 발표한 한국사회의 미래예측에 관한 한 보고서에서는 2000년에 우리나라에 약 10만 대의 컴퓨터가 보급될 것으로 예측했다고 한다. 컴퓨터가 막 등장하던 당시에는 개인이 컴퓨터를 가질 수 있는 PC Personal Computer 시대는 상상도 못 했기 때문에 이런 예측은 충분히 이해할 수 있다.

어떤 면에서 보면 마치 지금 30년쯤 뒤에 자가용 비행기PA: Personal Airplane 또는 Personal Airmobile를 가질 사람이 얼마나 될까를 예측하는 것과 유사할지 모른다. 하지만 현재 드론의 발전속도와 무인자동차의 발전속도를 보면 개인용 컴퓨터 PC와 같이 멀지 않은 미래에 개인용 PA가 보편화될 가능성도 전혀 없다고 볼 수는 없다.

결과적으로 1970년대 KIST의 예측은 엄청나게 빗나갔다. 25년 뒤인 2000년에 우리나라에 보급된 컴퓨터가 이미 1,000만 대를 넘어선 것이다. 1989년에 우리나라 체신부는 2000년까지 PC 1,000만 대를 보급한다는 계획을 세우고 PC 보급운동을 전개해서 1999년 말에 보급된 PC가 이미 1,153만 대를 넘어섰다. 이는 10만 대로 예측했던 컴퓨터의 보급이 30년도 되기 전에 1,000만 대를 넘어설 정도로 획기적인 변화였다.

미국에서는 1974년 인텔이 64KB의 메모리를 다룰 수 있는 마이크로프로세서 8080을 개발하여 1975년 세계 최초의 PC '알테어'Altair의 탄생을 가능하게 했다. 미국에서도 1982년 IBM PC AT가 나올 때만 하더라도 전 세계에서 생산되는 PC는 1년에 약 32만 대에 불과할 것이라고 예측했다.

하지만 가트너Gartner의 통계에 의하면 2012년 한 해에 전 세계 PC 매출은 3억 5,270만 대에 달했다. 1980년대 예측에 비하면 1천 배가 넘는 증가속도다. 2013년에는 3억 1,300만 대로 매출이 감소했지만 이는 애플의 iPad나 MacBook Air와 같은 모바일 PC의 증가로 인해 감소한 것으로 이제는 PC의 시대를 넘어서 휴대용 컴퓨터의 시대로 변하는 것을 의미한다.

이런 모바일 PC의 전 세계 매출은 2016년에 약 3억 9,420만 대에 달했다. 최근에는 스마트폰도 PC와 유사한 다양한 기능을 하고 있어 30여 년 전의 예측이 얼마나 소박했는지를 잘 말해주고 있다.

반도체와 정보통신의 발전은 자동화와 인공지능으로까지 연결되어 21세기를 전혀 새로운 세상으로 만들고 있다. 특히 모든 정보화 기기가 네트워크로 연결되고, 이른바 사물인터넷IoT: Internet of Things과 같이 기존의 시스템에 연결되기 시작하면서 정보의 축적이 인류가 상상하지 못했던 문명사의 대전환을 일으키고 있는 것이다.

인공지능은 지속적으로 인간의 노동력을 대체하면서 지금 전 세계를 심각한 실업률의 위기에 다시 빠뜨리고 있다. 이러한 변화가 21세기 인류를 노동으로부터 해방시켜줄지, 아니면 실업의 늪에 빠뜨려 심각한 경제위기가 나타날지, 지금부터 인류가 풀어야 할 숙제이다.

20세기 말 기술 진보로 인해 기업의 다운사이징 등 노동의 종말이라는 사회적 위기가 도래했지만, 21세기에 이를 극복하는 새로운 사회적 시스템이 등장하면 인류는 또 한 번 문명사적 전환을 통해 풍요로움을 맞을 수 있다. 하지만 미시적이고 단기적인 관점의 이익을 우선한 보호무역주의나 경직된 노동시스템을 고수하려고 하면 사회적 갈등과 혼란이 더욱 증폭될 것이다. 이는 과거의 유사한 역사가 기술 진보에 따른 사회시스템 변화를 잘 설명해주고 있기 때문에 쉽게 예견할 수 있는 미래상이다.

새로운 산업구조의 등장

20세기 후반 컴퓨터의 등장으로 20세기를 대표하는 생산양식인 대량생산체제 방식에도 변화가 나타나기 시작했다. 컴퓨터나 정보통신 산업만 발전한 것이 아니라 다른 모든 전통적 산업에서도 컴퓨터를 이용하여 생산함으로써 산업구조 전반이 획기적으로 변화했다. 가장 대표적인 예가 적은 종류의 품종을 대량으로 생산해서 생산의 효율성을 높였던 소품종 대량생산방식이 변하게 된 것이다.

20세기 초반 과학적 관리법을 활용한 대량생산시스템으로 인해 20세기 후반에는 누구나 표준화된 물건을 대량으로 소비할 수 있게 되었다. 하지만 개인의 특성이나 취향을 고려한 다양한 품종을 즐길 수는 없었다. 누구나 백화점에서 유사한 브랜드의 유사한 제품을 구매할 수밖에 없다. 유니클로Uniqlo, 자라Zara와 같은 저가의 품질 좋은 제품들이 시장을 석권하지만 이것들은 모두 규격화된 제품들이다. 생산자가 소비자의 취향을 결정하는 공급자 중심의 생산체제가 20세기 대량생산체제의 주요한 특징이었다.

우리나라에서도 1970년대까지만 하더라도 양장점이나 양복점에서 개인이 옷을 맞추어서 입곤 했다. 하지만 1980년대 이후에는 공장형 대량생산 방식으로 남성복이나 여성복을 효율적으로 생산할 수 있어서 표준화된 의류생산이 주류를 이루었다. 소비자들이 보다 많은 의류를 값싸게 구입할 수 있게 되었지만 표준화되고 획일화된 디자인만을 소비할 수밖에 없는 한계가 있었다. 명품의 경우에만 고가를 지불하고 소량의 특수하게 디자인된 제품을 독점적으로 소비할 수 있었다.

20세기 후반이 되자 컴퓨터를 생산방식에 도입함으로 인해서 품종을 다양화하고 소량생산을 하더라도 생산의 효율성을 높일 수 있는 생산방식이 나타났다. MIT대학의 피오르Michael J. Piore 교수와 세이블 Charles E. Sabel 교수는 이러한 변화를 *The Second Industrial Divide*라는 책에서 잘 설명하고 있다.

대표적인 예로 의복에 자수를 넣어 디자인하는 것을 들 수 있다. 자수 디자인은 이전에는 기술자의 손에 의해 몇 가지 소수의 패턴만 가능했다. 기계의 경우도 다양한 패턴을 적용하지는 못하고 사전에 자수기계가 한두 가지 정해진 패턴만을 생산하도록 만들어 작동시켰다. 따라서 대부분의 일반 소비자들은 같은 디자인의 표준화된 제품밖에 이용하지 못했다. 일부 명품 회사들만 적은 수량의 특화된 브랜드 제품을 생산해서 부유층들만 고가의 차별화된 소비를 할 수 있도록 했다.

하지만 컴퓨터와 자동화 기법이 발전하면서 수천 가지 패턴을 다양한 응용방식을 통해 생산할 수 있게 되었다. 이제는 많은 품종을 소량으로 생산하더라도 생산성이 저하되지 않는다. 이는 인간 기술자나 전통적 자수기계의 개별능력의 향상으로 이루어진 것이 아니라 컴퓨터의 등장으로 가능하게 된 것이다. 즉, 20세기 후반에 컴퓨터의 활용으로 다품종 소량생산의 기술적 가능성과 고부가가치화가 가능한 산업구조가 형성되어 '제 2의 산업 분수령'을 넘게 되었다고 피오르와 세이블은 분석했다.

이렇게 되면서 단순히 소품종만 대량으로 생산하는 대기업 조직의 경쟁력은 퇴조하기 시작했다. 소비자의 취향과는 상관없이 생산자 중심의 제품생산 공급체계는 시장의 수요가 더 이상 용인하지 않게 되었다. 동일한 디자인의 옷을 입는 것을 소비자들은 피하게 되었다. 옆의 동료가 자신의 것과 똑같은 재킷을 바겐세일하는 백화점에서 사 입고 회사에 나오면 더 이상 그 재킷을 입고 회사에 나갈 수 없게 된다.

카운테스 마라의 넥타이 안쪽에는 이런 글귀가 쓰여 있다.

"100만 명 중 한 사람만을 위한 디자인"
(Designs for one man in a million)

아무나 사용하는 넥타이가 아니라는 뜻이다. 전 세계 인구 중 남성 35억 명, 그중 어린아이와 노인, 블루칼라 노동자, 농민, 예술가 등을 제외한 사무직이나 전문직만 약 5억 명이 넥타이를 맨다고 가정하고, 100만 명 중 한 명꼴로 카운테스 마라의 넥타이를 맨다고 하면, 같은 디자인의 넥타이를 500개 정도만 만든다는 이야기가 된다.

하지만 실제로 카운테스 마라는 이보다 훨씬 적은 제품을 생산하고 있다고 한다. 카운테스 마라는 같은 디자인의 넥타이를 50개만 만드는 고가의 제품생산 판매 전략을 활용한다. 이는 동일한 넥타이를 매는 것을 피하려는 소비자 심리를 잘 파악한 것이다. 그리고 이처럼 적은 수의 제품을 만들어도 컴퓨터의 도움을 받아 생산하면 보다 다양한 디자인을 손쉽게 만들 수 있기 때문에 이런 전략을 택하는 것이다.

이제는 차별화된 다품종 소량생산이 소비자를 더욱 만족시킨다. 소비자들은 다른 사람도 동일하게 소비하는 물건은 값싼 대량 생산품이라는 인식을 갖게 되었기 때문에 자기만 사용하는 제품을 선호한다. 대량생산보다는 소량생산을 통해 희소가치를 높이고 소비자의 수요에 맞춘 주문생산이 더 높은 경쟁력을 갖게 되었다.

다품종 소량생산이 고부가가치를 창출하게 되자 기존의 대기업들은 전통적인 대량생산 방식을 버리기 시작했다. 부가가치가 높지 않고, 값싸게 대량 공급할 수밖에 없는 제품은 직접 생산하기보다는 하도급 업체를 통해 생산하기 시작했다. 이에 더해 대량생산으로 인해 경제가 발전하면 그 사회의 노동임금이 급격하게 상승하기 때문에 대기업은 국내에서 자체 생산을 하기보다는 많은 해외 중소기업을 네트워크로 연결시켜 저개발국에 생산기지를 구축하는 것으로 전략을 변화시켰다. 즉, OEM과 같이 국제적인 생산 분업구조를 만들어서 해외 생산기지를 통해 저임금의 노동력으로 생산의 효율성을 높이는 방식을 택한 것이다.

20세기 초반 대기업들은 규모의 경제와 대량생산의 효율성을 통해 제조업 분야에서 경쟁력을 확보했지만, 20세기 후반에 접어들면서 선진국에서는 더 이상 대량생산만으로 효율적인 경쟁력을 유지하기 어렵게 되었다. 중국이나 베트남, 방글라데시, 과테말라 등과 같이 신흥 저개발국가들에서 저임금을 활용하여 대량생산하는 것이 더 효율적이기 때문에 선진국의 노동구조도 급격히 변화하였다.

대기업이 구조조정을 통해 고용의 유연성을 확보하지 못하면 오히려 노동의 경직성 등으로 인한 규모의 비경제라는 한계에 부딪히게 된다. 그리고 빠르게 변화하는 소비자의 수요에 대응하기 위해서는 새로운 아이디어와 유연한 생산체제가 대량생산보다 더욱 효과적이기 때문에 대기업은 변모할 수밖에 없었다.

이런 과정에서 선진국 기업들은 대량생산보다는 브랜드 파워를 높이고 소량생산을 통해 고부가가치를 추구하는 전략을 취하였다. 이 결과 선진국의 제조업 고용 비중은 급격히 줄어들었다. 대기업은 국제적 초대형기업으로 변모하고 동시에 소규모의 개인적 사업집단들이 다양한 아이디어를 갖고 새롭게 등장하는 새로운 형태의 산업구조가 나타났다. 대기업은 구조조정과 다운사이징으로 자체 조직은 슬림화하고 외부 생산 네트워크화를 추진하여 효율을 높이는 방안을 찾게 되었다.

20세기 후반에 들어서면서 생산과 소비는 개인화되고, 개인화된 생산시스템을 통해 만든 제품들이 홈쇼핑, 인터넷쇼핑 등과 같이 네트워크화된 유통시스템을 통해 판매되면서 개별 소비가 더욱 확대되는 새로운 생산 및 소비체제가 형성되었다. 따라서 소규모 개인 사업가들은 인터넷 등 네트워크를 통해 새로운 산업생태계에서 부가가치를 창출하였다.

결국 21세기에는 개인의 창의성이 발휘되는 SOHO^{Small Office Home Office}의 등장이 더욱 확대된다. 대기업은 이를 효과적으로 연결시켜 브랜드 파워를 갖고 수익을 창출하는 중개역할을 담당하게 된다. 이처럼 생산과 유통시스템에 대변화가 일어난다. 대기업이 신상품을 개발하여 시장에 유통하는 것보다 이제는 많은 스타트업 기업들이 혁신적인 제품을 개발하는 경우가 늘어나고 있다.

과거에는 이들 소규모 기업들이 새로운 제품을 만들어 시장에 내놓더라도 제품에 대한 신뢰성이 확보되지 않거나 소비자들에게 다가갈 수 있는 유통망이 없어서 쉽게 판매되지 않았다. 하지만 이제는 중소기업이 신제품을 유통의 브랜드 가치가 높은 대기업의 홈쇼핑이나 인터넷쇼핑 창구를 통해 판매하는 새로운 방식이 등장했다. 중소기업은 네트워크로 연결된 온라인쇼핑망을 통해 제품을 판매하다가 고객들로부터 품질을 인정받아 자신의 브랜드 가치가 높아지면 자체 판매하는 유통망을 구축하게 되었다.

화장품이나 주방기구, 전자제품 등이 홈쇼핑이라는 창구를 통해 유명 브랜드가 되는 것을 흔히 볼 수 있다. 결국 대기업이 신제품을 생산하는 것을 점점 줄이는 대신 신뢰와 유통망을 바탕으로 중개역할을 하고, 작은 혁신기업들은 새로운 제품을 꾸준히 만들어내서 고객들에게 상품의 가치를 평가받는 새로운 형태의 시장구조가 형성되는 것이다.

이제 대기업은 조직관리를 통한 노동의 효율화나 제품 생산의 효율성을 추구하기보다는 자본의 활용을 통해 새로운 산업을 창출하는 것으로 전략을 수정하게 된다. 대기업은 더 이상 대량생산체제의 노동집약적 산업보다는 고부가가치를 창출하는 자본집약적 산업이나 기술집약적 산업으로 급격히 이동한다. 이 과정에서 자본은 투자의 효율화를 통한 이익의 극대화를 노리기 때문에 이른바 '카지노 자본주의'casino capitalism라고 하는 투자 중심의 이익 추구 경향이 나타난다.

결국 21세기 초 월스트리트 붕괴라는 자본시장의 모순까지 드러냈지만, 자본은 끊임없이 제조업 생산보다는 고부가가치 생산을 위한 산업으로 이동하게 된다. 이런 과정에서 경제적 양극화와 승자독식의 신자유주의적 사회 현상이 인류를 또 다른 위기로 몰아넣을 수 있다. 지금 산업구조의 급격한 재편으로 나타나는 소득 양극화, 실업, 탐욕스러운 신자유주의의 위기는 모두 이런 현상과 긴밀히 연결되어 있다.

세계로부터 읽는 미래

청년실업이 증가하고 대기업 취업이 감소하고 있다. 학점과 스펙이 아무리 좋고 명문대를 나와도 대학졸업자들의 취업은 점점 어려워지고 있다. 그러면 이처럼 자신이 원하는 직장을 얻지 못하고 미래에 대한 불안감만 점점 커지는 현상은 지금 우리나라에만 해당되는 문제인가?

대기업에 취업한다고 해도 50대 중반이면 퇴직해야 하는 노동구조는 젊은이들을 더욱 불안하게 만든다. 스펙을 쌓고 대학졸업 후에도 재수, 삼수해서 대기업에 취업하려고 하기 때문에 사회에 진출하는 시기는 점점 늦어지고, 은퇴의 시기는 점점 빨라진다. 이제 기업 조직을 통해 고용이라는 방식으로 자신의 전 생애의 생계를 영위하겠다고 인생을 설계하는 것은 어리석은 직업선택의 길이 될지 모른다.

그럼에도 불구하고 많은 젊은이들은 20세기 산업구조와 고용구조의 패러다임이 21세기에도 이어질 것으로 생각하고 대기업 취업에만 매달리고 있다. 아니면 20세기의 사고방식에서 벗어나지 못하고 부모들이 경험했던 대기업 조직에 취업하는 것만이 인생의 가장 완벽한 정답이라고 생각할지도 모른다. 하지만 이는 인류 역사의 급속한 변화의 한가운데 서 있는 지금, 미래를 보지 못하고 현실에 얽매여 전전긍긍하는 안타까운 모습이다.

중소기업은 인력난에 사람을 구할 수 없다고 하고, 대기업은 정부의 청년실업 대책에 부응하는 차원에서 마지못해 대졸 신규채용을 늘릴 수밖에 없는 현실이라고 한다. 대기업은 고부가가치의 기술이나 디자인을 필요로 한다. 단순 관리나 사무, 표준화된 생산을 위해 사람이 필요한 것이 아니다. 그렇기 때문에 대기업에서는 경영의 효율성을 위해 단순화된 노동력 대신 자동화설비를 갖추고 값싼 노동을 찾아 해외 생산기지를 구축하는 세계화 전략을 강화하고 있다.

대기업은 세계적인 메가 기업이 되기 위해 국제 경쟁력을 강화하는 반면에 다양한 아이디어를 가진 소규모 벤처기업들은 새로운 생산 생태계를 구축하며 속속 등장하고 있다. 구글, 아마존 등 지금 세계적인 메가 기업이 된 기업들은 소규모 벤처기업으로 시작했다. 이들이 자본을 축적하면 다시 소규모 벤처기업들을 인수 합병하는 방식으로 대기업으로 성장을 거듭한다. 대기업은 대졸자들을 고용해서 잘 훈련시켜 생산라인에 투입하기보다는 이미 시장에서 제품의 시장경쟁력을 어느 정도 확보한 벤처기업을 네트워크로 연결하거나 흡수 합병하는 방식의 경영전략을 취하기 때문에 대졸 신입사원에 대한 수요가 점점 감소하는 것은 당연한 추세이다.

대기업 취업이 어려운 현상은 우리만의 문제는 아니다. 세계 곳곳에서 기존에 존재하던 일자리는 급격하게 줄어들고 있다. 산업구조와 기업구조의 급격한 변화로 인해 실리콘밸리와 같이 새로 등장하는 IT 관련 산업을 제외하면 기존의 산업에서 취업하기가 점점 더 어려워지고 있다.

2016년 다보스포럼에서는 앞으로 관리직과 화이트칼라 직업이 급격하게 줄어들 것으로 전망했다. 향후 전 세계적으로 사무관리 직종에서 476만 개, 제조생산 직종에서 161만 개의 일자리가 줄어들 것으로 보았다. 앞으로 인공지능과 로봇의 등장으로 화이트칼라가 담당하던 일자리가 급격하게 줄어든다는 것이다. 영국에 본사를 둔 다국적 회계 컨설팅회사인 PwCPricewaterhouse Coopers는 2030년까지 5백만 개의 일자리가 자동화된다고 예측하고 있다.

옥스퍼드대학의 연구결과도 크게 다르지 않다. 향후 20년 안에 기존 일자리 3개 중 1개가 없어지고, 지금 초등학교에 입학하는 어린이들의 65%는 현존하지 않는 직업을 갖게 될 것이라고 전망하고 있다. 심지어 미래학자 토머스 프레이Thomas Frey는 2030년까지 전 세계 일자리 20억 개가 사라질 것이라는 전망까지 내놓고 있다.

통계청 자료에 의하면 2017년 우리나라의 청년실업률은 9.9%로 나타났다. 그런데 유럽연합의 평균 청년실업률은 20%를 넘었다. 스페인과 그리스는 청년실업률이 50%에 이르고, 프랑스도 25%를 넘었다. 중동국가들의 청년실업률도 30%에 육박하고 있다. 지금 경제 활성화로 실업률이 급격히 감소하고, 비교적 청년실업률이 낮은 일본도 아르바이트처럼 일용직으로 일하는 'NEETNot in Employment, Education, or Training족'이 400만 명을 넘어섰다. 이러한 프리터free + arbeiter족의 급증과 일본에서 '격차문제'라고 부르는 소득 양극화 문제를 풀기 위한 일본 정부의 고민도 이만저만이 아니다.

《노동의 종말》The End of Work 등 여러 저술을 통해 미래에 대한 비전과 정책을 제시하는 미래학자 제레미 리프킨Jeremy Rifkin을 2005년 이탈리아 밀라노에서 만나 인터뷰를 한 적이 있다. 당시 그가 들려 준 이야기는 매우 충격적이었다. 이제 20~30년 후에는 지구에서 생산되는 모든 제조업의 상품들을 생산하는 데 당시 노동력의 10%만 있어도 가능하게 된다고 그는 전망했다. 그렇게 짧은 시간 동안에 그렇게 많은 노동력이 불필요하게 되면 우리는 어떻게 경제생활을 영위할 수 있을까 하는 걱정이 앞섰다.

리프킨은 그렇기 때문에 미래에는 우리가 과도한 노동시간을 줄이고 일을 나누어서 해야만 한다며 미래 노동의 패러다임 변화를 주장했다. 그렇지 않으면 직업을 가진 사람은 너무 오랜 시간 동안 너무 많은 일을 하게 될 것이라고 경고했다. 그리고 다행히 기업에 고용되어 일이 있는 사람들은 자신이 일한 대가로 받은 임금을 사회보장을 위한 세금으로 과도하게 지불해야 할 것이라고 했다. 반면에 일이 없는 실업자들은 일은 안 하고 실업수당을 받아 생계를 근근이 이어가는 사회적 모순이 발생한다는 것이다.

리프킨은 적은 임금을 받더라도 일을 나누어서 적은 근로시간만 일하고, 보다 많은 시간을 자신만을 위한 시간이나 가족과 함께 보내는 시간으로 활용하여 삶의 질을 높이는 것이 필요하다고 주장했다. 요즘 이야기하는 워라밸work life balance을 강조한 것이다. 그에 따르면, 취업을 한 사람들만 과도하게 일하고 과도한 노동시간으로 일자리가 줄어들어 실업자가 늘어나는 노동시스템을 빨리 바꾸는 것이 필요하다. 21세기에 맞는 새로운 노동시스템으로 바꾸어야 한다. 과도한 노동시간과 고임금이 고액 세금납부로 이어지고 일자리가 없는 실업자들은 아무런 사회적 효용을 창출하지 않고 복지 혜택을 받는 것은 사회적 낭비라는 것이다.

자신을 미래학자가 아닌 사회개혁가로 불러 달라는 리프킨은 월남전 반대운동이 치열했던 시기에 미국에서 대학을 다니면서 진보운동에 앞장섰다고 한다. 하지만 이념적 진보운동만으로는 미래의 긍정적 사회변화를 가져올 수 없다는 확신에서 사회개혁을 위한 다양한 시스템을 디자인하고 활발한 저술활동을 하게 되었다. 《엔트로피》, 《노동의 종말》, 《육식의 종말》, 《수소혁명》, 《소유의 종말》, 《유러피언 드림》, 《공감의 시대》 등 참신한 아이디어로 우리들을 매료시킨 다양한 저술은 미래에 대한 자신만의 고민의 산물이라고 한다.

산업구조와 노동시스템의 급격한 변화로 인해 기존의 노동형태가 사라지는 것은 흔히 볼 수 있는 일이다. 덴마크에서는 매년 근로자의 4분의 1이 해고된다. 다행히 덴마크에서는 이런 문제를 해결하기 위한 사회보장시스템이 잘 갖추어져 있어서 실업 후 4년까지 실업급여가 지불되고, 이 기간 동안 정부에서 재취업 교육을 제공한다.

이런 점에서 볼 때 우리나라의 노동정책은 다소 단편적인 처방처럼 보인다. 재취업 교육이나 중소기업 취업을 유도하는 정책을 쓰는 것이 아니라 대기업 취업만 강요하는 것처럼 보이기 때문이다. 정부가 담당해야 할 일을 대기업에게 전가하여 20세기 제조업 중심의 고용시스템인 정규직 형태의 고용시스템만을 유지하라고 강요하는 것처럼 보여 안타깝기만 하다.

네덜란드는 시간선택제 일자리가 보편화되어 있어서 일자리 나누기 work sharing에 적극적이다. 파트타임 근로도 정규직과 동일하게 취급되어 상여금이나 휴가를 정규직과 마찬가지로 제공받는다. 무조건 모든 파트타임 근로자를 풀타임 근로자로 정규직화하는 것만이 대안이 아니다. 누구나 노동을 통해 자신이 원하는 만큼 일하고, 최소한의 직업 안정성을 보장받는 것이 오히려 중요하다. 그리고 임금뿐만 아니라 정규직이 받는 모든 사회보장을 정부와 기업이 제공하고 있어서 굳이 풀타임으로 일하지 않아도 안정적으로 생활을 영위할 수 있다.

이러한 관점에서 볼 때, 기존의 노동 패러다임에 안주하면서 정규직, 비정규직만으로 노동을 이분법적으로 구분하여 노동시장의 구조를 경직화하기보다는 새로운 노동의 패러다임을 구축하는 것이 필요한 시점이다.

청년실업 문제는 국가적 특성 때문에 일어나는 문제라기보다 21세기가 직면한 대변혁 과정에서 나타나는 전 지구적 문제이다. 다만 이를 해결하는 방안에서는 국가마다 나름대로 다양한 전략을 갖고 문제에 접근하고 있다. 그렇기 때문에 우리도 매우 정교하고 미래지향적인 21세기형 노동 패러다임을 구축하는 작업을 시작해야 한다.

원래 인류는 먹고 살기 위해 깨어 있을 때에는 거의 대부분의 시간을 노동에 바쳐야만 했다. 20세기 초까지만 해도 인류는 주당 평균 100시간 이상의 시간을 노동에 바쳤다. 미국에서도 1940년대에는 주당 약 70시간 가까이 일했다. 하지만 이러한 과도한 노동시간은 지속적으로 감소하고 있다. 1997년부터 프랑스가 주 35시간 근무제를 시도했고, 독일도 주 4일 근무제를 시범적으로 추진한다고 했다. 노르웨이, 덴마크, 네덜란드 등 북유럽 국가들의 2014년 평균 노동시간은 28.9~33.9시간이라고 한다.

리프킨은 앞으로 20~30년 안에 직장에서 주 3일 근무를 주된 근무로 하고 주 2일은 자신이 원하는 프리랜서로서 개인 사업을 하고, 나머지 2일은 봉사 활동이나 종교 활동 같은 것을 하는 노동의 분업이 나타나게 될 것이라고 주장했다. 멕시코에 이어 OECD 국가 중 노동시간이 가장 긴 나라에 속하는 우리나라로서는 미래의 노동 패러다임에 대해 많은 것을 생각하게 해주는 조언이었다.

어찌 보면 이러한 주장이 너무 황당하고 현실감각이 없는 것으로 보일 수도 있다. 하지만 최근의 변화 추세를 자세히 살펴보면 이런 주장이 전혀 터무니없는 것만은 아니다. 미국의 아마존은 이미 주 30시간 근무제 도입을 시도했고, 최근 우리나라에서도 한화종합화학, 김영사, 다음소프트, 에이스그룹 등 주 4일제 근무와 재택근무제를 도입하는 회사들이 늘어나고 있다. 근무시간보다는 노동의 질과 삶의 질을 더 중요시한다는 것이다. 그리고 재택근무를 도입해서 직장에서 근무하는 노동시간이나 작업량보다는 프로젝트의 결과나 일의 질적 가치에 대해 평가하는 방향으로 노동의 변화가 급속히 나타나고 있다.

리프킨과 나눈 개인 인터뷰 중에서 20~30년 후에는 제조업 노동력이 현재의 10%만 있어도 동일한 양의 생산이 가능하다는 주장이 나에게도 처음에는 너무나 터무니없이 들렸다. 하지만 인터뷰를 마치고 곰곰이 생각해보고 통계를 찾아보니 이해가 되기도 했다. 우리나라 농업 생산의 경우가 이에 해당하는 급속한 변화를 보인 대표적인 예였다.

우리나라가 식량을 자급자족하지 못했던 1960년대에 1차 산업인 농업 생산인구는 전체인구의 약 70%에 달했다. 하지만 50년도 지나지 않은 2005년에 농업인구 비중은 이미 그 10분의 1인 6%대로 급락했다. 통계청의 통계에 의하면, 2017년 우리나라 농가인구는 242만 명으로 전체 인구의 4.7%에 불과하다. 1960년대에는 쌀이 부족해 동남아에서 수입한 이른바 '알랑미'를 먹고, 정부미를 배급받았다. 그 시절에 앞으로 50년도 안 되어서 당시 농업인구의 10%만 있어도 우리나라가 식량을 충분히 얻을 수 있다고 전망했다면 누가 믿을 수 있었을까? 2016년 우리 정부는 쌀이 40만 톤 이상 과잉 생산되어 쌀값 하락을 보전해주기 위해 농가에 지원할 직불금으로 약 1조 8천억 원을 2017년도 예산으로 책정한 실정이다.

지금 우리가 취업난과 실업의 문제로 고민하고, 청년 창업을 이야기하고 있지만, 우리나라도 50년 전에는 회사에 취직한 노동력이 10%도 안 되었다. 앞으로 50년 안에 회사에 취직하여 고용되는 노동력이 현재 노동인구의 10%도 안 된다고 해도 이상한 일이 아닐지 모른다. 왜냐하면 산업구조와 고용구조는 시대에 따라 끊임없이 변화하기 때문이다.

불안한 미래에 대한 세계적 파장

21세기 정보통신과 컴퓨터의 발전으로 인류의 문명이 새롭게 재구성되는 지금, 모든 사람들이 미래에 대한 불확실성으로 두려워하고 있는 것은 사실이다. 예를 들어 〈동아일보〉 전 뉴욕특파원 부형권 기자가 2015년 8월 3일 "한국을 싫어할 수 없어서"라는 칼럼에서 인용한 미국의 대표적 여론조사기관 PEW Research Center의 조사에 의하면 미래에 대한 부정적인 전망은 전 세계적인 현상이다.

'지금의 아이들이 부모세대보다 못살 것 같은지'를 묻는 설문에 대해 대부분의 국가에서 '그렇다'는 대답이 더 많았다. 청년실업이 심각하고 미래에 대한 기대감이 적은 우리나라에서도 부모세대보다 자식세대가 '더 잘살 것 같다'라는 대답이 43%였고, '더 못살 것 같다'라는 답은 52%로 나타났다.

하지만 미국이나 유럽 등 선진 국가에서 보여주는 미래에 대한 기대감은 우리나라보다 훨씬 더 낮다. 우리나라에서 부모세대보다 자식들이 더 못살 것 같다고 답한 비율이 52%인 반면, 독일은 58%, 미국 60%, 호주 64%, 영국 68%, 그리고 우리 이웃인 일본은 72%, 심지어 프랑스는 85%까지 부모보다 자식들이 더 못살게 될 것이라고 부정적인 대답을 했다.

2016년 미국 대선 레이스에서는 의외의 후보들이 등장해서 인기를 누렸다. 미국 공화당 대선주자 마코 루비오 상원의원이 대선 레이스에서 예상 밖으로 선전했던 것도 미래에 대한 불안감이 많은 젊은 세대에게 '아메리칸 드림'의 재건을 기치로 내세웠기 때문이다. 루비오 상원의원은 쿠바 이민자인 자신의 부모가 술집 바텐더와 가사도우미로 고생하여 자신을 성공시켰는데, 이제는 아메리칸 드림이 쇠퇴하고 있다며 다시 이런 불씨를 살려야 한다고 외치면서 인기를 얻었다.

부동산 재벌 트럼프의 극보수적인 정치적 선동도 백인 중산층과 젊은이들의 마음까지 흔들어서 결국 트럼프가 미국 대선에서 승리하는 이변을 낳았다. 트럼프는 시대적 불안과 미래에 대한 불확실성을 백인 우월주의와 국수주의 정책으로 극복하려고 했다. 이러한 그의 정치적 선동은 경제침체와 냉전체제 이후 신질서 구축 과정에서 흔들리고 좌절하고 있는 중산층 대중의 마음을 사로잡았다.

마치 제1차 세계대전 이후 나치 제국건설을 통해 경제적 어려움과 사회적 갈등을 해결하려 했던 1930년대 독일의 시대상황을 되돌려 보는 것 같아 섬뜩하기까지 하다. 그럼에도 불구하고 미국 대중은 트럼프를 미국의 제45대 대통령으로 선택했다.

또 다른 대선주자였던 버니 샌더스가 민주당 예비선거에서 선전했던 것도 미국 젊은이들의 미래에 대한 불안을 위로하는 전략이 주효했기 때문이다. 최초로 사회주의적인 정책으로 민주당 대선주자의 자리를 넘보던 샌더스의 대선공약은 전통적인 미국식이 아니라 북유럽식 사회민주주의적 경향을 많이 보여주었다. 힐러리 클린턴의 지지가 대세를 이룰 것이라는 전망을 뒤엎고 선거 초반 샌더스 상원의원이 높은 지지를 얻었던 것도 바로 이런 세기말적인 변화에 대한 위기의식을 반영한 것이라고 볼 수 있다.

반면 똑똑하기로 유명하고, 경험이 풍부한 힐러리 클린턴이 민주당 대선후보가 되었지만 판세를 압도적으로 이끌지 못하고 결국 대선에서 패배한 것은 시대사적 문제의식을 제대로 읽어내지 못했기 때문이다. 가장 잘 준비된 후보, 가장 안정적인 후보라고 평가 받았고 게다가 현직 대통령의 절대적인 지원을 받았던 힐러리 클린턴은 안타깝게도 많은 예측을 뒤엎고 패배의 눈물을 삼켜야만 했다. 문명사적 대전환기에서 산업구조와 노동구조가 획기적으로 바뀌고 있는데 국민들이 가진 불안감과 위기의식을 바로 읽지 못하고 국정운영 경험만을 내세우다가 미래에 대한 비전을 제시하는 데 한계를 드러냈기 때문이다.

이처럼 보수가 되었건, 진보가 되었건 극단주의적 정책이념이 합리적이고 균형감각을 가진 정책이념을 압도하게 된 것은 급격한 현실의 변화가 미래에 대한 심각한 불안을 불러왔기 때문이다. 그리고 이러한 현상을 제대로 읽은 정치지도자들은 자신의 이익을 위해, 아니면 실제 자신의 신념에 따라 극단적 정책이념을 택해 국가를 운영하려고 한다.

세기말과 세기 초에 언제나 극단적인 이념적 갈등과 정치적 갈등이 나타나고 다양한 사상적 조류가 출현하는 것을 이미 인류는 여러 차례 경험했다. 그리고 이를 잘 극복하지 못할 때 인류는 불행한 과정에 빠지게 되었다는 것을 역사적 경험을 통해 잘 알고 있다. 단지 인류는 이것을 시간이 지나감에 따라 잊고 있을 뿐이다.

이러한 문명사적 변화와 미래에 대한 불안감을 갖고 있는 전 세계가 요즈음 다양한 형태로 대응하고 있다는 것은 매우 흥미로운 사실이다. 최근 당선된 각국의 최고 지도자들의 특성을 보아도 불안감에서 야기된 극단적 현상을 엿볼 수 있다.

러시아, 중국, 일본 등 강대국들의 지도자들은 공통적으로 국수주의를 앞세워 장기집권의 틀을 마련하고 있다. 민주적 정권교체나 예견된 정치지도자의 등장과 같은 이전의 전통적인 정치 패러다임도 흔들리고 있다. 미국의 트럼프 대통령은 미국 역대 대통령 중에서 71세의 최고령으로 당선되었다. 게다가 한 번도 선출직에 당선된 적이 없는 사업가 출신으로 대통령이 된 것이다.

다른 한편, 캐나다, 프랑스, 뉴질랜드, 오스트리아 등에서는 젊은 정치지도자들이 속속 등장하고 있다. 캐나다의 트뤼도 총리가 43세의 나이에 취임하면서 화제가 되었는데, 뒤를 이어 프랑스 마크롱 대통령이 39세, 벨기에 샤를 미셸 총리가 38세, 아일랜드 리오 버라드커 총리가 38세, 뉴질랜드 재신더 아던 총리가 37세, 오스트리아 제바스티안 쿠르츠 총리가 31세에 당선되었다. 젊은 정치지도자들에게 국가를 운영하도록 맡기는 현상이 두드러지고 있다. 모두 지난 2~3년 사이에 나타난 결과들이다. 불안한 미래는 새로운 변화를 기대하도록 하는지 모른다.

중산층의 미래에 대한 불안감과 청년실업의 급속한 증가 현상은 세기말과 세기 초 문명사적 대전환기에 나타나는 산업구조 및 노동구조의 급격한 변화에서 비롯된 전 세계적으로 보편적 양상이다. 앞에서 본 것과 같이 19세기 초에도 그랬고, 20세기 초에도 산업의 급격한 변화로 인해 대량실업과 소득 양극화 문제가 심각하게 나타났다. 21세기 초 이를 어떻게 현명하게 극복하는가가 지금 우리 모두에게 또 한 번 다가온 숙제이다.

　대기업 취업만이 노동의 전부인 것으로 여겨졌던 대량생산체제의 20세기형 산업구조와 노동구조를 획기적으로 변화시키는 사회적 인식의 전환이 시급한 시점이다. 이미 21세기 새로운 산업구조와 생산시스템이 나타나서 조직의 생산능력보다는 개인의 창조적 능력이 필요한 프로페셔널의 시대로 접어들었는데 많은 우리 젊은이들이 20세기 산업시대의 사고에 머물러 있는 것을 보면 안타깝기 그지없다. 이제 이런 혹독한 현실을 누가 더 빨리 깨닫고 이에 맞는 시스템을 구축하는지가 세계 여러 나라들의 21세기 경쟁력을 결정하게 될 것이다.

우리 사회의 착시현상:
초고속 경제성장의 그림자

우리나라가 특히 청년실업을 심각하게 인식하는 것은 엄청나게 빠른 성장의 속도를 체험한 역사적 산물이기도 하다. 우리에게는 열심히 일하기만 하면 미래는 언제나 끊임없는 경제성장으로 이어지고 기회가 주어질 것이라는 기대감이 있었다. 하지만 이런 기대감이 붕괴되기 시작하면서 불안감이 가중되고 있다.

우리는 이미 1997년 이른바 IMF사태라는 경제위기를 겪으면서 미래에 대한 확신을 한 차례 잃어버렸다. 종신고용이 보장되리라 믿었던 직장으로부터 퇴출될 수 있다는 구조조정의 경험은 이제껏 겪어보지 못한 쓰디쓴 고통인 동시에 사회 불신의 시작이 되었다. 10년 뒤 다시 찾아온 2007년 세계 금융위기는 또 한 차례의 구조조정과 함께 미래 경제성장의 불확실성을 더욱 강화시켰다. 그래서 보다 안정된 직장에 대한 과도한 집착이 고용의 '미스매치'와 실업률의 증가를 더욱 증폭시켰다. 열심히 노력만 하면 미래의 보상이 어느 정도 보장되던 과거와 달리 이제는 아무리 열심히 해도 바라는 결과를 얻기가 어렵다는 좌절감은 엄청난 충격이 되어 우리를 불안하게 만들고 있다.

지난 50년간 전 세계는 평균 6.6배의 경제성장을 이룩했다. 반면 우리나라는 1인당 국민소득이 1960년 79달러에서 50여 년이 지난 지금 3

만 달러에 달하는 400배 가까운 경제성장을 이루었다. 같은 기간 국내총생산은 3만 배 이상 폭발적으로 증가했다.

전 세계 교역량은 무역자유화 등의 영향으로 1950년대에 비해 2010년대에 60배나 증가했다. 한국의 무역량은 통계가 집계되기 시작한 1956년에는 수출은 거의 없고 수입만 4억 달러를 기록했다. 1962년에 들어서 처음으로 수출 1억 달러를 넘어서고 수입은 3억 달러가 되었다. 2017년 수출과 수입을 합친 무역량이 1조 달러를 달성했으니 지난 50여 년 사이에 교역량이 250배 증가한 것이다. 비슷한 기간 전 세계 교역량이 60배 증가한 것과 비교하면 놀랄 만한 일이다. 이러한 경제성장은 사회구조의 다변화와 조직의 비대화를 초래했고, 노동은 끝없이 안정적인 수요를 창출해냈다.

하지만 경제가 비약적으로 팽창하던 1970년대와 성장이 완숙단계에 이른 지금의 상황은 너무나 다르다. 게다가 전 세계가 고용의 시대에서 창업의 시대로 변화하는 지금 대기업 취업은 더욱 어려운 실정이다. 이런 위기 앞에서 이제 성장의 끝에 서서 갈 곳을 알지 못하고 넋을 놓고 주저앉아 있다. 새로운 길은 없는가?

초고속 경제성장은 우리에게 소득의 증대와 함께 소비의 증대도 함께 가져다주었다. 한국경제는 고도성장기에 수출을 통한 소득증대로 끝없는 생산수요와 노동수요를 만들어냈다. 소득증대가 생산증대로 이어지는 경제성장의 선순환구조가 만들어진 것이다.

본격적인 경제성장이 시작되기 전인 1960년대 초반만 해도 한국사회는 심각한 구직난으로 허덕였다. 이른바 50년대, 60년대 학번이라고 하는 어른들을 만나 이야기해보면 당시 대학을 졸업하여 취업하는 것은 하늘의 별 따기였다고 한다. 명문대학을 나와도 은행이나 신문사 같은 곳의 일자리가 전국에서 매년 몇십 개 안 되었기 때문에 취업은 지금의 고시 합격 이상으로 어려웠다고 한다. 사법시험도 1960년대에 는 1년에 5명, 10명만 합격하던 시기가 있었다. 그렇기에 학령인구의 6%만 대학을 졸업하던 1960년대에 대학을 졸업한 엘리트들이 선택한 취업의 길은 순탄하지 않았다. 마치 요즘 막노동 같은 일자리를 얻기 위해 한국으로 찾아오는 방글라데시나 파키스탄의 엘리트들 같았다. 수백 대 일의 한국어시험 경쟁률을 뚫고 한국의 노동시장을 찾아오는 저개발국가의 엘리트들처럼 1960년대 당시 우리나라의 엘리트들은 서독 광부와 간호사의 길을 택했다.

1970년대에는 월남 파병과 월남의 전후 복구건설, 그리고 오일 쇼 크 이후 열사의 나라 중동의 건설현장에서 땀을 흘리며 모은 외화로 국 가의 부를 축적한 우리나라였다. 그러나 그런 이야기는 영화 〈국제시 장〉에서나 나올 만한 먼 옛이야기가 되어버렸다. 가난했지만 꿈을 포 기하지 않고 앞날을 개척하던 과거는 모두 잊어버리고 대학을 졸업하 면 누구나 대기업에 취업이 되어 정년까지 보장되는 편안한 삶을 살 것 이라는 착각에 빠진 것 같다.

특히 경제구조가 대기업 중심으로 발전했기 때문에 대기업은 임금, 노동조건 등에서 중소기업과 비교할 수 없을 정도로 우위를 보였다. 대 기업이 끝없이 기업의 규모를 키우면서 취업의 문을 활짝 열어 놓았기 때문에 고용정책은 대기업 중심으로 발전할 수밖에 없었다.

1970년대 후반 미국 등 선진국 기업들에서는 컴퓨터와 자동화의 여

파로 이미 다운사이징을 시도하면서 구조조정에 들어갔지만 우리는 멈추지 않는 자전거처럼 그리 크게 걱정하지 않고 취업의 문을 활짝 열어놓을 수 있었다.

1997년 외환위기가 찾아오기 전까지 우리에게 구조조정은 그리 심각한 위협이 아니었다. 하지만 외환위기의 충격 이후 기업들은 효율을 강조하면서 구조를 슬림화하지 않으면 기업 자체의 생존이 불가능하다는 것을 인식하기 시작했다. 때늦은 감이 없지 않지만 이제 기업도 살아남기 위해서는 새로운 상황에 적응해야만 했기 때문이다.

기업의 생존경쟁이 치열해질수록 구조조정을 두려워하는 취업자들이 더욱 안정적 직업이나 자격증을 가진 직업을 선호하는 현상이 나타났다. 대졸자들은 강력한 노동조합을 갖고 있어서 고용이 안정되고, 임금이 높은 대기업이나 공공기관의 취업만을 선호했다. 이를 위해 수백 대 일의 경쟁률을 뚫으려고 온갖 노력을 다 했다.

한번 취업하면 평생 안정적인 직업을 보장받는다는 생각에 학점관리와 스펙을 쌓기 위해 대학생활의 낭만도 잊은 채 취업준비에 몰두했다. 중소기업이나 벤처기업과 같이 불확실성이 높은 곳에 도전하기보다는 안정적 직업을 확보하기 위해 혼신의 노력을 기울인 것이다. 심지어 학점을 잘 받기 위해서 재수강, 3수강까지 불사하고, 졸업자격 요건을 갖추는 시점을 일부러 미루면서 졸업하지 않고 취업준비생으로 대학에 잔류하는 현상이 늘어났다.

하지만 변화의 파고는 생각보다 높다. 대기업의 직업 안정성이 언제까지 보장될 수 있을까? 대기업의 경우도 이직률이 높아 재직기간이 평균 10년도 채 안 되는 경우도 많고, 평생직장이라고 생각하지만 50대 초반이면 퇴직해야 하는 경우가 우리 주변에 흔하게 나타난다.

우리는 매년 대기업에서 대졸 신규채용 인원이 얼마인지에 주로 관심을 갖고 있다. 하지만 실제로 매년 몇 명의 신입직원들이 퇴사하는지에 대해서는 별로 관심을 기울이지 않는다. 대졸 신입사원의 조기 퇴사율은 2012년 23.6%, 2014년 25.2%, 2016년 27.7%로 계속 증가하고 있다. 대기업의 경우도 2년 이내 퇴사율이 요즘 대부분 인턴사원으로 일단 채용하는 비정규직은 29.3%, 정규직도 12.3%에 달한다. 그러면 이러한 현상을 알면서도 많은 대졸 취업준비생들이 몇 년씩 걸려서 대기업 입사준비를 하는 것이 미래를 준비하는 최선의 방법인가?

요즈음에는 삼성과 같은 대기업에서도 굳이 대학 학벌만을 중요시하지는 않는다. 이른바 SKY대학이나 KAIST 출신의 우수한 신입사원들 가운데 새로운 제품을 개발하는 데 큰 도움이 안 되는 경우가 많기 때문이라고 한다. 명문대학을 나온 사원들 가운데에는 실패를 두려워하지 않는 과감한 도전정신이 부족한 경우가 많다는 것이다. 명문대 출신들은 지적 능력은 뛰어날지 모르나 오랜 기간 정답만 맞혀 오던 모범생들이 많기 때문에 자신이 확실하게 정답을 맞힐 수 없다고 생각하면 새로운 일에 소극적이거나 회피하려는 경향이 있다고 한다. 실패를 감수하더라도 새로운 일에 적극적으로 도전하려는 개척정신이 부족한 것이 종종 한계로 나타난다는 것이다. 그래서 대기업에서는 아직도 명문대 출신의 학벌 네트워크를 중요시하여 일부 명문대 출신을 채용하기는 하지만 이전처럼 명문대 출신만을 선호하는 것은 아니다. 이제 출신학교를 묻지 않는 블라인드 방식의 채용이 확산되고 있다.

아이러니컬하게도 이른바 일류 대학의 학생들은 대기업에서 출신학교를 묻지 않는 블라인드 방식으로 채용한다고 하니까, 더더욱 성적에 집착하게 된다. 재수강, 3수강, 4수강까지 해서 매우 높은 학점으로만 성적증명서를 채운다. 대학을 4년 만에 졸업하지 않고 재수강과 다양한 스펙 쌓기로 5년, 6년 다니는 것을 당연하게 여긴다. 평균 평점 4.0 이상을 만들기 위해 성적을 잘 주는 쉬운 과목만 골라 듣는 경우도 흔하다. 그렇기에 어떤 대기업에서는 평균 평점 4.0 이상인 지원자는 서류심사에서 오히려 걸러낸다는 이야기까지 들린다. 문제를 정면으로 돌파하기보다는 좁은 시각으로 현실에 최선을 다하면 된다는 생각이 애처롭다.

이제 글로벌기업으로 성장한 대기업에서는 새로운 사업으로 혁신을 이루어야 하기 때문에 창의적이고 도전적인 인재가 필요하다. 그래서 도전을 꺼리는 모범생보다는 과감하게 도전하는 인재를 더 찾는다. 20세기 고도경제성장기에 조직에 충성하고 주어진 과업을 성실히 수행하던 모범생의 덕목만 갖고는 21세기에 뛰어난 인재로 인정받기 어렵게 되었다.

모범생은 추격형fast follower 성장의 시기에는 매우 적절한 인재일지 모르지만 선도형front runner 개척을 필요로 하는 시기에는 바람직한 인재상이 아니다. 그렇기 때문에 성적이 좋은 우수한 인재들이 안정적인 직장이라고 대기업을 선택하는 것은 지금의 상황으로 볼 때 고용의 미스매치인 것이다.

대기업은 경영효율화를 위해 끝없이 다운사이징을 하고, 시장상황에 유연하게 대응하기 위해 끊임없이 변화한다. 점점 더 기업 간의 인수합병M&A은 늘어날 것이고, 효율성이 낮은 회사는 과감하게 정리될 것이다. 아직은 노동시장의 경직성 때문에 고용의 안전장치가 어느 정도 남아 있지만 앞으로 10년, 20년 후에도 이런 안전장치가 작동할 것이라는 예상은 착각이다. 이제 초고속 경제성장 과정에서 나타난 끝없는 노동수요의 확대에 대한 기대는 과감하게 내려놓아야 한다.

이처럼 대기업에서는 사람을 줄이고 있는데 중소기업에서는 고급인력을 구하기 어려워 고민이 많다. 2016년 경총(한국경영자총협회)에서는 대기업의 초임이 지나치게 높아서 우리나라 노동시장의 고용이 크게 왜곡되고 있다고 이를 시정해줄 것을 대기업들에 촉구했다.

경총의 분석에 따르면 우리나라 대기업 정규직 대졸자 평균 초임은 연봉 기준 4,075만 원으로 일본의 대기업 대졸 초임보다 39% 이상 높다고 한다. 2014년 기준으로 한국은 300명 이상 기업의 경우 대졸초임 연봉이 3만 7,756 달러였는데 일본은 1,000명 이상 기업의 대졸초임 연봉이 2만 7,105 달러에 불과했다는 것이다. 물론 일본의 경우 1개월 계약직도 포함한 통계여서 다소 부풀려진 측면이 있다는 지적도 있었다. 하지만 경제규모가 작은 우리나라 대기업의 대졸초임 연봉이 일본 대기업보다 높은 것은 사실이다

우리나라 중소기업의 임금수준은 대졸초임 연봉이 2,532만 원으로 대기업의 62% 수준에 머물러 있다. 그렇기 때문에 대졸자들의 대기업 선호현상은 당연한 일이다. 이처럼 편중된 임금구조 및 노동구조로 인해 대기업에는 취업난이 있는 반면 중소기업에는 사람을 구하지 못하는 구인난이 있는 기현상이 나타난다. 대기업의 과도하게 높은 대졸

정규직 초임은 중소기업의 청년고용의 어려움뿐 아니라 학력 인플레이션 유발과 임금격차 확대로 인한 사회갈등의 심화와 같은 문제를 야기한다.

그러나 앞에서 본 것처럼 컴퓨터와 정보통신의 발전으로 인해 제조업의 자동화가 촉진되고 사무관리 분야에서 정보화가 확산되면서 구조조정이 활발하게 나타나면 대기업은 고용보다는 다른 형태의 생산 시스템을 강화할 가능성이 높다. 높은 효율성을 추구하는 대기업이 많은 인력을 보유하고 이들을 관리하기 위해 많은 비용을 들일 이유가 없기 때문이다. 대기업은 효율적이고 혁신적인 인사관리를 위해 끊임없이 노력할 것이다.

이제 고용의 시대는 끝나고 개인화되거나 소규모의 생산시스템을 가진 기업 조직이 네트워크로 연결되는 초연결사회로 바뀔 가능성이 높다. 그렇게 되면 노동의 형태도 바뀌고 노동조합과 같은 산업조직의 형태도 바뀔 것이다. 국제 경쟁력을 갖춘 대기업이 가장 앞장서서 이런 방향으로 변화하게 될 것은 불을 보듯 뻔하다. 21세기에 접어들면서 미국에서는 100년간 지속된 고용의 시대가 이미 퇴조하고 있다. 우리나라에서도 50년 동안 급속히 발전한 고용의 시대가 서서히 막을 내리고 있다는 사실을 외면해서는 안 된다.

압축 성장을 통해 형성된 우리의 사회시스템은 매우 불안정하다. 압축 성장기에 민주화와 함께 이룩한 노동시스템은 경직되어 있다. 20세기 유럽과 미국에서 발전된 모델을 그대로 도입하여 우리의 사회적 문제를 해결하려고 하지만 우리는 아직도 합리적인 합의과정을 도출해내는 데 미숙하다.

정치권도 이념적 입장과 이해관계가 첨예하게 대립하다 보니 극단적 갈등만 계속할 뿐 유연하게 문제를 해결하지 못하고 있다. 그렇기 때문에 제4차 산업혁명이 논의되고 있음에도 불구하고 문제의 본질에는 접근하지 못하고 기존의 방식으로만 문제를 해결하려고 한다. 이러한 집단 간의 극심한 대결양상은 미래의 문제를 해결하기보다는 현실의 문제를 심화시켜 엄청난 사회적 비용만을 유발하고 있다.

사실 우리나라의 많은 사람들은 국민소득 3만 달러를 달성하고, 세계 무역규모 6위와 경제규모 10위권의 경제대국이 되었다고 해서 우리가 선진화된 사회시스템을 오랜 기간에 걸쳐 구축한 유럽 국가들과 비슷할 것이라는 착각을 갖고 있다. 그러나 자세히 들여다보면 그 나라들은 최소한 100년 이상 그 정도의 경제적 부를 이미 축적한 나라들이고 우리는 최근에 형성된 부를 갖고 경제력을 자랑하고 있는 나라이기 때문에 축적된 사회적 자본의 차이는 엄청나다.

요즘 우리나라 사람들이 해외여행을 많이 다니면서 우리보다 현재 소득이 낮은 나라들이 잘사는 것을 보면 의아하게 생각하기 쉽다. 서구 도시들의 고색창연한 건물들과 여유로운 사람들의 생활모습을 보면 우리보다 국민소득이 낮은데 조상 덕으로 잘산다고 부러워하면서 우리가 갖고 있는 현재의 부를 거침없이 자랑하면서 소비한다.

하지만 그 나라들은 오랜 기간 현재 수준의 부를 축적해온 나라이고, 우리는 잘살기 시작한 것이 몇 년 안 되었기 때문에 우리를 그들과 비교하면 오류에 빠지기 쉽다. 최소한 100년 이상을 수천 달러의 국민소득을 갖고 사회에 투자한 나라와 50년 전 100달러도 안 되는 국민소득에서 출발해 현재 3만 달러 소득을 가진 나라를 비교하는 것은 무리이다. 사회가 하루아침에 변화하는 것은 아니기 때문이다.

도시 외관만 그런 것이 아니다. 사회시스템도 마찬가지이다. 우리나라는 2017년 노인인구가 14%를 넘어 고령사회에 진입했고, 베이비붐 세대가 노인이 되는 2025년에는 초고령사회에 진입한다. 베이비붐 세대들이 은퇴하고 나서도 직장에 다닐 때와 동일한 생활수준을 유지할 수 있을 것이라고 생각한다면 큰 착각이다. 게다가 이전에는 아파트와 같은 부동산을 통해 재산 축적이 가능했고, 부동산은 노후에 커다란 자산으로 인식되었지만 부동산을 통한 재산 증식은 점점 어려워지기 때문에 은퇴자들의 삶은 더욱 어렵게 될 것이다.

반면, 우리가 부러워하는 대부분의 유럽 선진국은 정년퇴직을 하고 나서 기존 수입의 80%에 가까운 연금을 생을 마칠 때까지 받을 수 있는 사회시스템을 갖추고 있다. 우리나라는 이제 겨우 20% 조금 넘는 수준의 사람들만이 퇴직 후 생활이 가능한 연금의 혜택을 받을 수 있다. 우리의 국민연금은 겨우 1988년에 시작되었다. 연금 가입 후 20년 동안 최고 수준의 연금보험료를 성실하게 납부했다고 해도 연금수령액은 기존 수입의 40% 수준에 불과하다.

미래에 대한 불안은 종종 현재의 이익을 조금도 양보하지 못하는 현상으로 나타난다. 이처럼 미래에 대한 불안이 심각한 위기의 시대에 이미 접어들었음에도 불구하고 노동의 경직성을 해결하기는 쉽지 않은 것으로 보인다. 개인이나 집단의 이익을 위한 만인 대 만인의 투쟁과 같이 치열한 이익 추구와 갈등이 사회 도처에 즐비하다.

서구사회는 오랜 고용사회의 경험으로 노동조합과 노동운동의 시스템을 구축해왔다. 앞에서 설명한 것처럼 노사정 협력이 가능한 코포라티즘은 1930년대 러시아의 공산화가 물밀듯 서유럽에 밀려드는 것을 막기 위해 오스트리아 보수정당이 먼저 진보적인 노동조합을 끌어안는 과정에서 나타난 것이다. 북유럽의 사회민주주의도 이러한 과정에서 노사정이 서로의 이익을 합리적으로 타협해 나가는 과정에서 만들어진 역사적 산물이다.

우리는 그런 경험이 부족하고, 선진국의 모델을 직수입해서 적용하려다 보니 합리적인 제도가 쉽게 정착되지 못하고 있다. 이들 나라들이 고용시대의 종말을 풀어나가는 방법도 이런 오랜 경험에 근거한 원숙한 지혜에 기반을 두고 있다. 미래의 변화는 우리가 아무리 외면하려고 해도 닥칠 수밖에 없는 현실이고, 이를 해결하기 위해서는 우리도 현명하게 미래를 설계해 나갈 수밖에 없다.

이제 20세기에 형성된 이익구조에서 벗어나 21세기에 맞는 시스템을 새롭게 만들어야 한다. 이를 위해서는 이른바 기득권이라고 하는 현재의 이익을 과감하게 내려놓아야 한다. 예를 들어 대기업은 중소기업과의 관계에서 일방적 이익을 추구하기보다 동반성장을 할 수 있는 방안을 강구해야 한다. 경직적인 노동시장도 일자리 나누기와 시간제 근로 등과 같이 유연하게 바뀌어야 한다. 자본의 이익과 효율뿐만 아니라 사회적 효용도 같이 추구하는 사회적 기업이 출현할 수 있는 환경도 조성해야 한다.

임금뿐 아니라 삶의 의미를 고려하는 노동의 근본적 구조변화에도 눈을 돌려야 한다. 이미 유럽 선진국에서는 NGO나 사회적 기업의 노동인구가 전체 노동인구의 20%를 넘고 있다는 것은 많은 시사점을 던져 준다. 이들은 결코 많은 임금을 받고자 이 일을 택하는 것이 아니다. 사회적 가치를 갖고 있고, 자신의 삶에 큰 의미를 부여하기 때문에 선택하는 것이다. 연봉 200만~300만 원의 차이에 직장을 옮기려고 고민하는 우리 사회의 소득 중심 노동구조에 대한 인식이 변화하지 않으면 선진화된 사회로 가기 어렵다.

이제 20세기의 생산구조, 산업구조, 노동구조 등이 모두 바뀌고 있기 때문에 사회 각 부분이 21세기의 새로운 옷에 몸을 맞추어야 한다. 그렇지 않으면 우리 사회는 엄청난 사회적 비용을 지불해야 하는 끝없는 혼돈과 위기를 겪을 수밖에 없다.

위기의 본질

21세기로 진입하면서 전 세계는 성장통을 겪고 있다. 청년 실업이 증가하고 빈부격차가 심화되고 있다. 고령화가 가속화되고 난민문제와 테러로 지구촌이 몸살을 앓고 있다. 그러면 이러한 위기의 본질은 어디에 있는가?

현재 전 세계가 겪고 있는 위기는 20세기 후반 경제성장의 성공신화에서 벗어나기 위한 변화의 몸부림에서 나타나는 현상이다. 특히 한국 사회가 위기인 이유는 지난 50여 년간 고도경제성장을 통해 비약적으로 발전한 성공의 신화에서 한국이 아직까지 벗어나지 못하고 있기 때문이다. 성공의 신화에 빠져 과거에만 집착하면 위기의 올가미에서 벗어나지 못하고 더 깊은 수렁에 빠질 것이다.

일본도 1985년 미국과의 플라자합의가 있기 전까지 초고속성장을 하면서 성공신화에 도취해 있었다. 플라자합의로 엔고円高현상이 나타나자 일본의 자본은 미국의 부동산을 휩쓸다시피 매입하고 과감한 M&A를 시작했다. 그리고 부동산 가격의 상승으로 일본의 부동산을 모두 팔면 미국의 모든 부동산을 사고도 남는다는 자만심에 빠져 있었다. 하지만 엔고로 인한 제조업 경쟁력의 급격한 하락, 개인과 조직의 이익만을 지키려는 관료의 보신주의, 정치권의 무능과 정쟁 등으로 인해 일본은 1990년대부터 '잃어버린 20년'이라는 긴 불황의 터널에서 헤맬 수밖에 없었다.

위기의 본질은 기존의 성공신화에 함몰되어 새로운 변화에 적응하지 못하는 데 있다. 현재의 사회는 일정한 균형점을 이루고 있다. 새로운 외부의 위협이 나타났을 때 균형을 깨고 새로운 변화와 변혁을 통해 이를 극복해야 하지만 이를 추진하는 것은 쉽지 않다. 대부분의 사람들은 현재의 균형점에서 얻는 이익이 굳이 변화를 추구하기 위해 지불해야 하는 비용보다 더 낫다고 여기기 때문이다.

토머스 쿤Thomas Kuhn도 《과학혁명의 구조》The Structure of Scientific Revolutions에서 일정 기간 동안 지속되는 하나의 과학적 패러다임이 변화하는 과정을 이렇게 설명했다. 하나의 패러다임은 일정 기간 변하지 않고 존재하는데, 이러한 패러다임이 적용되지 않는 많은 비정상상태 anomaly가 나타나서 지속적으로 쌓이면 어느 순간 전혀 새로운 해석방법이 등장한다. 그러면 새로운 해석방법에 의해 기존 패러다임은 정당성을 잃고 새로운 패러다임이 주도적인 역할을 하는 변화가 일어난다. 이러한 과정을 통해 기존의 정상 상태인 패러다임은 새로운 패러다임으로 교체된다. 새로운 패러다임도 시간이 지나서 다시 새로운 예외들이 나타나고, 상당한 기간 이 예외적 현상들이 축적되면 또 다른 새로운 패러다임으로 변화할 것을 요구받게 된다. 결국 기존의 패러다임은 새 패러다임이 나타날 때까지만 지속될 수 있다.

이처럼 과학혁명의 구조는 기존의 패러다임의 틀 안에서 설명되지 않는 비정상적인 예외의 축적, 그리고 이 축적이 어느 순간 폭발하여 다시 새로운 패러다임으로 변화하는 일련의 과정을 거치면서 발전한다. 결국 패러다임의 변화를 통해 과학기술의 발전이 이루어지는데, 이런 과정에서 기존 패러다임을 변화시키는 데에 많은 노력과 비용이 수반된다.

　우리가 현재 사용하는 컴퓨터 알파벳 자판은 1870년대 초 크리스토퍼 숄스Christopher L. Sholes가 개발한 것을 1878년 레밍턴 타자기 회사가 보편화시킨 것이다. 왼쪽 상단의 자판 배열이 QWERTY의 순으로 되어 있어서 이를 이른바 'QWERTY 자판'이라고 한다. 이 자판 배열은 원래 서로 많이 쓰이는 알파벳들을 연속해서 타자하게 되면 글쇠들이 엉키는 문제를 해결하기 위해 만들어진 것이다. 그리고 자주 사용하는 알파벳을 서로 다른 손으로 치게 만들어 타자 속도를 빠르게 하기 위해 고안된 것이다.
　그런데 지금은 컴퓨터 키보드로 자판을 치고 인쇄하기 때문에 글쇠가 서로 엉키는 현상은 전혀 없다. 자주 쓰는 알파벳을 가운데로 적절히 배열하면 자판을 치기에 더 효율적일 것임에도 불구하고 19세기 후반에 만들어진 자판이 아직도 변함없이 사용되고 있다. 이를 경로의존성path dependency 또는 고착화lock-in라고 하는데 이처럼 한번 제도화된 것을 바꾸는 것은 그리 쉽지 않다는 것을 잘 보여준다.
　따라서 많은 기업들은 제품이 대량생산되는 표준화 과정에서 자신들이 만든 표준과 특허를 사용하도록 노력한다. 이는 제품의 표준이 한번 제도화되면 이를 바꾸는 데 드는 비용이 적지 않기 때문에 선발 업체가 독점적인 이익을 얻을 수 있기 때문이다. 더 좋은 기술과 방법들이 언제나 새롭게 제안됨에도 불구하고 소비자들의 수요를 한꺼번에 바꾸는 것이 쉽지 않은 이유가 바로 여기에 있다.

그런 점에서 우리 사회가 지금 당면한 위기의 본질도 기존의 성공한 제도가 앞으로도 지속될 것이라고 믿는 데 있다. 이미 21세기에 들어서서 20세기의 많은 제도적 특성들이 서서히 퇴조하고 있음에도 불구하고 우리는 20세기의 놀라운 경제적 성공이 지속될 것이라는 환상에 빠져서 새로운 혁신보다는 기존의 성공을 이끈 문제해결 방식에 의존하고 있는 것이다.

예를 들어 표준화와 전문화의 시대였던 20세기에는 암기 위주의 형식지形式知, explicit knowledge를 많이 갖고 있는 것이 매우 중요한 자산이었다. 하지만 이제 형식지는 인터넷을 통해 아주 쉽게 얻을 수 있어서 그리 매력적인 자산이라고 할 수 없다. 지금 우리에게 필요한 것은 형식지가 아니라 암묵지暗默知, tacit knowledge이다. 객관화된 지식이 아니라 자기만이 독특하게 느끼고 생각하는 내재화된 지식인 암묵지가 필요한 것이다. 암묵지는 오감五感을 넘어서 판단하고 느끼는 창조적 지식을 의미한다. 그러기에 암묵지는 주어진 업무를 효율적으로 수행하기 위한 단순한 지식을 넘어서서 복잡한 문제를 해결하기 위한 창의적인 지식이라고 할 수 있다.

이제 주어진 숙제만을 잘 푸는 모범생이 필요한 시대는 지나갔다. 열심히 노력만 하면 성공할 수 있는 시대는 지나갔다. 단순 반복적인 암기를 통해 형식지를 축적해서 주어진 과업을 잘 수행하는 전문가 specialist의 시대는 지나갔다. 마치 19세기에 장인으로서 대접을 받던 기술자가 20세기에 공장근로자인 블루칼라로 전락한 것처럼 20세기의 사무직 전문가인 화이트칼라가 21세기에는 구조조정의 대상이 되고 있다. 단순한 전문가에서 이제는 보다 고도화된 문제해결 능력을 갖춘 프로페셔널professional이라고 하는 골드칼라를 찾는 시대가 되었다.

그럼에도 지금 우리 사회는 20세기의 성공모델을 따르는 데 너무 많은 투자를 하고 있다. 영어를 잘하는 것이 지난 50여 년간 세계 무역을 통해 경제성장을 한 우리나라에서는 매우 큰 자산이었다. 영어를 잘하고, 해외유학을 하면 우리사회에서 꼭 필요한 인재로서 대접을 받았다. 그 성공의 유산에 따라 아직도 영어에 과도한 투자를 하는 것을 당연한 것으로 여긴다.

하지만 미국 유학생이 매년 7만 명을 넘어선 지금 영어를 잘하는 것만으로는 우리 사회에서 성공하기 어렵다. 영어유치원에 엄청난 교육비를 투자하고, 조기 유학을 보내는 것은 이미 유효기간이 지난 교육상품이다. 지금 조기 유학으로 미국 대학을 졸업한 유학생들이 미국뿐만 아니라 한국에서조차 자신이 원하는 직장을 얻지 못해 고민하는 것을 많이 볼 수 있다.

영어 발음이 얼마나 원어민과 비슷한지는 전혀 중요하지 않다. 악센트가 조금 어색하더라도 영어로 자신의 생각을 전달하고 토론하면서 다른 사람들을 설득할 수 있느냐가 더 중요하다. 미국의 대표적 외교전략가 키신저의 영어발음은 독일식 악센트가 강하고 어떤 때는 알아듣기 쉽지 않다. 오히려 폭넓은 지식, 생각하는 힘, 창의적 아이디어와 뛰어난 분석능력이 그를 돋보이게 만든다. 중요한 것은 유창한 발음이 아니라 커뮤니케이션의 내용이다. 창의적이고 설득력 있는 대화의 내용이 영어 발음보다 훨씬 중요하다.

이제 기존의 성공모델은 잊어버려야 한다. 1960년대와 1970년대

사법고시에 합격한 것과 지금 로스쿨을 졸업하여 변호사 시험에 합격한 것을 같은 것으로 생각해서는 안 된다. 20세기의 의사의 역할과 21세기의 의사의 역할은 확연하게 달라질 것이다. 기존의 치료법을 전수받아 병을 진단하고 치료하는 20세기형 의사보다는 실험과 연구를 통해 새로운 치료법과 약물을 개발하는 의사의 역할이 더욱 강조되는 21세기가 될 것이다. 20세기에 성공한 모델이 21세기에도 유효할 것이라는 환상을 버리고 지난 성공비결보다는 새로운 문제해결 방식에 도전해야 한다.

우리는 21세기 문명사적 대전환기를 위기로 보지 말고 기회로 보아야 한다. 많은 재벌기업들이 전쟁이 끝난 혼란 속에서 급성장했고, 미국의 대기업들도 기술개발로 인해 급속히 사회가 재구성되는 불확실성 속에서 급성장했다. 변화를 위기로 보고 기존 질서에 매달리면 단기적으로는 살아남을 것 같지만 서서히 깊은 늪으로 침하하여 빠져나오지 못하게 된다. 하지만 변화를 기회로 보고 끝없는 도전과 실패를 거듭하면 어느 순간 새로운 기회로 인해서 도약할 수 있게 된다. 21세기 문명사적 대전환기에 우리가 택해야 할 전략은 무엇인지 답은 그리 멀리 있지 않다.

제2장

인류의 진화와 변화의 속도

인류는 15만 년 전에 동아프리카에서 유사한 종들과 함께 살다가 10만 년 전 지중해 동해안으로 이주했고, 7만 년 전 아프리카를 다시 벗어나 네안데르탈인 등 다른 인간 종들을 절멸시키고 진화를 거듭해왔다. 인류 문명사를 명쾌하게 분석한 이스라엘 히브리대학의 유발 하라리 교수에 따르면 인류는 인지혁명을 통해 다른 종들과 달리 새로운 사고방식과 의사소통 방식을 활용해 지구를 지배하기 시작했다. 지금 우리의 삶을 지배하는 국가, 법, 제도, 시장 등 모든 인위적인 사회시스템은 인류가 협력하여 지구를 지배하기 위한 기제로 만들어졌고 지금까지도 활용되고 있다. 이러한 인류의 진화는 사회시스템의 진화뿐 아니라 기술의 발전과 함께 더 빠른 속도로 전개되기 시작했다.

지난 5만 년간 경험한 인류의 역사적 진화도 다른 동물과 비교해볼 때 대단한 것이지만 지금 우리가 경험하고 있는 인류 문명의 진화는 상상을 초월할 정도로 엄청난 변화이다. 왜 이처럼 인류의 문명사가 최근 혁명적인 속도로 변화하고 있는 것일까? 그것은 20세기 후반부터 나타난 몇 가지 현상들 때문이다.

가장 대표적인 현상은 반도체와 컴퓨터의 발전으로 인간이 보유한 정보의 양이 급속히 팽창하고 있는 것이다. 이전에는 정보라고 인식되지 않던 것까지 정보로 축적되어 활용되고 있다. 아날로그 세상에서 디지털 세계로까지 인식이 확장되고 이것이 현실적으로 정보의 형태로 기록, 축적되면서 인류의 문명은 상상을 초월할 정도로 변화하고 있는 것이다.

다른 하나는 정보통신 기술의 발전으로 전 세계가 급속하게 네트워크화되고 있다는 사실이다. 정보를 독점함으로써 소수의 전문가들만 이익을 향유하던 시대는 이미 지나갔다. 정보통신 기술로 인해 전 세계에서 일어나는 모든 일들에 대한 정보가 보다 쉽게 네트워크로 연결되어 활용되기 때문이다. 네트워크를 통해 빅 데이터의 활용이 더욱 확산되고, 이것은 또 다른 자산이 되어 새로운 부가가치를 낳게 한다. 정보통신 네트워크의 발전으로 전문가와 일반인의 경계는 서서히 사라지고 있다. 이제는 모든 사람들이 인터넷과 같은 네트워크를 활용해서 끝없이 정보와 지식을 활용하고 새로운 정보와 지식을 생산해낼 수 있게 되었다.

또 다른 하나는 인간 수명의 급속한 연장과 함께 나타나는 생명과학의 비약적 발전이다. 인류의 수명은 지난 50여 년 만에 30% 이상 연장되었다. 30년을 한 세대라고 할 때 이전에 인류는 60세를 전후하여 2세대만을 살았는데, 이것이 갑자기 50년 만에 3세대를 살 수 있게 확장된 것이다.

끝으로 이런 과정은 인류가 기존에 생각하지 못했던 매우 빠른 속도로 전개된다. 따라서 인류는 현재 진행되는 미래로의 변화에 대해 더욱 불안해하고 더 큰 충격을 경험하게 된다. 이러한 요인들은 서로 다른 현상들인 것 같지만 이들 간의 상호작용이 상승효과를 일으키면서 인류의 문명은 획기적인 변화의 과정을 밟고 있다. 또한 이러한 요인들은 인류의 다양한 삶의 양태를 변화시키고 있다. 이제 인류는 역사상 경험해보지도 못했고 상상하지도 못했던 새로운 진화의 길로 접어든 것이다.

정보의 급팽창

구글의 전 CEO 에릭 슈미트Eric E. Schmidt는 인류 문명이 시작된 후 2003년까지 생성된 모든 정보와 동일한 양의 정보가 이제는 단 이틀 만에 형성된다고 주장했다. 2012년 구글을 통해 1분당 2백만 개의 정보가 검색되었는데, 2년 뒤 2014년에는 그 2배인 1분당 4백만 개의 정보가 검색되었다. 구글 이외에도 다른 검색엔진의 검색량을 포함하면 현재 인류의 1분당 정보의 유통량은 엄청나다.

　페이스북을 통해 1분당 약 250만 건의 정보가 공유되고, 트위터에서는 1분에 거의 30만 건의 트윗이 발생한다. 전 세계적으로 이메일은 1분당 2억 건이 발송되고, 유튜브는 1분에 300시간 분량의 동영상을 생성한다. 인스타그램에는 1분에 22만 장이 넘는 새로운 사진이 올라온다고 한다. 이제 구글이 하루에 처리하는 정보의 양은 20페타바이트(1페타바이트 = 1,024테라바이트 ≒ 1조 메가바이트)에 달한다. 전 세계에서 생성되는 정보의 양은 모두 합쳐 매일 5엑사바이트(1엑사바이트 = 1,024페타바이트 ≒ 1조 기가바이트)에 달한다.

　1984년 처음 출현했을 때 인터넷은 약 1,000명 정도가 사용했는데, 30년이 지난 2013년에는 전 세계 인구의 40%에 가까운 27억 명이 사용했다. 일찍이 시스코는 2016년이 되면 DVD 2억 5천만 장의 정보량이 담기게 될 1.3제타바이트 시대가 열린다고 전망했다. 1제타바이트는 1,024엑사바이트로 약 1,000조 기가바이트의 양에 해당한다. 이 트래픽 양은 2016년부터 약 3년이 지난 2019년이 되면 다시 2배로 증가될 것으로 예측하고 있다.

1991년 국제도량형총회가 내놓은 미터법 단위에서 가장 큰 수는 10의 24제곱인 요타yotta이다. 이는 10의 21제곱인 제타 다음의 수이다. 정보의 양이 지금의 추세로 증가한다면 얼마 안 가서 인류가 만들어 놓은 미터법 단위의 한계를 넘어설 가능성이 높다.

이제 요타 다음의 새로운 용어를 만들어내야 한다. 왜냐하면 인류의 모든 활동들이 빅 데이터로 환원되어 클라우드와 같은 저장창고에 저장될 것이기 때문이다. 그렇게 되면 현재 우리가 상상하는 것보다 훨씬 많은 데이터들이 지구상에 존재하게 될 것이다.

가장 간단한 예로 모바일 데이터의 사용량은 한 해 평균 57% 증가한다. 특히 우리나라에서 증가율이 가장 높다. 한국의 경우 모바일 데이터 사용량이 2014년 1.4엑사바이트에서 5년 뒤인 2019년에는 6배 증가한 8엑사바이트가 될 것으로 시스코는 전망하고 있다.

단순한 모바일 데이터를 축적하고 활용하는 단계를 넘어 무인 자율주행자동차가 거리를 누비게 되면, 각 자동차가 인식하고 대응해야 하는 데이터는 상상을 초월할 정도로 많은 양이 될 것이다. 이런 데이터들은 시간이 갈수록 축적되어 또 다른 용도로 활용될 수 있다. 그렇게 되면 현재 인류가 계산할 수 있는 도량형의 단위를 초월하는 정보가 존재하게 될 것이다.

이러한 정보의 급속한 팽창은 인류의 새로운 진보를 가능하게 한다.

예를 들어 엄청난 정보를 우리가 보유하게 되면 데이터 마이닝을 통한 빅 데이터 분석이 가능해진다. 즉, 엄청난 정보의 광산에서 보물을 캐내듯이 정보를 캐내어 이를 갈고 다듬으면, 이전에는 상상하지 못했던 현상을 이해할 수 있게 된다는 것이다. 그래서 우리나라의 대표적인 빅 데이터 분석회사인 '다음 소프트'의 캐치프레이즈는 "마음을 채광한다"Mining Minds이다.

빅 데이터 분석이 다시 인공지능을 활용한 자동학습시스템인 딥러닝deep learning으로 연결되면 인간의 능력을 넘어선 정보의 활용이 가능해진다. 딥러닝은 엄청나게 빠른 시간에 지식의 피드백을 가능하게 한다. 이를 통해 정보를 계산해주면 이전에 우리 머리로는 전혀 생각하기 어려웠던 문제들을 해결할 수 있게 된다.

아직은 매우 초기단계에 불과하지만, 빅 데이터 분석이 정책을 결정하는 데에도 활용되기 시작했다. 몇 해 전 박원순 서울시장이 다보스포럼에서 서울시의 야간 올빼미버스를 소개한 것도 빅 데이터 분석을 통해 개발한 행정서비스의 한 사례이다. 심야시간에 스마트폰 통화기록과 콜택시 요청기록 등 약 30억 건의 빅 데이터를 활용하여 심야시간대에 유동인구가 집중되는 지역을 분석한 것만으로도 버스노선 선정의 효율성을 높일 수 있었다. 약 8개 심야버스의 노선이 바로 이 빅 데이터 분석으로 결정된 것이다.

이전에는 이러한 정책은 담당자의 전문적인 지식이나 오랜 경험을 바탕으로 결정되었다. 혹은 시민들의 요구나 버스회사의 편의에 따라 결정되었다. 그러나 이와 같이 결정을 하다보면, 실제 객관적인 이용자 수요를 충분히 반영하지 못한 경우가 많았다. 또한 이용자들에게 최고의 편의를 제공하는 정책이 되지도 못했다. 따라서 이용자의 편의성보다는 공급자의 편의성을 우선시하는 탁상행정으로 이루어지는 경우가 보통이었다.

시민들도 주어진 행정서비스를 수동적으로 이용하는 것에 그치지, 어느 것이 최적의 행정서비스인지조차 인식하지 못하는 경우가 대부분이었다. 하지만 시민들의 행태를 객관적으로 파악할 수 있는 정보가 빅 데이터로 축적되고 이를 분석할 수 있는 기법들이 개발되면서 우리도 인지하지 못하는 가운데 가장 효과적인 정책결정이 가능하게 된다.

얼마 전에는 경기도가 127만 건에 달하는 신용카드 이용 데이터와 휴대폰 로밍 데이터를 분석하여 외국인 관광객들의 소비행태를 분석하기도 했다. 예를 들어 중국인은 킨텍스, 일본인은 고양 원마운트, 미국인은 수원화성박물관을 많이 찾은 것으로 나타났다. 또한 홍콩 관광객은 봄맞이 벚꽃축제를 많이 찾고, 카자흐스탄 관광객은 의료 관련 소비를 많이 하는 것으로 분석되었다. 이처럼 공공서비스 개발 등 사회문제 해결을 위해 빅 데이터 분석을 활용할 수 있는 가능성은 무궁무진하게 확장될 것으로 전망된다.

빅 데이터를 분석하는 방법은 이른바 사물인터넷IoT의 영역에서도 활용되어 새로운 산업화의 가능성을 열어주고 있다. 기존의 모든 산업과 인간의 행태가 인터넷으로 분석되어 가장 효과적인 방법으로 재구성되고 있다. 빅 데이터의 응용 영역은 우리의 상상을 넘어서고 있다. 사물인터넷이 진화하여 모든 현상에 인터넷을 통한 빅 데이터 분석이 적용되는 만물인터넷IOE: Internet of Everything으로 발전할 때 인류의 생활

전 분야에 걸쳐 엄청난 변화가 나타날 전망이다.

　사람과 사물을 인터넷으로 연결하는 IoT에서 사람과 관련된 다양한 데이터가 사물과의 인터페이스를 넘어서 초고속 통신망, 스마트 그리드smart grid, 유비쿼터스 센서ubiquitous sensor 등을 통해 클라우딩 데이터와 유기적으로 연결되어 인공지능적인 해결을 가능하게 해주는 만물인터넷의 시대가 열리게 된다. 드론과 자율주행자동차가 인터넷과 연결되면서 유통혁명이 일어날 것은 쉽게 예견할 수 있다. 스마트 그리드를 활용하는 건물에너지관리시스템BEMS: Building Energy Management System을 통해 에너지가 절약되고, 패시브 하우스passive house와 같이 에너지 제로의 냉난방 시대가 열릴 수도 있다.

　마키나 리서치Machina Research의 조사 자료에 의하면 2013년에 우리나라 IoT 국내시장 규모는 2조 2,872억 원 정도였는데 10년 뒤인 2022년에는 22조 8,200억 원 규모로 10배 이상 커져서 연평균 약 29%의 성장이 예상된다고 한다. 하지만 이러한 예측은 1980년대 PC 생산량의 예측과 마찬가지로 보수적인 예견일 수도 있다. 우리의 상상을 초월하는 IoT 사회구조가 보다 빨리, 보다 큰 규모로 인류의 생활을 변화시킬 수 있기 때문이다.

　IoT뿐만 아니라 2016년 초에 이세돌과 바둑 대국을 펼친 알파고와 같이 인공지능을 가진 로봇이 인간의 지적 영역까지 깊이 파고들 가능성이 더 높아졌다. 딥러닝을 통한 인공지능의 진화는 심지어 인간의 감정까지 파악하고 대응하는 로봇의 출현까지 예견하게 한다.

　예를 들어 20세기에는 심장의 박동을 이용한 거짓말 탐지기와 같은 단순한 기계로 인간의 감정을 읽어 내려고 했다. 당시에는 이것도 매우 과학적인 방법으로 마음을 읽어내는 것으로 인식되었다. 하지만 이제는 수백 개에 이르는 얼굴 근육의 미세한 변화를 탐지하여 감정을 읽어낼 수 있는 방법이 새롭게 개발되고 있다. 인간의 감정은 알게 모르게 얼굴에 표현된다. 얼굴 근육의 미묘한 변화를 읽어내면 내면의 감정을 쉽게 알아낼 수 있는 것이다.

얼굴은 입으로 향하는 9개의 근육, 코로 향하는 3개의 근육, 눈과 이마로 향하는 4개의 근육, 귀로 향하는 3개의 근육 및 목의 근육에 의해 다양하게 움직이며 형태가 변한다. 따라서 이를 촬영하여 수백 개에 달하는 얼굴 근육의 미세한 변화가 어떤 감정을 나타내는지 분석할 수 있는 기법이 나오면 인간의 감정을 쉽게 알아낼 수 있다.

최근에도 FACSFacial Action Coding System라고 하는 기법이 개발되어 얼굴 표정을 통해 진실을 이야기하는지 아닌지를 분간하는 데 활용되고 있다. 이는 해상도 높은 카메라와 빅 데이터 분석을 활용한 인공지능 기법이다. 이제는 심장박동의 미세한 변화로 진실을 말하는지 거짓을 말하는지 판별하려고 했던 거짓말 탐지기보다 더욱 정교한 결과를 얻을 수 있는 시대가 열린 것이다.

이처럼 정보의 팽창과 빅 데이터 분석의 사회적 활용도가 급속하게 증대되면서 21세기 인류의 미래는 획기적으로 변화할 것이다. 이로 인해 제품 생산뿐 아니라 다양한 분야에서 기존에는 풀지 못하던 많은 문제들을 풀 수 있게 되면서 우리가 상상하지 못했던 분야에서 활용될 것이고, 정보의 유용성은 끊임없이 증가할 것이다.

예를 들어 빅 데이터 분석은 정치 캠페인에도 활용되고 있다. 지금까지는 설문조사를 통해 유권자들의 행태를 분석하는 것이 일반적이었다. 하지만 멀지 않은 미래에 설문조사는 구시대의 유물로 남겨질 것이다. 요즘 같은 세상에 어느 누가 물어보는 대로 솔직하게 답을 할 것인가? 그렇기 때문에 최근 선거운동 기간의 여론조사나 출구조사를 통한 설문조사의 예측능력이 기대와 다르게 나타나서 통계학자들을 당황하게 하곤 한다.

하지만 빅 데이터를 이용한 예측능력은 매우 뛰어나다. 의식하지 않고 자연스럽게 트위터나 페이스북에서 이야기한 내용들이 데이터로 정교하게 분석될 때 그 예측능력은 설문조사와는 비교도 안 될 정도로 정확할 수 있다. 오바마 대통령이 재선과정에서 선거 캠페인 대상 유권자들을 3,000그룹으로 나누고 빅 데이터 분석을 활용하여 각 그룹에 대해 서로 다른 관심을 중심으로 정책공약을 만들어 선거캠페인을 성공적으로 벌였다는 사실은 시사하는 바가 크다.

이처럼 이제 모든 사회 분야에서 빅 데이터 분석은 광범위하게 활용될 것이다. 마치 문자의 활용이 인류 문명의 진화에 핵심적인 역할을 한 것처럼 정보의 팽창과 활용은 21세기 인류가 새로운 역사를 향해 출발할 수 있도록 길을 열어줄 것이다.

네트워크화

21세기 인류 문명의 급속한 발전은 단순히 정보의 팽창만으로 이루어지는 것은 아니다. 엄청난 양의 정보가 통신기술의 발전으로 인해 매우 정교해진 네트워크를 통해 또다시 빠른 속도로 확대 재생산된다. 인터넷, SNS 등 네트워크화는 우리의 삶을 빠르게 변화시키고 있다. 이러한 네트워크화는 사회시스템을 기존의 방식과 전혀 다르게 변화시킨다.

이전에는 현실에서 드러나지 않고 진행되던 많은 사회현상들이 사회연결망의 손쉬운 이동경로를 통해 급속하게 공개되고 밝혀진다. 언론이 가지고 있던 정보 독점성도 서서히 그 중요성이 감소하고 있고, 정부의 정보 독점을 통한 국가운영이나 사회통제 및 국민에 대한 지배도 점점 어려워진다.

청와대나 국정원의 심장부에 있던 정보까지도 일반 대중들이 인터넷을 통해 손바닥 안에서 읽어 낸다. 대기업과 언론의 은밀한 거래관계도 그 구체적인 내용이 인터넷을 통해 급속히 확산된다. 이제 비밀은 없다. 쓰인 문자나 내뱉은 말은 어디엔가 저장되고 이는 전 세계 어디까지라도 급속히 전달될 수 있다. 정부에서 비밀정보를 다루는 핵심기관에 종사하던 사람들 누구나 내부고발자가 될 수 있다.

'위키리크스'를 설립한 줄리언 어산지Julian P. Assange와 같은 사람들로 인해 모든 정보는 공개되고, 또 네트워크를 통해 손쉽게 전 세계로 확산된다. 그렇기 때문에 20세기에 우리가 알고 있던 권력은 그 힘을 쉽게 잃게 된다.

모이제스 나임Moises Naim은 《권력의 종말》The End of Power에서 이제는 권력이 독재자에게서 사이버 공간의 민중으로 이동하고 있다고 주장한다. 인터넷 공간을 통해 정보가 전 세계적으로 광범위하게 확산되기 때문에 진실이 일반 대중에게 보다 쉽게 전달된다. 그래서 그는 "이제는 권력을 가진 사람들이 잘못하면 전임자들보다 훨씬 더 혹독한 대가를 치르게 된다"고 단언하고 있다.

박근혜 전 대통령의 국정농단 사건이 탄핵으로 이어진 것만 보더라도 정보를 권력자만이 독점하던 시대는 끝났다는 것을 쉽게 알 수 있다. 이제는 사이버 공간의 대중들이 권력자들의 모든 행동이나 깊숙이 감추어져 있던 정보를 손쉽게 발굴해서 SNS라는 네트워크를 통해 관심 있는 모든 사람들에게 순식간에 전파할 수 있다. 따라서 20세기에 누리던 정보독점을 통한 권력의 행사나 이를 은밀하게 활용하는 일들은 한계에 이르렀다. 독점적이라고 생각했던 정보까지도 사이버 공간의 네트워크를 통해 빠르게 노출될 수 있기 때문이다.

심지어 일반인들은 알기 어렵던 미국 FBI와 CIA의 정보뿐 아니라 우리나라 국정원의 정보까지도 낱낱이 밝혀지고 있다. 댓글조작 사건과 같은 것도 이제는 모두 밝혀져 이를 지시한 국정원장이 구속되는 사태까지 이르렀다. 이전에는 감히 상상도 하지 못하던 일이 벌어지는 것이다.

최고 권력자들을 유리알처럼 투명하게 감시할 수 있는 정보의 공개성과 이러한 정보가 순식간에 네트워크로 확산되는 확장성으로 인해 이제 네트워크화된 사회에서 기존의 권력은 끊임없이 쇠퇴하게 된다.

이런 이유로 《알렉 로스의 미래 산업보고서》The Industries of the Future에 인용된 것처럼, 하버드대학 컴퓨터과학과 마고 셀처Margo Seltzer 교수는 2015년 다보스포럼에서 네트워크 사회인 우리 시대의 단면을 날카롭게 포착하여 보여주었다. 셀처 교수는 우리 주변 곳곳에 설치된 CCTV와 센서를 통해 생성된 빅 데이터와 이를 연결해주는 네트워크로 인해서 우리가 과거에 알던 프라이버시는 더 이상 실현할 수 없고, "우리가 인습적으로 생각하는 프라이버시는 죽었다"라고 지적한다.

셀처 교수는 2020년이면 전 세계에서 500억 대 이상의 전자기기들이 인터넷에 연결될 것으로 예측했다. 또한 2020년이 되면, 인류 문명이 시작된 이후 현재까지 생성된 모든 정보의 양이 두 시간마다 생성될 것으로 예측했다. 이것은 우리 주변의 CCTV나 자동차 블랙박스에 차곡차곡 쌓이는 정보의 양만 생각해도 쉽게 이해할 수 있다. 우리가 인식하지 못하는 순간에도 엄청난 양의 영상정보가 우리 주변 곳곳에서 집적되고 있다. 또한 이런 정보는 클라우드 환경과 네트워크를 통해 아주 쉽게 확산될 수 있다.

예를 들어 이전에는 상상하지 못했던 치안 관련 정보들이 이러한 영상정보를 통해 분석될 수 있다. 한 사람의 하루 동안의 일상생활이 모두 복원될 수 있기 때문이다. 아침부터 저녁까지, 아파트 복도부터 엘리베이터, 거리 곳곳까지 움직이는 모든 동선에 달려 있는 CCTV와 자동차 블랙박스에 정보가 자동적으로 저장되고 있어서 우리의 일상을 완벽하게 재구성할 수 있다. 특히 각종 센서들의 가격이 급속하게 하락하면서 인간의 행동패턴을 파악할 수 있는 정보들이 기하급수적으로 늘어났다.

인천국제공항에는 약 4,000여 대의 고해상도 CCTV가 설치되어 있다고 한다. 그런데 한 사람이 모니터 화면을 통해 관찰할 수 있는 한계는 CCTV 50대 정도이다. 한 사람이 물리적으로 50대의 CCTV만 관찰할 수 있다고 하면 공항의 치안을 위해 최소한 240명의 사람들이 8시간씩 교대하면서 24시간 이를 관찰해야 한다. 하지만 그것은 현실적으로 너무 많은 투자가 수반된다.

그래서 이러한 컴퓨터 모니터링과 인공지능을 연결하는 시도가 이루어진다. 공항 내에서 수상한 행동을 하는 사람이나 어떤 특정한 행동을 반복하는 사람이 나타나면 컴퓨터의 인공지능이 이를 확인하여 자동적으로 경보를 통해 경비담당자에게 알려주도록 프로그램화하는 것이다. 이렇게 되면 보안관이나 공항 경비원들은 이상한 행동을 한 사람이 알아채지 못하는 가운데 그를 집중적으로 관찰하며 보안을 강화할 수 있다. 현재도 이런 정도의 컴퓨터에 의한 모니터링은 이루어진다고 한다. 이러한 경비시스템이 네트워크로 연결되면 매우 효과적으로 잠재적 범죄를 막을 수 있다.

이런 방식은 앞으로 급속하게 발전되어 모든 분야에 활용될 수 있다. 예를 들어 치안의 경우에도 지금은 지역별로 적절한 숫자의 경찰이 균등하게 배치되어 24시간 치안을 담당한다. 하지만 범죄는 지역에 따라, 시간에 따라 발생하는 빈도나 강도가 전혀 다르다. 따라서 범죄발생의 패턴을 빅 데이터로 분석하고 기계학습을 통해 치안시스템을 인공지능화하면 매우 효율적으로 치안 인력을 배치하고 범죄 발생에 효과적으로 대응할 수 있다.

따라서 동일한 시간에 동일한 규모의 경찰을 배치하는 것이 아니라 다양한 빅 데이터 분석을 통해 치안 경찰의 배치의 강도와 규모를 결정할 수 있다. 아직은 기존의 관행이나 주먹구구식 판단, 또는 시민들의 요구 등에 의해 치안의 강도와 규모가 결정된다. 하지만 범죄발생의 패턴을 빅 데이터를 통해 분석하면 보다 효과적으로 치안 시스템을 설계할 수 있게 된다.

더 나아가 시민들과 경찰의 치안정보시스템이 네트워크로 연결되면 경찰은 치안시스템에 대한 관리를 중심으로 업무를 하고, 자원봉사 치안시민들이 정보를 효과적으로 제공하고 이를 연결시켜 치안의 수준을 높일 수 있다. 서구에서 대부분 의용소방대원의 자발적인 지원에 의해 소방작업이 이루어지는 것처럼 경찰과 시민의 유기적인 치안공조시스템을 효율적인 네트워크를 통해 만들어내면 아주 적은 국가재원으로 매우 효과적인 치안을 이루어낼 수도 있다.

또한 대규모의 정보들이 컴퓨터를 통해 인터넷에 연결되고, 스마트폰을 통해 인터넷에 접속할 수 있게 되면서 전 세계의 정보연결은 상상을 초월할 정도로 늘어나고 있다. 현재 전 세계에서는 약 60억 명 정도가 휴대폰을 사용하고 있다. 이 가운데 20억 명이 스마트폰을 사용한다고 한다. 하지만 2020년이면 스마트폰 사용자는 40억 명으로 급증할 것으로 보고 있다. 게다가 이러한 예측은 인터넷 사용의 상승작용이 더 가속화되면 지금의 예측을 훨씬 더 뛰어넘을 수도 있다. 스마트폰을 통한 인터넷의 확장은 정보 유통의 확장성을 더욱 급속히 진전시킬 것이다.

2018년 다보스포럼에서 KT의 황창규 회장은 5G 기술을 소개하면서 전염병의 확산을 막기 위해서 전 세계 스마트폰을 네트워크로 연결할 것을 제안했다. 네트워크로 연결된 스마트폰을 통해 전염병의 확산 경로와 속도를 분석하면 메르스나 신종 플루와 같은 심각한 전염병의 확산을 신속하게 예방할 수 있다는 것이다. 이처럼 다양한 정보가 네트워크로 연결되면 이전에는 생각하지 못했던 많은 문제들을 최소화시켜 효과적으로 해결할 수 있다.

21세기에는 모든 것이 네트워크화된다. 리 레이니Lee Rainie와 배리 웰먼Barry Wellman은 《새로운 사회운영 시스템》*Networked: The New Social Operating System*에서 21세기를 "네트워크화된 개인주의가 지배하는 디지털 세상"이라고 정의하고, 이러한 새로운 사회운영 시스템에 의해 모든 것이 변화하게 된다고 주장한다.

매일, 매 순간 '카톡'으로 연결된 우리의 삶을 몇 년 전에는 상상도 하지 못했다. 우버 택시, 쿠팡, 배달의 민족, 직방 등 다양한 네트워킹형 기업들이 속속 등장하고 있다. 이들 기업은 기존의 사회운영 시스템을 근본적으로 변화시켜 우리 삶의 새로운 생활양식을 만들어가고 있다. 상품 구매와 배달이 모두 인터넷으로 연결된 사회시스템을 바탕으로 이루어지며 새로운 시장질서를 형성하고 있는 것이다.

심지어 전통적 유통산업의 대표적인 기업이라고 할 수 있는 신세계 백화점도 SSG라는 인터넷쇼핑몰을 개설했다. 이마트도 인터넷쇼핑을 통한 배달을 새로운 고객서비스로 제공하고 있다. 고객들이 직접 매장에 가서 상품을 구입하는 것이 교통의 불편함, 시간소비, 계산대 앞에 길게 늘어선 줄, 충동구매 등으로 전자상거래보다 불편하고 비용이 많이 든다고 생각하는 소비자들이 늘어나고 있다.

이전과는 달리 전자상거래가 편리하고, 신뢰할 만하고, 24시간 시간의 제약을 벗어날 수 있기 때문에 소비행태가 바뀌는 것이다. 특히 사회시스템이 인터넷 기반으로 변화되고, 스마트폰을 통해 손쉽게 인터넷에 접근하게 되면서 생활양식 자체가 근본적으로 변화하고 있다. 스마트폰으로 은행 거래도 하고, 음성인식 AI기기가 모든 전자제품들을 네트워크로 연결시켜주고 있다. 더 나아가 냉장고가 인터넷과 연결되면서 유통기한이 지난 상품을 정리해주고, 남은 양이 부족한 물건들을 주문해주는 새로운 구매방식이 급속히 확산될 수 있다. 이러한 네트워크화는 사회시스템 전반에 걸쳐서 새로운 변화를 초래하고 있다.

사회시스템의 네트워크화

옛날에는 집안에서 일을 도와주는 사람이 '가정부'의 형태로 숙식을 함께했다. 더 오래 전에는 하인처럼 평생을 주인집 식구와 동일한 공간에서 생활했다. 하지만 이제는 네트워크로 연결된 구인시스템을 통해 시간제근무가 주를 이루고 있다. 즉, '파출부'라고 하여 시간당으로 집안일을 도와주는 시스템으로 변했다.

앞으로는 시간별로 청소를 담당하는 전문 청소원, 빨래를 가져다가 세탁해주는 전문 세탁원, 아이들 등하교를 도와주는 아이 돌봄 도우미 등 다양한 형태의 기능별 도우미들이 전문화된 형태로 다양하게 집안 일을 도와주게 될 것이다. 심지어 미국에서는 애완견을 산책시켜 주는 서비스가 인터넷을 통해 제공되면서 성황을 이루고 있다.

또한 이미 전 세계적으로 활용이 증대되는 에어비엔비나 우버 택시 는 대표적으로 네트워크화된 사회시스템의 변화이다. 비어 있는 집이 나 주차장에 세워진 자동차와 같은 잉여의 사회적 자원을 네트워크를 통해 연결시키면 보다 많은 사회적 효용이 증대될 수 있다. 이러한 변 화는 더욱 활성화될 가능성이 높은데, 인터넷을 통한 사람과 사람 간 의 연결이 손쉬워지고 정보통신의 비약적인 발전으로 사회시스템의 많은 부분들이 네트워크로 연결되기 때문이다.

네트워크의 일반적 특징은 개인과 개인, 개인과 조직, 조직과 조직 사이에 경계가 분명하지 않고 느슨하게 연결된loosely-coupled 관계를 갖 는 것이다. 2009년 노벨 경제학상을 수상한 올리버 윌리엄슨Oliver E. Williamson의 명저 《시장과 계층제》Markets and Hierarchies에서 보듯이 전통 적으로 서구에서는 사회의 연결상태를 '시장'과 '조직'으로 양분하여 생 각했다. 시장은 구성원들 간에 연결구조가 거의 없지만 조직은 단단하 게 연결된tightly-coupled 관계를 갖고 있다. 시장은 개인의 자율적 행위 에 의해 움직이지만 조직은 계층제적인 구조 안에서 움직인다.

시장이란 개인이 행동하는 데 아무런 제약 없이 현재 상태의 효용을 극대화해 주는 선택을 할 수 있는 사회적 관계를 말한다. 예를 들어 시 장이나 백화점에 가서 쇼핑할 경우, 우리는 가장 원하는 상품을 가장 낮은 가격에 사고자 한다. 특별히 어떤 가게에서 어떤 물건을 사든지 얽매일 필요가 없다. 현재 자신에게 효용을 극대화해 주는 거래관계를 통해 행동하면 그만이다.

하지만 조직 안에 있으면 개인의 행동은 일정한 제약을 받게 된다. 고려대학교 학생이면 고려대에 등록금을 내고 고려대에서 수업을 받아야 하고 고려대 학칙을 따라야 한다. 마찬가지로 고려대학교 교수는 고려대에서 고려대 학생들에게 수업을 하고 고려대 연구실에서 연구를 수행하고 고려대 교수로서 기대되는 윤리적, 규범적 행동을 해야 한다.

조직에서는 구성원들이 일정한 계약을 통해 행동을 하게 된다. 행동의 제약이 있는 반면에 구성원은 일정한 신분 보장과 권한을 누리게 된다. 노동의 경우에도 일용직 노동이 아니라 조직 안에서의 노동이라면, 장기간의 고용계약을 통해서 일을 하게 된다.

이처럼 현대사회의 많은 개인의 행동은 불특정 다수인 개인이 완전히 자유로운 시장형 거래관계와 조직의 구성원이 되어 규율에 따르는 조직형 거래관계로 양분되어 이루어지는 것으로 생각할 수 있다. 개인의 자유의지와 조직의 계약관계를 사회를 운영하는 기본시스템으로 볼 수 있다.

시장의 특징은 구성원의 소속이 정해져 있지 않고, 누구나 참여할 수 있다는 점이다. 따라서 조직의 경계가 열려 있고, 누구나 비용만 지불하면 한 번이나 단기간의 거래도 가능하다. 반면에 조직은 구성원이 제한되어 있고, 조직의 경계는 엄격하게 닫혀 있다. 조직의 구성원은 계약에 의해 장기적으로 조직 내에서 권한을 행사함과 동시에 조직의 의무를 지켜야 하는 행동에 대한 규율이 존재한다.

가장 강력한 조직의 특성을 보여주는 조직으로는 태어나면서부터 벗어날 수 없는 가족이나 국가를 들 수 있다. 다음으로는 어느 정도 선택에 의해 조직의 구성원이 되지만 그 계약관계의 구속력이 비교적 장기적인 교회, 학교, 직장, 관료제 등의 조직을 들 수 있다. 이보다 더 느슨한 계약관계의 조직은 친목단체나 동호회 등으로 자신의 선택이 보다 중요하고 조직에의 진입과 탈퇴가 비교적 용이하다. 이런 경우 구성원의 행동은 조직의 영향력을 덜 받는다.

회사에서 직원을 고용하는 것도 이와 유사하다. 매일 일용직을 값싸게 고용하는 것이 효율적일 수도 있지만, 이렇게 하면 선발과정 등 고용하기 위해 들여야 하는 거래비용transaction cost이 많기 때문에 일정 기간 계약을 통해 고용을 한다. 하지만 한번 고용이 되면 직원은 회사에서 시키는 일을 해야만 하고 이에 대해 적절한 보상을 받는다.

때로는 직원이 회사에서 원하는 성과를 제공해주지 못할 수도 있다. 따라서 회사는 적절한 평가와 보상을 통해 직원이 회사라는 조직의 이익에 기여할 수 있게 만든다. 마찬가지로 회사가 직원에게 장기적 계약관계라는 이유로 의무만 강조하고 불이익을 강요한다면 무력한 개인은 일방적으로 피해를 볼 수 있다. 이런 경우에 직원의 정당하고 합리적인 이익을 보호해주기 위해서 노동조합과 같은 조직을 구성하여 회사로부터 이들의 권리를 보호한다. 이 경우 회사나 노동조합 모두 장기적인 계약관계를 통해 이루어지는 조직의 사회적 관계라고 볼 수 있다.

많은 사회적 관계는 이처럼 시장과 조직의 두 가지 형태 중 하나로 이루어진다고 생각해왔다. 하지만 이 둘 사이에 경계가 모호한 사회적 관계가 존재하는 것 또한 현실이다. 그것이 바로 네트워크 관계이다.

쉽게 예를 들면 단골가게 같은 것이다. 가게라는 측면에서는 시장의 특성을 갖고 있지만, 자주 반복적으로 거래관계가 이루어지기 때문에 조직의 특성도 갖고 있다. 조직에의 진입과 퇴출은 용이하지만 장기적으로 이루어진 거래관계로 인해, 이 관계를 유지하게 되면 계약의 의무는 없지만 장기적 관계를 통한 이익은 증대될 수 있는 거래관계이다. 단골식당에 반드시 가야 하는 것은 아니지만 단골이 되면 더 좋은 서비스를 받을 수도 있고, 많은 신뢰의 혜택을 받을 수 있기 때문에 우리는 단골식당을 찾게 된다.

이러한 관계는 단기적이고 일회적인 거래관계가 아니라 장기적이고 반복적인 거래관계를 통해 나타난다. 계약에 의해 행동이 규율되는 것이 아니고 상호 신뢰와 기대감에서 조직과 유사한 구성원으로서 효용이 증대되는 사회적 관계이다. 시장과 조직의 중간 형태의 이러한 네트워크 관계는 사회적 관계에서 장기적 관계를 중시하고 감성을 중시하는 아시아 문화권에서 많이 발달했다.

매일 점심시간에 무엇을 먹을까 걱정하지 않고 단골식당을 찾거나, 어떤 옷을 구입할까 고민하지 않고 자신의 스타일을 제일 잘 아는 단골 옷가게를 찾는 것처럼, 사회적 네트워크는 사회적 거래비용을 줄여주기 때문에 장기적으로 많은 이익을 얻을 수 있게 해준다. 이 경우에 네트워크를 유지시켜주는 중요한 요소가 상호간 장기간 거래관계에 의한 신뢰이다. 거래관계가 거듭 반복될수록 신뢰가 강화되어 네트워크가 지속되는 것이다.

이처럼 전통적인 사회적 네트워크가 갖고 있는 특성과 장점이 있음에도 불구하고 신뢰를 바탕으로 한 네트워크는 오랜 기간 반복적인 거래관계를 통한 신뢰의 확인이 필요하기 때문에 모든 분야에서 네트워크 관계를 유지하기는 쉽지 않다. 또한 보다 많은 네트워크를 만들어내는 것은 장기적 거래의 엄청난 사회적 비용을 필요로 한다. 예를 들어 어느 가게가 가장 믿을 만한지에 대한 정보를 축적하기 위해서는 많은 거래비용을 들여야 한다.

하지만 21세기 들어서 인터넷, 모바일, 소셜 네트워크 등 정보통신 기술이 급속히 발전하면서 온라인상의 네트워크 관계가 급격히 발전하고 있다. 장기적인 사회적 관계로 이루어지는 오프라인상의 네트워크가 아니라 인터넷을 통해 이루어지면서도 신뢰를 확보할 수 있는 온라인상의 네트워크 관계가 증가한 것이다. 통신 네트워크를 이용한 사회적 관계에서는 기존의 오프라인 네트워크에서 반복적 거래관계를 형성하거나 정보를 탐색하는 데 드는 거래비용이 현저히 줄어든다.

이전에는 좋은 직원을 확보하기 위해서는 장기적 노동계약을 맺는 것이 필요했다. 서류전형을 통해 지원자의 기본적 자질을 평가하고, 면접전형을 통해 그 사람이 믿을 만한지 평가하고, 이것으로도 부족하면 인턴 형태의 임시직으로 채용하여 실무능력을 평가하고 나서 채용하였다. 왜냐하면 장기적 계약관계를 맺은 후에는 다시 해고하고 새로운 사람을 채용하는 데 많은 사회적 비용이 추가로 들기 때문이다.

하지만 이제는 사이버 공간에서 다양한 네트워크를 통해 뛰어난 인재를 확보할 수 있다. 이전에는 매번 좋은 인재를 확보하기 위해 지불해야 하는 거래비용이 크기 때문에 단기적 거래보다는 장기적 계약관계가 효율적이었다. 하지만 이제는 인터넷을 통해 이런 거래비용을 거의 제로에 가깝게 줄일 수 있게 되었다. 부동산 시장, 인력 시장 등에서 인터넷이라는 네트워크를 통한 거래가 급속하게 증가하고 있다.

또 다른 예로 이전에는 자신의 직접 경험을 통해 단골식당을 정할 수 있었다. 아니면 친구의 소개를 받아서 믿을 수 있고, 좋은 대접을 받을 수 있는 단골식당을 구했다. 하지만 그럴 경우 정보의 양이 매우 적기 때문에 추천받은 식당의 공간이나 음식이 자신을 만족시킬 수 있을지를 판단하기가 어려웠다. 보다 많은 정보를 얻기 위해서는 보다 많은 비용이 필요했던 것이다. 하지만 이제는 그럴 필요 없이 인터넷을 통해 다양한 의견을 검색하고 식당을 선택할 수 있다. 네트워크를 활용함으로써 불특정 다수가 제공한 인터넷 정보를 손쉽게 얻을 수 있게 되었다.

더 나아가 인터넷 네트워크를 통해 다양한 소비자들이 자신들의 경험을 공유하고 있기 때문에 믿을 만한 정보를 얻을 수 있다. 구글이나 네이버 등이 사용자 주변에 있는 식당들에 대한 평판도를 제공하는 서비스도 이런 네트워크를 통해 축적된 정보의 확산이라고 볼 수 있다.

인터넷의 발전으로 기업이 소비자를 네트워크 관계에 붙들어 둘 수 있는 방법도 다양하게 활용되고 있다. 비교적 진입과 탈퇴가 용이한 멤버십프로그램이나 마일리지제도를 통해 소비자들을 기업의 네트워크 관계로 연결한다. 즉, 컴퓨터의 활용으로 정보관리 비용이 낮아지고 인터넷의 보편화로 거래비용이 줄어들면서 시장과 조직, 모든 사회적 관계에서 네트워크화 현상이 증대되고 있다.

이제는 블로그나 유튜브 등 인터넷 검색을 통해 필요로 하는 다양한 정보를 쉽게 찾아볼 수 있다. 이전에는 새로운 뉴스 정보를 얻기 위해 신문을 장기 구독하는 등 일정한 계약관계를 맺어야 했다. 하지만 이제는 아주 적은 비용만 지불하면 언제든지 필요한 정보를 얻어서 활용할 수 있다. 혹은 인터넷에서 기사를 제공하는 네이버나 다음 등과 같은 포털 서비스를 통해 거의 무료로, 그것도 실시간으로 다양한 정보를 얻을 수 있게 되었다.

포털사이트에서는 정보를 얻고 활용하는 대가를 지불하는 대신 광고를 보기만 하면 된다. 가장 마음에 드는 포털사이트를 선택해서 접속하기만 하면, 계속 정보를 제공받을 수 있다. 아침에 일어나서 신문을 펼쳐들기보다는 네이버에 접속하여 기사검색을 통해 자신이 원하는 정보를 얻는 네트워크 활용방식이 보편화되었다. 만약 네이버가 원하는 정보를 충분히 제공하지 못하면 언제든지 다른 포털사이트를 통해 원하는 정보를 탐색할 수 있다.

소비를 할 때도 우리는 네트워크 방식을 통해 필요한 정보를 얻고 효율적인 거래를 한다. 쇼핑하기 위해 상점을 일일이 방문해야 하는 수고가 필요 없게 되었다. 즉, 거래비용을 들이지 않고 인터넷과 같은 새로운 네트워크를 이용하는 저비용의 거래관계가 급속하게 증대되는 것이다. 동일한 제품을 가장 낮은 가격에 제공하는 판매처를 인터넷을 통해 확인할 수 있다. 이 경우 인터넷쇼핑몰이나 홈쇼핑은 단골 소비자를 확보하기 위해서 마일리지제도 등을 통해 네트워크화한다.

사회시스템 전반에 걸쳐 네트워크화가 진행되면 정보를 독점함으로써 이익을 확보하는 사업은 점점 쇠퇴할 수밖에 없다. 시장에서도 정보의 네트워크화를 통해 기존의 생산, 유통, 소비의 구조가 획기적으로 변화한다. 예를 들어 여행사가 항공권 가격에 대한 정보를 독점함으로써 수익을 얻던 구조는 이제 급속하게 약화되고 있다.

항공권을 인터넷에서 구매하는 여행자가 늘고, 심지어 인터넷 쇼핑몰의 항공권 가격 및 호텔 숙박요금을 비교하여 최저가격을 알려주는 사이트까지 생겨서 여행사가 정보의 독점만으로 소비자를 잡아두기는 어려운 시대가 되었다. 사이버 공간을 더 잘 활용하는 현명한 소비자들이 네트워크로 연결된 시장에서 더 영리한 구매행위를 하기 때문에 단순한 정보의 선점만으로 이익을 얻기는 어렵게 된 것이다.

여행사는 이제 다른 형태의 서비스를 통해 이익을 창출해야 한다. 인터넷에서 확보하기 어려운 정보를 고객의 특성에 맞추어 제공할 경우에만 고객은 추가비용을 지불할 것이다. 더 이상 누구나 쉽게 보편적으로 얻을 수 있는 일반 정보만을 갖고 이전과 같은 이익을 올릴 수 없다. 이처럼 네트워크의 초연결사회로 인해서 새로운 인류의 문명이 전개되고, 생활방식에서도 전면적인 변화가 일어날 것이다.

시간과 공간을 초월하는 네트워크화

20세기 후반부터 인간은 이전까지 인류를 제약했던 시간과 공간을 초월하여 생활하는 것이 가능하게 되었다. 옛날에는 아침에 해가 뜨면 일어나서 일하고 해가 져서 어두워지면 잠자는 것이 보편적인 일상생활이었다. 그러나 산업화가 진행되고 전기 사용이 일상화되면서 밤에도 낮처럼 환하게 만들어서 일할 수 있는 환경이 되었다.

이전에 학교에 여름방학과 겨울방학이 있었던 것은 너무 덥거나 너무 추워서 정상적인 학습이 이루어지기 어려웠기 때문이다. 하지만 지금은 에어컨과 히터의 보급으로 최소한 실내에서는 일 년 내내 동일한 환경적 조건에서 공부하거나 일할 수 있다.

시간과 공간이 확장되어 인류는 이전과는 비교할 수 없을 정도로 많은 활동을 평생을 통해 할 수 있다. 어두움의 제약이 없어지고 거리의 제약이 축소되었다. 밤낮과 사계절의 차이를 극복할 수 있게 되었고, 몇 달 걸리던 거리를 하루 만에 다닐 수 있게 되었다. 그리고 이런 시간과 공간의 제약을 뛰어넘는 네트워크화가 가능해졌다.

인류는 이제 24시간 사회로 진입하였다. 우리나라에 1989년 처음 등장한 24시간 편의점인 '세븐일레븐'은 텍사스 댈러스에서 1927년 얼음회사로 시작된 작은 규모의 소매점이었다. 1946년부터 세븐일레븐은 아침 7시부터 저녁 11시까지 다른 소매점보다 좀더 긴 시간동안 영업을 하게 되었다. 그래서 회사 이름도 세븐일레븐으로 바꾼 것이다. 그러다가 1960년대 중반부터는 아예 24시간 영업하는 편의점으로 탈바꿈했다.

1990년 일본의 이토요카도가 지분의 70%를 매입하여 이제는 일본의 기업이 되었지만, 세븐일레븐이 1985년 처음 상륙하여 영업을 시작할 때 많은 일본인들은 '동네의 구멍가게들이 잘 발달되어 있는 일본에서 세븐일레븐이 성공할까' 하는 의구심을 보였다. 하지만 24시간 영업하는 세븐일레븐의 편의성 덕분에 이런 의구심을 단기간에 털어낼 수 있었다. 겨울이면 찐빵과 어묵을 팔고, 여름이면 아이스크림과 시원한 맥주를 팔면서 신문, 잡지부터 생활용품까지 필요한 모든 것을 제공해주고, 심지어 택배서비스도 이용할 수 있고 소액결제도 가능한 편의점으로 일본인의 생활에 깊이 파고들었기 때문이다.

우리나라에서는 1989년 올림픽선수촌점을 시작으로 24시간 영업하는 세븐일레븐이 처음 문을 열어 편의점의 효시가 되었다. 이제는 다양한 편의점이 골목마다 들어와서 구멍가게를 대체하고 있다. 편의점수가 2016년에 전국적으로 약 3만 5천 개나 되어 인구 약 1,500명당 1개꼴의 편의점이 24시간 사회를 뒷받침해주고 있다. 우리나라의 인구대비 편의점 수는 일본보다 더 많은 셈이다. 이제는 편의점뿐만 아니라 약국, 카페, 마트, 중국집 등 다양한 서비스들이 24시간 영업을 하고 있다.

레온 크라이츠먼Leon Kreitzman의 《24시간 사회》24 Hour Society를 보면 인터넷의 발전으로 인류는 시간의 제약을 벗어나서 생활하게 되었다. 인터넷 쇼핑은 24시간 어느 때나 이용이 가능하고, 이런 이유로 제품을 배달하고 유통하는 시스템도 24시간 영업하지 않으면 안 되게 되었다. 1980년대 초반까지만 하더라도 우리나라에는 자정부터 새벽 4시까지 통행금지가 있었다. 그런 시대를 살아온 세대의 눈으로 볼 때 24시간 사회는 미래사회의 한 모습처럼 보인다.

우리가 잠자고 있는 시간에 뉴욕에서는 주식거래가 이루어진다. 이전에는 전 세계가 시차로 인해 동시다발적으로 활동하는 것이 불가능했지만 이제는 인터넷으로 연결된 세계에서 24시간 활동이 가능해졌다. 또한 글로벌화로 인해 전 세계는 다양한 공간의 제약이나 국경을 넘어 영업할 수 있는 시스템으로 바뀌게 되었다.

예를 들어 미국 뉴욕의 출판사에서 편집자가 작업을 하다가 퇴근하면 인도 뭄바이의 출판사 자회사에 편집 원고를 인터넷으로 넘겨준다. 그러면 뉴욕 출판사의 편집자가 잠든 사이에 인도의 출판사 자회사 직원들이 이어서 편집작업을 하고, 다음날 아침에 편집된 원고를 인터넷을 통해 뉴욕의 편집자에게 다시 전해준다. 출판 산업의 경우 시간과 공간을 초월한 작업을 통해 전체 출판 작업기간을 절반으로 줄일 수 있다. 생산, 유통, 서비스 등 많은 분야에서 이와 같이 시간과 공간을 네트워크로 연결하면서 업무를 보다 효율적으로 수행하고 있다.

이처럼 시간과 공간의 제약은 인터넷 시대에 걸림돌이 되지 않는다. 토머스 프리드먼Thomas Friedman의 《세계는 평평하다》The World Is Flat를 보면 미국의 많은 백화점, 마트, 보험회사들은 미국이 아니라 인도의 방갈로르 등에 인도인들이 경영하는 콜센터를 통해 고객들이 상담을 받을 수 있도록 운영한다고 한다.

인도의 24/7이라는 콜센터 대행회사는 전 세계 다양한 기업들의 콜센터 업무를 수행해준다고 한다. 이 회사는 마이크로소프트, 델Dell 등 컴퓨터회사의 관련 서비스 업무뿐 아니라 미국이나 유럽 등 항공기회사의 여객분실물 상담까지도 맡아서 한다. 24/7은 약 4천 명의 인도 직원들을 고용하여 영국 및 미국식 영어 억양을 익히도록 훈련한다. 이 직원들은 미국의 여러 지역에서 전화를 걸어오는 고객들이 마치 미국 현지에서 상담 받는 것처럼 느낄 수 있도록 해저 광케이블과 인공위성으로 연결된 네트워크를 통해 아주 친절한 서비스를 제공한다.

최근 중국이 아주 빠른 속도로 추격해 옴에 따라 한국과 중국의 기술력 격차는 급속하게 줄어들고 있다. 이것도 전 세계의 네트워크화로 인한 영향을 크게 받는다. 중국은 이미 단순히 국내 전문가뿐 아니라 전 세계의 전문가들을 네트워크로 연결하여 기술 추격을 하고 있다. 마치 엔트로피가 증가하는 것처럼 전 세계의 전문 지식이나 기술을 가진 사람들이 네트워크로 연결될수록 더 많은 전문가들을 활용할 수 있게 되었다.

중국 선전深圳은 지역의 경제 활성화를 위해 베이징대와 칭화대, 그리고 하얼빈 공대를 유치했다. 토지뿐 아니라 새로 지은 건물까지 무상으로 제공하여 최고의 인재들을 이 지역으로 끌어 모으고 있다. 선전에 있는 베이징대 로스쿨의 경우 학장이 미국교수이고 전 세계에서 초빙된 교수들이 학생들을 가르친다. 중국뿐 아니라 다양한 국가에서 유학 온 학생들이 함께 공부한다. 최근 선전에 설립된 남방과기대에서는 미국유학을 마치고 100만 달러 이상을 받고 스카우트된 젊은 한국인 교수들을 쉽게 만날 수 있다.

홍콩에 인접한 선전이 화창베이를 중심으로 텐센트, 화웨이 등 초일류 IT기업뿐 아니라 전 세계 드론 매출의 70%를 차지한다는 DJI까지 유치해 중국에서 가장 빠른 속도로 발전하는 도시가 된 것도 이처럼 최고의 대학을 유치하고 최고의 교수들을 통해 교육하는 국제적 네트워크 덕택이라고 할 수도 있다. 이곳에서는 미국의 실리콘밸리 못지않게 전 세계의 다양한 젊은이들이 모여 들어 글로벌 네트워크를 활용하며 새로운 미래를 개척하고 있다.

또 다른 예는 싱가포르의 글로벌 네트워크이다. 최근까지 싱가포르의 난양공대NTU 총장으로 있던 베르틸 안데르손Bertil Andersson은 스웨

덴의 대표적 화학자이다. 스웨덴 출신의 안데르손 전 총장은 노벨상 수상자를 최종결정하는 노벨재단 평의회 이사 아홉 명 중 한 명으로 노벨화학상 수상자 선정에 막강한 영향력을 갖고 있었다. 1991년에 설립된 난양공대가 세계적인 영국 대학평가기관인 QSQuacquarelli Symonds의 평가에서 몇 년 되지 않은 빠른 시간에 아시아 1위 대학, 세계 15위 이내 대학으로 급부상한 것도 이러한 글로벌 네트워크를 바탕으로 세계적인 인재들을 연결한 결과라고 할 수 있다.

전 세계에 한류열풍을 일으키고 있는 우리나라 K-Pop 스타들의 노래는 전 세계의 뛰어난 작곡가들이 참여하여 만들기도 한다. 한 사람의 작곡가가 노래 전체를 만드는 것이 아니라 서두 부분의 인트로, 주제 부분, 결말 부분의 클로징, 그리고 반복이나 비트 등 각 분야에서 가장 뛰어난 작곡가들이 참여하여 하나의 노래를 완성한다고 한다. 여러 명의 전문가가 참여하는 네트워크 작업은 작품의 완성도를 크게 높일 수 있다. 그래서 이전에는 작곡가 개인이 완성한 음원에 대한 지적 재산권을 가졌지만 이처럼 네트워크 작업을 통해 완성한 노래는 기획사의 제품이 되어서 기획사가 작품의 권리를 갖는다고 한다.

예전에는 미국 드라마 시나리오를 작가 개인이 아니라 여러 명의 작가들이 집단적으로 창작하는 것을 신기하게 생각하였다. 그러나 이제는 우리나라에서도 시나리오를 여러 명이 공동으로 완성하는 것을 어렵지 않게 볼 수 있다. 그리고 처음부터 작가가 작품의 내용을 끝까지 구상하여 쓰는 것이 아니라 기본 시놉시스만 제공하여 줄거리를 전개해 나가다가 시청자들의 반응을 살피고 이에 따라 다양한 대응을 하면서 작품을 만들어 나간다. 심지어 연예프로그램 등에서는 시청자가 직접 참여하여 상호작용을 하며 인터랙티브interactive 방식으로 제작하는 경우도 심심치 않게 볼 수 있다. 이 또한 인터넷을 활용한 네트워크화로 인해 가능해진 것이다.

이제 많은 조직에서 경영의 효율성을 위해 아웃소싱이라고 하는 네트워크 시스템을 활용하는 것을 흔히 볼 수 있다. 더 이상 우리나라의 최첨단 제품이나 국제 경쟁력을 갖춘 제품들은 우리나라 안에서 우리의 기술만으로 생산되는 것이 아니다. 국제 경쟁력을 갖춘 제품들이 국제적인 네트워크에 의한 생산시스템으로 생산된다는 것은 널리 알려진 사실이다.

자동차산업에서도 대규모 자동차 메이커들은 네트워크로 연결된 다양한 협력업체의 부품을 조립하여 완성품을 만들고 있다. 현대자동차, 기아자동차나 도요타의 경우를 보더라도 회사 내부에서 자체적으로 생산하는 부품은 극히 제한적이다. 많은 협력업체들이 상호 경쟁을 통해 경쟁력 있는 부품을 제공한다. 이를 위해 완성차 업체와 협력업체 간의 네트워크 운영이 매우 효과적으로 발전되어 있다. 이들은 기술개발, 원가절감, 부품공급시스템 개선 등 다양한 분야에서 네트워크를 통해 경영 합리화를 함께 추진하고 있다.

생산뿐 아니라 기술적으로 취약한 부분이나 디자인 등의 영역에서도 네트워크화는 활발하게 이루어진다. 자동차 디자인에서 볼 수 있는 것처럼 외국의 디자인 회사나 전문가들은 본사의 기술진이나 디자이너들과 네트워크로 연결되어 기획이나 생산에 참여한다. 도요타나 소니의 디자인 작업은 거의 대부분 이탈리아 디자이너들이 담당한다고 한다.

전 세계의 많은 나라들은 이제 국내기업의 기술과 생산력만 가지고 국제 경쟁을 하지 않는다. 싱가포르에서 생명공학 스타트업을 지원하기 위해 설립한 정부기관 A＊STARAgency for Science, Technology and Research 는 지난 10년간 약 3조 원을 투입하여 50개의 연구 프로젝트를 비즈니스화하는 데 성공했다. 그런데 50개의 프로젝트 팀에서 싱가포르 연구자가 담당한 팀은 5개에 불과하고 45개는 외국인 연구자들이 팀장이 되어 팀을 이끌었다고 한다. 심지어 실제 모든 투자 전략과 비즈니스는 우리나라 기업가 출신인 A＊STAR의 전 부사장 김신철 박사가 오랜 기간 담당하여 큰 공로를 세운 것으로 알려져 있다.

지난 10여 년간 연평균 28%의 수익률을 달성한 A＊STAR는 이 프로젝트의 성공을 바탕으로 Baxter, Genetech, GSKGlaxo Smith Kline, Novartis 등 바이오 관련 글로벌 기업들의 연구개발 및 생산 투자를 적극적으로 유치했다. 싱가포르가 바이오폴리스Biopolis 특구 등 바이오 클러스터를 구축하여 바이오 메디컬 연구를 적극적으로 추진할 수 있었던 것은 싱가포르에 자국의 연구인력이 많아서가 아니다. 싱가포르의 뛰어난 글로벌 생활환경, 적극적인 투자 및 이민정책 등을 자산으로 전 세계에서 글로벌 인재들을 끌어들이고 이를 네트워크로 연결함으로써 연구개발의 경쟁력을 향상시킬 수 있었기 때문이다.

네트워크화는 인터넷 등 정보기술을 활용하여 시간과 공간의 비용을 거의 제로에 가깝게 수렴시킨다. 이전에는 오프라인에서 개인과 개인을 연결하기 위해 엄청난 시간과 공간의 비용을 지불해야 했다. 예를 들어 교수나 작가가 집필하기 위해서는 직접 도서관 등에서 자료를 찾는 데 많은 시간을 들였다. 연구의 효율성을 높이기 위해서 비서나 조교의 지원을 받으면 어느 정도 시간을 절약할 수 있었다. 그렇지만 자료 수집을 담당하는 비서나 조교를 고용하는 데에는 많은 비용이 들었다. 하지만 이제는 전 세계의 정보나 자료가 연구 관련 네트워크로 잘 연결되어 있어서 구글 등 다양한 검색엔진을 활용하면 연구자 혼자서도 필요한 정보를 손쉽게 찾을 수 있게 되었다.

더 나아가 정보기술을 활용한 기계가 기계끼리 네트워크로 연결되어서 스스로 작업을 함으로써 생산성을 높여주기도 한다. 알파고의 딥러닝은 여러 대의 컴퓨터를 동시에 연결하여 네트워크로 연결된 시스템의 상호작용을 통해 작업을 수행한다. 사람은 밤이 되면 잠을 자고 쉬어야 하지만 컴퓨터는 네트워크를 통해 잠을 자거나 쉬지 않고 24시간 계산 작업을 할 수 있다.

이세돌과 대국한 알파고의 경우 매주 새로운 버전으로 업그레이드할 정도로 네트워크를 이용한 딥러닝을 하고 있다. 최근에는 기존의 기보를 학습하는 것이 아니라 바둑의 기본원리만을 이용해서 스스로 바둑을 배우는 알파고 제로가 1년 만에 탄생했다. 이 알파고 제로는 바둑의 메커니즘만 알고 스스로 학습을 해서 40일 만에 완벽한 능력을 갖추어서, 이세돌을 이긴 알파고와 대국을 해서 백전백승으로 이겼다. 이처럼 알파고에서 다음 세대인 알파고 제로로 이어지는 인공지능 학습의 진화는 빠른 속도로 전개되고 있다.

네트워크의 장점은 유연성에 있다. 기존의 조직관계에서는 이미 형성된 규범에 따라 모든 행위를 통제하려는 경향이 두드러지게 나타난다. 원칙과 규칙을 중시하기 때문에 기존 조직 내에서의 행위는 매우 경직적이다. 대표적인 조직관계인 관료제가 경직된 조직이라는 것은 누구나 잘 아는 사실이다.

하지만 네트워크 구조는 다르다. 조직의 장점을 어느 정도 살리면서도 기존의 제도나 규칙을 유연하게 운영할 수 있다. 예를 들어 대학이 기업이나 외국의 기관들과 네트워크를 구축하여 이를 활성화하려면, 소속에 대한 유연성을 보장하는 겸직제도, 교육기간의 유연성을 보장하는 유연학기제, 학생들에게 재학기간의 유연성을 보장하는 학점은행제 등을 통해 다양한 유연성이 제도적으로 보장되어야 한다.

최근 많은 대학들이 열린 네트워크를 활용하여 다른 대학과 복수학위제, 교환학생 제도, 겸임교수 제도 등을 활발하게 추진하는 것은 네트워크가 가진 장점을 활용하기 위한 것이다. 하나의 전공이 아니라 복수전공을 권장하고, 교과과목 이외에 비교과과목을 다양하게 제공하면서 유연성을 높이는 것도 이러한 네트워크적 특성을 반영한 것이라고 볼 수 있다. 네트워크를 통한 개방형 혁신open innovation이 중요하다는 것은 이제 당연한 현상으로 받아들여지고 있다.

국제 네트워크를 활성화하는 것이 국내 자원의 한계를 극복하는 뛰어난 수단인 점을 고려하면, 우리나라의 각종 규제는 국제 경쟁력 약화의 심각한 원인이 된다. 영국의 이웃인 아일랜드의 경우 우리나라에 비해 비록 인구나 경제력은 훨씬 적은 규모이지만 국제 네트워크를 활용한 경제활동은 비교가 되지 않을 정도로 활발하다. 아일랜드의 무역 규모는 우리나라의 3분의 1에 불과하지만 해외 직접투자 유치 규모는 우리나라의 3배에 달해서 EU 시장에 접근하기 위한 미국이나 일본,

중국 등의 교두보 역할을 하면서 네트워크 기능을 효과적으로 담당하고 있다.

이처럼 시간과 공간을 넘어선 네트워크화는 21세기 산업구조와 인간의 생활 자체를 변화시키고 있다. 특히 정보의 네트워크화를 통한 전 세계의 연결은 기존 사회에서는 생각하지 못했던 많은 현상들을 인류가 경험하게 만들고 있다. 21세기 제 4차 산업혁명의 물결은 이러한 네트워크화의 속도를 기하급수적으로 가속화할 것으로 보인다.

기존의 틀을 벗어나는 네트워크화

기존에 일정한 규칙과 제약 아래 있었던 많은 업무들이 네트워크화에 따라 새로운 시스템으로 변화하는 현상들이 급속히 늘어나고 있다. 이전에는 한번 결정된 규칙이나 제도가 오랜 기간 지속되었다. 하지만 이제는 새로운 아이디어를 통해 기존의 제도와는 전혀 다른 새로운 시스템을 매우 활발하게 만들어내고 있다. 기술의 진보와 맞물려 제도는 끊임없이 새롭게 변화하고 있다. 몇 가지 대표적인 예를 보면 이런 변화를 잘 이해할 수 있다.

기술특허제도는 기술과 관련된 지식에 대한 독점적 소유권을 보호해주는 사회적 제도이다. 지적 재산권intellectual property rights이란 기술과 관련된 지식이 제도적으로 보호되지 않으면 누구나 추가비용 없이 손쉽게 복사하거나 활용하여 부가가치를 만들 수 있기 때문에 지식을 생산한 주체를 법으로 보호하기 위해 만든 제도를 말한다.

그렇기 때문에 20세기 이후 지식사회로 변화하면서 특허제도가 급속히 발달하였다. 특허업무를 담당하는 변리사가 주요한 지식 전문가로 등장하였다. 지식을 생산하는 대학도 기술특허를 통해 수익을 창출할 수 있게 되었다. 기업들도 기술특허로 이익을 창출할 수 있기 때문에 단순히 제품 생산에 그치는 것이 아니라 지식 생산을 위한 기술개발에도 많은 노력을 기울이게 되었다.

특허는 기술 사용에 대한 대가이기 때문에 기술을 사용하고자 하는 사람은 기술의 원소유자에게 기술료를 지불하면 누구든지 그 기술을 사용할 수 있다. 즉, 특허제도는 새로운 기술을 개발한 사람만이 그 기술을 독점적으로 활용하는 것이 아니라 기술을 일반에게 공개하여 자신이 최초의 기술개발자라는 것을 밝히고 기술 사용에 대한 대가만을 받는 제도이다.

하지만 모두가 특정한 기술을 복제하기 어렵다고 생각하면 기술개발자는 굳이 국가로부터 기술특허를 통해 그 기술의 독점권을 보호받을 필요가 없다. 특허제도를 통해 기술을 공개하여 이익을 얻는 것보다는 오히려 기술 독점을 활용해서 자신의 이익을 극대화하는 것이 더 유리하기 때문이다.

따라서 최첨단기술을 보유한 기업의 경우 자신의 독점적 기술의 활용을 통해 독점적 이익을 얻고자 하면, 그 기술을 일반에게 공개하지 않는 경우가 생긴다. 즉, 특허를 통해 기술을 팔기보다는 다른 경쟁자가 자신의 기술에 접근하지 못하도록 특허 출원조차 하지 않는다는 것이다. 몇몇 기술 분야에서 최첨단을 달리는 기업들은 핵심적인 최첨단기술을 특허 등록하지 않고 자신만 독점적으로 갖고 있다가 다른 기업에서 유사한 기술특허를 출원할 가능성이 보이면 바로 그 순간 특허를 등록하기도 한다.

심지어 최첨단 기술을 개발하는 경쟁기업들 간에 상호 특허공유cross licensing 전략을 활용하기도 한다. 이는 어떻게 보면 기술의 물물교환 또는 기술담합이라고 불릴 수도 있다. 기술개발에서 선두에 있는 경쟁기업끼리 상호 기술공유 전략을 통해 자신만이 갖고 있는 뛰어난 기술을 상대편에게 제공하고 반대로 상대편이 갖고 있는 뛰어난 기술을 제공받아 이를 활용한다는 것이다.

일찍이 삼성과 소니가 기술특허 공유 협정을 맺기도 했고, 최근에는 삼성과 시스코가 특허 크로스 라이선싱 계약을 맺었다. 2016년에는 중국의 샤오미와 미국의 마이크로소프트가 크로스 라이센싱 협약을 맺기도 했다. 물론 이와 같은 기술협력이 포괄적으로 이루어지는 것은 아니고 자신에게 부족한 분야의 기술을 얻기 위해 자신이 가진 우월한 기술을 마치 물물교환 형태처럼 경쟁기업과 교환한다는 것이다. 기술의 크로스 라이센싱은 일반에게 공개하여 기술의 독점적 소유권을 보호하는 전통적 방법보다는 새로운 네트워크화를 통해 기술의 가치를 지켜내고 활용하는 방향을 의미한다. 이처럼 특허제도도 네트워크 방식에 의해 그 운영방식이 바뀐다.

제3섹터 방식에 의한 SOC 개발도 또 하나의 대표적인 사례이다. 이전에는 대규모 사업을 시행하는 경우 공적 영역과 사적 영역이 확연하게 구분되어 있었다. 정부는 독자적인 공적 권위를 갖고 독점적인 행정업무를 수행했고, 민간은 시장에서 개인과 조직의 이익을 극대화하는 생산 및 소비활동을 수행했다. 이러한 공적 영역과 사적 영역이

20세기 후반 중첩되거나 상호 침투되는 현상들이 나타나기 시작했다. 이 과정에서 많은 공공기관과 민간조직 간에 상호 네트워크화되는 현상이 증가하고 있다.

제3섹터 방식의 많은 예는 신도시 개발이나 민자 고속도로와 같은 인프라 건설사업 등에서 흔히 나타난다. 일본의 '요코하마 미나토 미라이 21'橫浜港未來 21 사업은 요코하마시가 요코하마항 주변의 매립지와 미쓰비시 조선소, 요코하마 항구의 창고가 있었던 곳을 재개발하는 사업이었다.

1988년에 '미나토 미라이 21 개발주식회사'를 설립하고 약 2조 엔 이상을 투자하여 56만 평을 개발하는 대규모 사업을 추진했다. 이 회사는 요코하마시뿐만 아니라 중앙정부, 일본 국철, 미쓰비시 부동산 등이 참여하는 개발계획을 세웠다. 중앙정부와 시정부는 개발권을 제공하고 민간 기업들은 투자자금을 제공하지만 개발과 관리에서 주식회사 형태를 띠어서 참여 주체들이 주식의 일정 부분을 공동으로 소유하는 방식으로 개발 사업을 시작했다.

이러한 제3섹터의 사업주체들은 사업대상 지구에 있는 기존의 토지 소유자들과 '미나토 미라이 21 도시개발 기본협약'을 체결하여 도시개발에 대한 기본적인 토지이용계획들을 다양하게 규정했다.

사업주체들은 미나토 미라이 전 구역을 대상으로 다양한 민관 협동의 제3섹터 네트워크 사업을 추진했다. 예를 들어 각 구역의 사무실에서 나오는 문서 등 모든 폐기물을 한데 모아 분리수거하고 열병합발전소를 만들어 중앙냉난방시스템을 운영하였고 이를 통해 환경 친화적이고 비용도 절감되는 스마트 도시의 에너지 시스템을 구축했다. 이처럼 다양한 도시기능들을 제 3섹터 방식의 네트워크를 통해 개발해 나갔다.

지금은 이곳이 도쿄 근교의 대표적인 관광지와 상업지구로 각광을 받는 요코하마 랜드마크 타워, 퍼시피코 요코하마, 요코하마 미술관, 코스모 클락 21 등 컨벤션센터와 쇼핑몰로 가득 차게 되었다. 이처럼 제 3섹터 방식을 통한 민간과 정부의 연합 사업은 이전의 공적 영역과 사적 영역을 명확히 구분하던 사회적 제도가 새로운 네트워크 방식으로 변모하고 있는 것을 보여준다.

고용과 기업 조직의 변화를 보면 사회의 네트워크화가 고용시스템을 어떻게 변화시킬 것인지를 잘 알 수 있다. 앞에서 설명한 것처럼 개인의 프로페셔널한 능력이 다양하게 네트워크로 연결되기 시작하면 대기업은 인적, 물적 자원을 확보하는 데 필요한 탐색비용, 즉 거래비용을 제로에 가깝게 줄일 수 있다. 그러면 대기업은 채용을 하기보다는 단기간의 계약을 통한 거래로 노동력을 확보하여 활용하게 된다. 따라서 네트워크 사회로 갈수록 장기간 고용의 형태는 점점 줄어들고 단기간 프로젝트형 시장 거래와 같은 노동력의 활용이 늘어난다.

기업 조직은 더 이상 조직 내의 자생적인 변화를 통해 조직의 성장, 진화를 추구하지 않는다. 미래의 기업들은 성장하면 할수록 자체 기업의 역량만을 키워서 대기업으로 발전하는 것이 아니라 다양한 벤처기업과 스타트업 기업들을 인수 합병하면서 생산기술을 융합하거나 제품의 부가가치를 상승시키는 전략을 채택한다. 어떤 면에서 보면 이전처럼 기업 내부에서 혁신을 하고 발전하는 것이 쉬운 전략이겠지만,

다양한 외부 조직과 기업들을 네트워크화하는 복잡한 과정을 거치면 훨씬 높은 부가가치를 창출할 수 있게 된다.

이처럼 네트워크를 활용하여 기존의 기업이 발전하는 현상은 더욱 강화될 것이다. 2015년 10월에 미국의 대표적인 컴퓨터회사 Dell은 스토리지 전문기업 EMC를 약 80조 원(670억 달러)에 인수하여 2016년에 Dell Technologies를 출범시켰다. 2016년에 마이크로소프트는 Linkedin을 약 29조 원(260억 달러)에 인수했다. 일본의 소프트뱅크는 영국의 반도체기업 ARM을 약 36조 원(243억 파운드)에 인수했다. 또한 AOL은 버라이즌을 44억 달러에 인수하고 이어서 야후를 48억 달러에 인수했다.

이처럼 IT업계의 인수합병이 줄을 잇고 있다. 애플은 2014년 30억 달러를 들여 헤드폰 제조업체인 비츠일렉트로닉스를 인수했다. 널리 알려진 대로 구글은 2014년 4억 달러를 들여 영국의 AI 스타트업 기업인 DeepMind를 인수하여 알파고를 탄생시키기도 했다.

삼성도 국내 기업의 해외 기업 M&A 사상 최대 규모인 9조 3천억 원(80억 달러)을 들여 하만을 인수했다. 최근 카카오가 한국투자금융과 인터넷은행인 카카오뱅크를 출범시켜 선풍적인 인기를 얻고 있는 것도 네트워크화를 통한 혁신이 사회 곳곳에서 일어나고 있는 것을 잘 보여주고 있다.

기술개발의 경우에도 경계가 허물어지고 조직 간의 네트워크화가 진행되고 있다. 기업, 대학과 연구소가 네트워크화해야 한다는 산학연 협력 네트워크에 대한 이야기는 이제 흔히 들을 수 있다. 기술경제학자인 체스브로Henry Chesbrough 교수는 하버드대학 재직 시 기술개발의 독점성보다는 개방성에 따른 이익이 크기 때문에 개방형 혁신이 더욱 필요한 시대가 되었다고 그 중요성을 강조한 바 있다.

원래 과학의 발전이나 기술의 발명에 대한 이론은 개인의 독창성에 기반을 두고 있다는 관점과, 기술을 둘러싼 환경적 요소에 의해 기술 개발이 촉진된다는 관점으로 양분되어 대립하고 있었다. 이 중에서 아인슈타인이나 에디슨과 같은 뛰어난 개인의 천재적인 아이디어가 우연히 과학이나 기술의 발전을 초래한다는 내생적 요인에 주목하는 관점이 전통적으로 우세했다.

20세기 후반부터 외생적 요인을 강조하는 관점이 주목을 받게 되었다. 즉, 과학기술 개발에 대한 투자의 규모, 조직의 특성, 기술 에코시스템 등과 같이 외생적 요인을 강조하는 이론이 등장해서 개인의 내생적 특성보다는 시스템의 외생적 조건의 중요성이 부각되었다.

이러한 이론적 접근은 과학기술 정책이나 산업 정책에서 많이 논의된다. 이른바 수요 창출demand-pull과 같이 환경을 유리하게 만들면 과학기술의 발전이 저절로 촉진된다는 것이다. 이러한 관점에서 보면 개인의 천재적인 아이디어가 아니라 정부의 적극적인 정책 개입이 과학기술의 발전을 촉진한다고 볼 수 있다. 과학기술 정책이 경제적 고부가가치를 창출하는 정책수단으로 활용될 수 있다는 주장이 바로 이런 이론적 배경을 갖고 있다.

과학기술 개발에 대한 이론적 논의들은 과학기술의 에코시스템인 과학기술 거버넌스의 논의로까지 이어졌다. 신제도주의 이론에서 발전한 거버넌스의 논의는 과학기술의 발전을 촉진하는 정부의 제도적 특징이 각 나라마다 다르게 나타난다는 점에 주목하였다. 즉, 과학기술 개발 주체들 간에 어떠한 네트워크가 발전되었는지, 네트워크를 활성화하여 어떤 과학기술 개발이 촉진되는지 등 과학기술 정책의 이론과 활용에 관련된 논의가 활발하게 이루어졌다.

예를 들어 정부는 기술개발의 수준에 따른 개발 주체들의 차별적 지원이라든가 국책연구소의 설립 등 다양한 과학기술 개발을 위한 시스템 구축 등의 과학기술 정책을 추진한다. 우리나라도 2017년에 연간 약 19조 원의 정부예산을 과학기술 개발 예산으로 쓰고 있다.

기업이나 대학을 포함한 전체적인 R&D 투자규모는 우리나라 GDP 대비 4.29%에 달한다. 얼마 전까지 GDP 대비 연구개발비에서 세계 1위였던 이스라엘을 제치고 이제는 우리나라가 전 세계 1위로 GDP 대비 연구개발비를 많이 투자하는 나라가 되었다. GDP 대비 연구개발비의 비율뿐만이 아니라 우리의 경제력도 매우 커졌기 때문에 국가 전체의 연구개발비 총액에서도 우리나라는 연간 약 69조 원을 사용하여 영국을 넘어서 세계 5위를 차지하였다. 또한 총연구원수와 상근연구원수도 세계 6위 수준을 기록했다.

하지만 과학기술 투자의 효율성에 대한 문제제기는 끊이지 않는다. 즉, 국가가 과학기술에 투자한 만큼 경제적 이익을 창출하고 있는가 하는 문제이다. 이 문제는 과학기술 투자의 수준뿐 아니라 과학기술 거버넌스에 대한 논의로 귀착된다. 돈을 많이 투자한다고 해서 기술개발이 획기적으로 나타나는 것도 아니고 경제적 성과도 불분명하다는 지적 때문에 과학기술정책시스템의 효과성에 대한 논의가 주목받는 것이다. 그러면 어떤 제도적 정책설계를 하는 것이 바람직한가?

과학기술 투자의 효과를 극대화하기 위해서는 과학기술 에코시스템, 또는 과학기술 국가혁신시스템NIS: National Innovation System을 잘 설계해야 한다. 예를 들어 과학기술 발전 수준에 따라 정책설계도 다르게 해야 한다. 지금 정부가 대기업을 중심으로 첨단기술개발을 위해 투자해야 하는지, 과학기술 저변을 확대하기 위해서 대학이나 연구소를 통해 기초연구에 투자해야 하는지, 아니면 중소기업의 R&D 투자를 지원해야 하는지, 투자의 비율은 어떻게 조정하는 것이 바람직한지 등에 대한 심도 있는 고민이 필요하다.

특히 기술개발의 상호연계성과 산학연 네트워크가 강조되면서 효과적인 개방형 혁신을 위한 정책설계가 필요하다. 기업과 대학, 그리고 연구소의 연구개발이 상호 네트워크를 통해 연계되어야 한다. 이는 융합연구뿐 아니라 연구개발 주체들 간의 유기적인 네트워크가 기술개발에서 중요하다는 것을 의미한다. 이것이 미래의 과학기술 개발 조직 네트워크의 특성으로 앞으로 더욱 진화될 것이다.

기존에 제일 많은 연구개발비를 투자하던 대형 제약회사들의 경우에도 이제는 국제 네트워크화와 대학과의 연구네트워크 시스템을 적극적으로 활용하고 있다. 이 회사들은 자체적인 기초연구에도 엄청난 자원을 투자해왔는데 이제는 기초연구는 대학에 맡기고 자신들은 기초연구 기술의 연계에 집중하고 있다. 왜냐하면 전 세계 주요 대학들이 대부분 정부의 연구비를 지원받아 기초연구를 적극적으로 수행하기 때문이다.

대형 제약회사에서는 이제 다른 대학이나 연구소에서 개발된 기초연구 기술을 사들이고 있다. 그렇기 때문에 기업, 대학 그리고 연구소의 기술 네트워크가 매우 중요하게 인식되기 시작했고, 산학연 협력체제에 대한 관심은 점점 높아지고 있다.

　초대형 기업들의 연구개발 전략도 변화하기 시작했다. 기업이 필요한 기초기술을 내부에서 자체 개발하기보다 외부에서 개발된 기초기술을 사오는 것이 더 효율적이기 때문이다. 대학 등 연구소가 수행하는 여러 개의 기초연구에 투자해서, 어떤 핵심 연구는 자신들이 다음 단계 연구로 발전시키기도 하고, 어떤 기초연구는 더 이상 자신들의 경쟁 연구가 되지 못하도록 그 기술을 사들여서 연구를 폐기시키기도 한다.

　제약회사의 경우, 이렇게 발전시킨 연구를 통해 신약이 개발되면 인체 임상실험 과정을 거친다. 신약의 효과와 안전성이 검증되면 FDA의 승인을 요청하게 된다. 여러 단계의 연구개발 과정에서 인체 임상실험에 가장 많은 연구비가 투입된다. 그런데 최근에는 인체의 조건과 신약의 조건을 모두 슈퍼컴퓨터에 데이터로 입력하고 시뮬레이션을 통해 사전에 검증할 수 있게 되었다고 한다. 기존에 인체 임상실험 연구비의 10분의 1만 투자해도 인간을 대상으로 한 최종단계의 실험이 가능해진 것이다.

　이를 위해서는 제약회사도 IT회사들과 네트워크를 통해 고도의 기술을 활용할 수 있어야 한다. 그렇기 때문에 미국 실리콘밸리에서 제일 많은 투자비가 몰리는 곳이 바이오 분야이고, 컴퓨터 회사인 IBM이 제일 많은 연구비를 지원하는 분야가 생명공학 분야라고 한다. 왜냐하면 이러한 기술개발 과정에서 슈퍼컴퓨터의 수요가 급증하기 때문이다. 이처럼 요즈음의 모든 연구는 시종일관 한 회사에서 이루어지는 것이 아니라 다양한 연구주체들 간의 네트워크를 통해 최종실험이 이루어지는 방식으로 변화했다.

결국 연구개발 분야에서 21세기의 일하는 방식은 한 개인이나 조직이 처음부터 끝까지 순차적으로 직렬방식을 통해 모든 일을 처리하던 기존의 방식에서 벗어났다. 다양한 네트워크를 통해 일이 가공되고 고부가가치화된다. 이와 같은 네트워크의 시스템 디자인은 다양한 형태로 나타난다. 즉, 상호 보완적인 관계에서 기술개발 활동이 필요하고 이를 위해 연구개발의 네트워크화를 증진하는 것이 모든 조직에 윈-윈이 되는 시대로 진입한 것이다.

네트워크의 특성은 전문성을 활용하는 문화도 바꾸어 놓았다. 예전에는 전문가의 지식을 얻기 위해서 많은 비용을 지불해야 했다. 그러나 이제는 전문가들이 자신의 지식을 다른 사람들이 쉽게 활용할 수 있도록 무료로 제공하는 현상이 나타났다. 전문가들이 자신의 경제적 이익을 극대화하기 위해 독점적으로 전문성을 활용하는 것이 아니라 자신의 선호나 사회적 가치를 위해 전문성을 네트워크로 연결시켜 다른 사람들이 활용할 수 있게 만든다는 것이다.

다양한 지식의 네트워크는 MOOCMassive Online Open Course나 유튜브, 인터넷 방송 등 커뮤니케이션 매체를 통해 나타나기도 한다. 이런 네트워크 방식을 통해 자신의 전문성을 세상에 공개하는 전문가들이 늘어나고 있다. 모바일 프로그램에 많이 쓰이는 리눅스Linux는 1만 명이 넘는 자발적인 개발자들이 참여하여 프로그램을 개발하고 이를 무료로 제공한다. 위키피디아는 약 7만 명 가까운 사람들이 집단지성을 이용해서 3,500만 건에 달하는 정보를 제공하고 있다. 그 덕택에 매달 5

억 명의 사람들이 방문하여 이를 이용한다.

미국 드라마도 방영 즉시 한글 자막과 함께 시청할 수 있게 되었다. 한국 드라마도 한국에서 방영되는 것과 거의 동시에 중국어 자막이 붙어서 중국 인터넷을 통해 볼 수 있다고 한다. 그런데 이 경우 자막을 제작하기 위해 비용을 들여서 전문가에게 번역을 의뢰하는 것이 아니라 네트워크로 연결된 번역에 관심이 많은 마니아들이 방영 즉시 자신들이 스스로 자막을 만들어 무료로 제공한다는 것이다.

이전의 전문가들에게는 금전적 보상도 없는데 자신의 전문성을 제공한다는 것이 이해되지 않았지만 이제는 다르다. 지식을 독점하던 전문가들이 독점적 능력을 활용하여 고가의 사회적 비용을 요구하는 것은 지나간 시대의 현상이 되었다. 집단지성과 같이 새로운 형태의 네트워크가 형성되어 비용을 지불하지 않고서도 지식이 공유될 수 있는 시대가 열린 것이다.

또한 이러한 전문성이 네트워크를 통해 급속하게 확산되면 나중에는 전혀 다른 영역에서 전문성에 대한 금전적 보상이 제공되는 경우도 생긴다. 예를 들어 파워 블로거의 경우 네트워크의 확장성으로 인해 언젠가는 상당히 강한 영향력과 금전적 보상을 받게 된다. 즉, 블로깅을 통해 마케팅이나 영업이익이 발생할 수 있다는 것이다. 자신만의 독특한 화장법을 유튜브에서 재미있게 보여 주면서 한 달에 수천만 원의 수익을 올리는 유튜브 크리에이터가 탄생하는 시대가 열린 것이다.

네트워크를 활용하는 새로운 시스템의 등장이 반드시 긍정적인 것만은 아니다. 가짜뉴스를 확산하고 '드루킹'과 같이 조직적으로 댓글을 양산하여 사회여론을 치밀하게 조작하는 부정적인 현상도 쉽게 나타날 수 있다. 하지만 사회의 네트워크화는 그것이 긍정적이든 부정적이든 이전에는 생각하지 못했던 새로운 사회현상을 다양하게 창출해낼 것임에는 틀림없다.

이처럼 네트워크 시대에는 이전의 단순한 사회시스템과는 전혀 다른 새로운 사회시스템이 형성되고 발전할 것이다. 또한 금전적 이익의 동기와 전혀 다른 사회적 동기가 새로운 네트워크 조직을 만들어내기도 한다. 이제 이전에는 우리가 전혀 상상하지 못한 조직 네트워크들이 만들어져 사회시스템과 사회적 가치를 획기적으로 바꾸어 버릴 가능성이 점점 높아지고 있다.

수명의 연장과 생명의 변화

2015년 2월 12일자 〈타임〉지 표지에는 '지금 태어난 이 아이가 몇 살까지 살 수 있을까' 하는 질문과 함께 밝게 웃는 아기의 사진이 실렸다. 놀랍게도 〈타임〉지는 이 아이가 142세까지 살 수 있을 것이라는 기사를 실었다.

현대를 사는 우리 인류도 유전적으로는 1만 년 전의 인류와 크게 다르지 않다. 하지만 냉장기술, 저온살균, 정수, 체계적인 쓰레기 처리, 바이러스 백신 등 보건환경의 개선과 기술생리학 혁명으로 인류의 수명은 20세기 후반에 접어들면서 비약적으로 연장되었다. 인류의 수명은 21세기에 들어서 더욱 연장될 것으로 전망된다. 생명공학, 데이터 과학 그리고 생체공학의 급속한 발전으로 그 끝을 가늠하기 어려울 정도로 수명이 늘어날 가능성이 높아졌기 때문이다.

인류의 수명이 늘어나게 된 것은 그리 오래된 현상이 아니다. 20세기가 시작되던 1900년의 평균수명은 미국이 47세, 영국이 45세, 일본이 43세였다고 한다. 미국인들의 평균수명은 20세기 중반에 들어서 65세로 급격히 증가했다. 일본도 마찬가지이다. 일본의 통계에 따르면 1947년에 남성 50세, 여성 54세였던 일본의 평균수명이 2016년에는 남성 80.5세, 여성 86.8세로 세계에서 평균수명이 제일 긴 것으로

2015년 2월 12일자
〈타임〉지 표지.

나타났다. 이처럼 평균수명의 연장은 비교적 최근인 20세기 후반의
일이다.

우리나라도 40여 년 만에 평균 20세 이상을 더 살게 되었다. 공식통
계가 시작된 1970년 남성 58.6세, 여성 65.5세이던 평균 기대수명이
2016년 통계청 보고에 따르면 남성 79.3세, 여성 85.4세가 되었다.
정확한 통계는 찾아보기 어렵지만 1950년대에는 우리나라 평균수명
이 53세 정도였다고 한다. 이를 보면 우리나라의 경우 약 50년 만에 거
의 30년이라는 한 세대를 더 살게 된 것이다.

여기에서 우리가 주목해야 하는 것은 이러한 수명의 연장이 지난 50
년 정도 사이에 급속히 이루어졌다는 사실이다. 20세기 들어서도 인
간의 수명은 평균 50세를 넘지 못했다. 이전 시대에는 구체적인 통계
가 없어서 정확히 알 수 없지만 1,000년 전 고려시대 왕의 평균수명이
42세이고, 조선시대 왕의 평균수명은 46세였던 점을 감안하면 인류의
수명 연장은 최근 급속하게 이루어진 것이 분명하다.

그리고 이러한 추세가 지속되고 바이오 메디컬 분야의 비약적인 기

술발전이 뒤를 이으면서 인간의 평균수명이 100세를 넘는 것을 기대하는 것도 무리가 아니다. 일본만 보더라도 약 40년 전인 1971년에는 100세 이상 인구가 겨우 339명에 불과했다. 하지만 2014년 통계에 의하면 일본의 100세 이상 인구가 5만 8,820명이 되었다. 40여 년 만에 평균 기대수명이 증가한 것 못지않게 100세 이상 장수하는 노인의 숫자도 급격히 증가한 것이다.

에릭 토폴Eric Topol의 연작 저술 《청진기가 사라진다》The Creative Destruction of Medicine와 《청진기가 사라진 이후》The Patient Will See You Now를 보면 우리의 의료현장이 제 4차 산업혁명을 맞아 획기적으로 변화할 것을 예견할 수 있다. 인간의 수명 연장뿐 아니라 건강하게 늙어갈 수 있는 가능성이 얼마나 확장될지 놀라울 뿐이다. 어느 의학 칼럼에 의하면 우리가 1년을 더 살면 그 사이에 신약과 새로운 의료기기와 의료기술이 개발되어 10년을 더 살 수 있는 기회가 생긴다고 한다. 이러한 의학기술과 신약개발기술은 컴퓨터와 인공지능의 도움으로 상호 시너지 효과를 내면서 비약적인 발전이 이루어질 것이다.

2018년 현재 고려대 신세현 교수팀은 국책사업인 ERC 연구단을 통해 피 한 방울만으로 50여 가지 암을 진단할 수 있는 키트를 개발하고 있다. 신세현 교수가 의대 교수가 아니고 기계공학과 교수라는 점은 더욱 놀랍다. 물론 의대 교수들도 연구팀에 참여하기는 하지만 기계공학 이론을 활용하여 진단기기를 개발한다는 점이 신기할 따름이다. 이는 암의 특성에 따라 혈액의 흐름이 다르게 나타난다는 점에 착안하여, 기계공학에서 활용하는 유체역학의 이론으로 혈액의 흐름을 나노

수준까지 낮추어 분석하면 암의 발병 여부를 쉽게 알아낼 수 있다는 것이다.

이전에는 많은 양의 혈액을 분석해서 당뇨병을 진단할 수 있었지만 지금은 주사침 끝에 묻은 아주 소량의 혈액으로 당뇨병의 상태를 아주 정확하게 진단할 수 있다. 더 나아가 스마트폰의 기능만으로도 이러한 분석이 가능하고 분석된 정보는 주치의에게 즉각 전달될 수 있다.

스마트폰 회사에서 많은 관심을 쏟고 있는 분야가 센서 기술이다. 이미 스마트폰을 통해 걸음 횟수 등 건강에 관한 많은 정보들이 축적되어 분석되고 있다. 이제는 수면 상태, 활동 에너지, 감정 상태까지도 센서를 통해 정보가 확인되고 축적되어 분석될 수 있다. 이전에는 상상도 못 하던 몸의 신진대사에 관련된 다양한 정보들을 이제는 병원에서 흔히 볼 수 있는 체지방 측정기를 통해 확인할 수 있다. 이런 기능들이 센서 기기의 발전으로 보편화되면 스마트폰만 가지고도 우리 몸의 건강상태에 대한 많은 정보를 확인하고 분석할 수 있게 된다.

여러 해 전에 일본 TV 프로그램에서 소개된 신기술 이야기도 흥미롭다. 화장실용 도기를 전문적으로 생산하는 TOTO가 매일 아침 일어나서 변기에 소변을 보기만 하면, 이를 분석하고 매일 매일의 건강상태에 관한 정보를 확인하여 주치의에게 무선으로 전송하는 시스템을 개발한다는 내용이었다. 앞으로는 이처럼 매일 축적된 정보를 분석한 자료들이 개개인의 맞춤형 빅 데이터가 되어 정확하게 질병을 예측하고 진단하는 데 다양하게 활용될 수 있다.

IBM Watson과 같은 인공지능을 가진 컴퓨터들도 감염에 대한 다양한 데이터를 분석해서 감염의 위험성을 정확하게 진단하고 이에 따라 개별 맞춤형 처방을 내릴 수 있다. SK C&C와 고려대 의료원은 우리나라 사람들이 항생제를 많이 복용하여 내성이 생기는 문제와 질병의 특성에 따라 적절한 항생제를 선택하는 방법을 연구하고 있다. 20명이 넘는 SK의 연구원들이 고려대 의료원에 파견되어 의료원 연구진과 공동으로 IBM Watson의 인공지능을 활용하여 AAA^{AI-Bril Anti-Biotic Advisor}라는 프로그램을 개발하는 것이다. 우리나라 사람들의 항생제 사용에 관한 빅 데이터 분석을 통해 질병의 특성에 따라 개인별로 어떤 항생제를 처방하는 것이 가장 효과적인가에 대한 전문적 의료정보를 조언해주는 컴퓨터 프로그램이다.

이전에는 인간의 눈으로 X-Ray나 CT, MRI의 화상자료를 분석하여 처방을 내렸다. 발전한 의료기기를 활용하여 영상의학과가 병을 진단하는 데 뛰어난 능력을 보이며 크게 기여하게 된 것이다. 하지만 앞으로는 인공지능이 영상의학 자료를 통해 인간의 눈보다 더 정확하게 질병을 분석하게 될 것이다. 왜냐하면 현재는 아날로그 화상자료를 영상의학 전문의가 눈으로 확인하여 진단하는 것에 불과하지만 인공지능은 디지털 데이터를 활용하여 육안으로 확인하기 어려운 내용까지도 세밀하게 분석해낼 수 있기 때문이다.

또한 IBM Watson은 전 세계의 모든 화상 자료들을 매일 수십만 장씩 읽어서 기계학습을 하기 때문에 개인별 특성에 따라 다양하고 복잡한 난치병까지 확인하고 찾아낼 수 있다. 이제는 인간이 기계의 도움 없이는 정확한 진료를 하기가 불가능해지는 시기가 다가올 것이다.

의료기기는 끊임없이 진화하고 있다. 예를 들어 체온측정법의 진화를 보자. 옛날에는 아이가 열이 나면 손으로 이마를 짚어서 열이 있는

지 없는지를 확인했다. 다음에는 수은체온기를 입에 물거나 겨드랑이에 끼어서 온도를 잴 수 있게 되었다. 다시 전자체온기가 나온 뒤에는 귓속에 잠시 동안 대기만 해도 몸의 온도를 정확하게 잴 수 있게 되었다. 앞으로는 이 정도의 진화가 아니라 인간의 질병을 다양한 방식으로 정확하게 측정하는 의료용 진단기기가 엄청나게 많이 등장할 것이다.

인공지능의 활용은 미래 의료에 필수적인 것이 될 것이다. 청진기로 신체 내부의 소리를 듣고, 진맥을 통해 피의 흐름을 느끼고 병의 원인을 찾아내는 이전의 진찰방식과는 전혀 다른 새로운 진료방식들도 빠르게 나타날 것이다. 이미 CT, MRI, MRA 등 진단 의료기기들의 활용은 보편화되어 있다. 앞으로는 나노과학을 이용한 센서의 발전으로 더 많은 질병의 진단이 가능해질 것이다.

더 나아가 인공지능을 활용하고 빅 데이터를 활용하여 보다 정확한 정밀의료가 가능한 시대로 접어들고 있다. 단순한 바둑의 메커니즘만 갖고도 40일 만에 모든 경우의 수를 나름대로 분석하는 기법을 익힌 알파고 제로가 기존에 존재하는 기보를 모두 외워 게임에 임했던 알파고를 백전백승으로 이긴 것처럼 피의 흐름에 대한 메커니즘이나 단백질의 변형 메커니즘에 관한 단순한 기본 지식을 습득한 의료용 인공지능 컴퓨터가 암세포의 전이와 확산에 대한 정확한 방향성을 예측해낼 수 있는 시기가 매우 빠르게 다가올 것이다. 그러면 우리는 암세포 전이와 확산이 진행되는 방향을 사전에 예측해서 그 전개 방향의 길목에 미리 가서 이를 막는 조치를 할 수 있다. 더 나아가 개인의 유전적 특성, 식습관, 생활습관 및 면역상태 등을 종합적으로 분석하여 개개인별로 암의 발생 가능성과 확산 및 전이 현상을 정확히 진단하고 치료하는 방법이 조만간 등장하게 될 것이다.

우리나라 정부도 국가 전략프로젝트로 정밀의학을 활용한 미래의료 연구개발을 추진하고 있다. 대표적으로 암 진단과 치료에서 1만 명 이상의 빅 데이터를 모아서 타고난 유전적 특성, 환경적 특성 등 다양한 정보를 인공지능으로 분석하는 연구 프로젝트가 진행되고 있다. 빅 데이터를 분석하면 개별 환자들의 암 발생 특성과 효과적인 맞춤형 치료 방법을 보다 정확하게 알아낼 수 있다.

이러한 분석을 위해서는 정확하고 다양한 의료용 빅 데이터가 축적되어야 한다. 이를 위해 앞으로 거의 모든 병원들이 동일한 진료 데이터 플랫폼을 갖고 있으면 국민 전체에 대한 질병 분석을 할 수 있게 된다. 동일한 진료 데이터 플랫폼을 활용하면 빅 데이터 분석이 더 용이해진다는 것이다. 바로 이러한 미래의료의 선진화를 추구하는 정부는 질병의 효과적인 예방과 진단을 위해 정밀의료병원 정보시스템precision hospital information system을 구축하는 작업을 추진하고 있다. 이 사업들이 성공적으로 추진되어 미래의 정밀의료를 위한 빅 데이터가 잘 축적되면 우리 국민들의 건강의 질과 생명연장은 매우 높은 수준으로 향상될 것이다.

세계보건기구WHO는 최근 2030년에 출생하는 전 세계 아이들의 평균수명을 예측하였는데 우리나라가 1위가 될 것으로 보았다. 한국의 식습관 및 위생상태, 건강에 대한 높은 사회적 인식 등이 다른 나라에 비해 매우 뛰어나기 때문에 전 세계 1위가 될 것이라고 예측한 것이다. 2030년 우리나라에서 태어나는 아이들의 평균수명이 90.8세로 1위라고 WHO는 예측하지만, 만약 체계적인 전 국민 의학정보의 축적과 인공지능을 활용한 정밀의학이 빠르게 확산되면 평균수명은 100세를 훌쩍 뛰어 넘을 가능성이 크다.

수명 연장에 따라 새로운 사회적 변화가 다양하게 나타날 것이다. 특히 우리나라와 같이 고도성장기에 부를 축적한 베이비붐 세대의 경우 일본의 베이비붐 세대와 유사한 사회적 특성을 보일 가능성이 높다. 즉, 베이비붐 세대가 고령사회의 중심 연령층이 되면서 일본에서는 유럽의 국가들과 전혀 다른 고령사회의 특성이 나타났는데, 이와 유사한 현상이 우리나라에서도 벌어질 전망이다.

고령사회는 생산보다는 소비 중심의 사회가 되기 쉽다. 특히 연금 생활자의 경우 새로운 소비패턴이 나타난다. 단순히 의료비의 증대뿐 아니라 그들이 소비하는 패턴도 바뀌어 내구재보다는 서비스제품에 대한 소비가 급속히 증가한다. 즉, 노인들은 자동차, 냉장고, 텔레비전 등 내구재를 소비하기보다는 여행, 외식, 운동 등과 같은 서비스제품을 더 많이 구매한다.

고령 인구가 급속히 증가하면 생산에 종사하는 인구는 급속히 감소하는 반면에 소비인구가 늘기 때문에 산업구조에도 변화가 나타난다. 특히 고령화가 인간 수명의 연장과 함께 나타날 때 산업구조에는 엄청난 변화가 예견된다.

이런 관점에서 보면 20세기까지 인류가 당연한 것으로 여기던 사회문화적 인식들이 21세기에 들어서면서 송두리째 변화될 가능성도 있다. 가족의 개념도 바뀔 것이다. 100살 넘게 살게 되면 왜 20대나 30대에 꼭 결혼해야 하나? 결혼은 꼭 한 번만 해야 하나? 가족은 어떻게 구성해야 하나? 자식이 부모를 부양해야 한다는 인식이 이미 옅어지고 있는데, 앞으로도 부모가 자식의 교육에 전력을 다해 투자해야 하나? 부모가 자식에게 재산을 남겨줄 이유는 무엇인가?

교육도 마찬가지이다. 자신의 미래의 삶을 위해 교육받는 것을 왜 꼭 20대의 대학 진학에서 그쳐야 하나? 50대나 60대에 또 다른 지식을 얻기 위해 대학에 가야 하는 것은 아닌가? 아니면 대학을 가지 않고 사회생활을 하다가 필요하게 되면 40대가 되었건 60대가 되었건 대학에 가서 배우면 되는 것이 아닌가? 더 나아가서 교육은 학교와 같은 전통적 교육기관에서만 이루어져야 하나? 자신의 능력을 검증하는 것이 교육을 받은 후에 취득하는 졸업장과 같은 증명서를 통해서만 가능한가?

직업이나 생계수단을 선택하는 것도 획기적으로 바뀔 수 있다. 꼭 정규직으로 직장에 출근하여 자신의 생활을 얽매는 것이 삶을 영위하는 가장 바람직한 방식일까? 신체와 정신이 모두 건강한데 60세 전후하여 왜 직장에서 퇴직하고 일을 그만두어야 하나? 저출산으로 노인인구를 떠받칠 노동인구가 적어서 걱정이라고 하는데 70대나 80대를 노동시장에 흡수하는 것은 왜 불가능한가? 컴퓨터와 인공지능의 등장으로 제조업에서 필요한 노동력은 현저하게 줄어들고 있는데, 단순히 사회경제적 이유로만 본다면 저출산이 그렇게 심각한 문제일까?

수명의 연장으로 인해서 20세기와 전혀 다른 형태의 인구이론들이 등장할 가능성이 높다. 직장에 다니다가 60세 조금 넘어 삶을 마치는 20세기형 삶의 양식에 기초한 인구구조가 변화하기 시작했다. 여유 있는 국가의 60세 이상 연금 생활자들은 저소득국가로 이주하여 안락한 여생을 즐기고, 저소득국가의 노동자들은 고소득국가로 와서 노동하는 인구 이동을 통한 국제 분업이 나타날 가능성도 크다.

더 나아가서 가족, 문화, 인종, 성 등과 관련된 사회적 인식들이 급격하게 변화하고 있다. 심지어 최근 대학가에서는 기존에 여성과 남성의 성차별로 인한 문제를 해결하는 조직인 '양성평등센터'의 명칭을 바꾸기를 요구하고 있다. 기존에 여성과 남성 두 가지의 성만 있다는 인식이 보편적이었지만 여성도 남성도 아닌 성 소수자들도 존재하기 때문에 이들의 인격을 존중하여 '양성평등센터'의 명칭을 '성평등센터'로 바꾸어야 한다는 주장이다.

20세기식 사고로는 전혀 이해하기 어려운 새로운 형태의 사회가 등장할 수 있다. 심지어 유발 하라리Yuval Noah Harari는 《호모 데우스》Homo Deus라는 책에서 2050년쯤 되면 인류는 전혀 다른 신인류로 탄생할 것이라고 예언하고 있다. 호모 사피엔스라고 하는 지금의 인류는 7만 년 전에 한 종의 인류, 즉 사피엔스로 등장했다. 그에 따르면, 당시에는 네안데르탈인과 같이 인류와 비슷한 5종의 유사 인류가 존재했는데, 지금의 인류가 모든 유사 종들을 정복하고 야생동물들도 모두 멸절시키고 세계를 지배했다. 그래서 지금 전 세계 대형동물 가운데 90% 이상을 인간과 가축이 차지하게 되었다.

현재까지는 인류가 우성인자를 이용한 종의 교배를 통해 소, 돼지, 닭 등을 크게 번식시켜 인간이 필요로 하는 양식으로 활용했다. 인류를 위협하는 불필요한 대형 동물들은 모두 멸절시키고, 인류에게 단백질과 영양분을 포함한 양식을 제공하는 가축만 남겨두었다는 것이다.

하라리는 인류가 동물을 정복한 것을 넘어서 이제는 유전공학의 발전으로 인간이 DNA를 조작하고, 생명을 합성하는 기술을 획득하게 되어 신에 가까운 존재로 변모했다고 주장한다. 따라서 인간은 다양한 장기를 갈아 끼우면서 거의 영생에 가까운 생명을 누릴 수도 있고, 인공지능 기계가 인간에 접속되면서 뛰어난 지적 능력을 갖게 되어 전혀 새로운 종의 인간이 탄생할 가능성이 있다는 것이다.

이제 100년 후에는 인류가 거의 신의 경지에 이르러 '불멸의 행복'을 누릴 수 있는 존재로까지 진화할 것이라고 한다. 생명공학, 사이보그 공학, 비유기체 합성을 통해 이제는 인간이 생명을 창조할 수 있는 단계까지 왔다는 것이다. 공상과학 이야기처럼 들리지만, 지금 세계 곳곳에서 벌어지는 생명공학, 합성생물 등의 실험을 자세히 들여다보면 불가능한 일이 아닐지도 모른다. 이렇게 되면 7만 년 전에 존재했던 네안데르탈인과 현재 인간의 차이 이상으로 현재의 인간과 다른 형태의 신인류가 21세기 후반에 등장할 수도 있다고 유발 하라리는 예측하고 있다. 수명의 연장과 생명의 변화가 인류의 문명사를 획기적으로 바꾸어버릴 새로운 21세기에 우리는 살고 있는 것이다.

변화의 속도

인류의 발전 역사를 그래프로 그려볼 때 문명의 진화는 거의 로그함수와 같은 속도로 발전한 것을 알 수 있다. 지난 5만 년의 인류가 축적한 발전의 역사보다 최근 50여 년의 인류발전 역사가 더 많은 발전을 이루었다고 한다. 이처럼 최근에 많은 지식과 경제의 발전이 이루어지는 것은 이전에는 상상할 수 없을 정도의 빠른 속도로 인류 문명사의 변화가 일어나고 있기 때문이다. 심지어 몇 년 전에 발표된 어느 기술경제사 논문에서는 지난 10년간 나타난 발명품이 인류 역사상 만들어진 모든 발명품의 90%에 해당한다고 했다.

인류는 20세기 들어서 기하급수적인 발전을 이룩했다. 1900년부터 2000년 사이에 세계 인구는 약 17억 명에서 60억 명 이상으로 100년 만에 3.5배나 증가했다. 현재 70억 명의 인구가 2050년이 되면 100억 명을 넘어설 것으로 예상하고 있다. 특히 아프리카의 인구는 기하급수적으로 증가하여 현재 12억 5천만 명에서 2050년에는 두 배가 넘는 25억 명이 될 것으로 전망한다.

쌀, 밀가루, 옥수수와 같은 3대 곡물 생산은 20세기 백 년 사이에 7.5배나 증가했다. 1차 에너지 생산량은 20배나 증가했다. 국제에너지기구IEA는 〈2017년 세계 에너지수요전망 보고서〉에서 2035년 세

계 에너지 수요는 현재 에너지 정책을 유지할 경우 2010년 대비 35%
증가할 것이라고 전망했다. 신재생에너지 등 대체에너지 개발로 석유
에 대한 수요는 그리 크게 증가하지 않지만 천연가스나 신재생에너지
의 개발은 인류의 에너지 수요의 증가에 따라 크게 증가될 것으로 보고
있다. 예를 들어 천연가스는 2040년까지 45%까지 증가할 것으로 전
망하고 있다.

토머스 프리드먼의 《늦어서 고마워》*Thank You for Being Late*에 나오는 몇
가지 그래프에서도 인류의 발전속도가 기하급수적인 로그함수의 형태
를 띠는 것을 볼 수 있다. 통신은 말할 것도 없고, 도시 인구의 증가나
물 사용량, 국제관광 등 다양한 분야에서 18세기 중반 이후 인류의 발
전속도는 기하급수적으로 빨라졌다.

금융에서 국제 자본의 이동은 1980년 5,000억 달러에서 2007년 12
조 달러로 23배 증가했다고 한다. 해외 이주민은 1960년 7,500만 명
에서 2013년 2억 3,200만 명으로 3배 이상 증가했다. 글로벌마케팅
기업들에 따르면 2017년에 인터넷을 사용하는 사람들이 40억 명을 넘
어섰고, 그중 2017년 신규 사용자가 25억 명에 달한다. 2007년 아프
리카에서는 3,000만 명 정도가 인터넷을 사용했다. 하지만 2025년이
되면 아프리카에서도 인터넷 사용자가 6억 명에 이를 것으로 전망되어
20배 이상의 증가를 예상하고 있다.

이 모든 것이 지난 20~30년 사이에 나타난 인류 진화의 모습이다.
이와 같은 변화는 앞으로 더욱 빠른 속도로 진행될 것으로 전망된다.
기술의 진보로 인한 변화가 사회에 확산되는 속도는 시간이 가면 갈수
록 더욱 빨라진다. 이것은 기술경제학 이론을 통해 쉽게 이해할 수 있

인류사회의 발전 속도

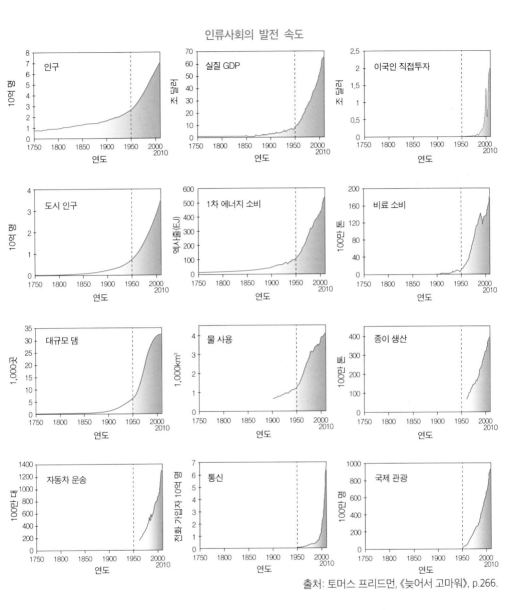

출처: 토머스 프리드먼, 《늦어서 고마워》, p.266.

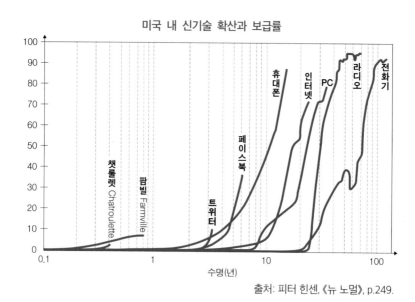

미국 내 신기술 확산과 보급률

출처: 피터 힌센,《뉴 노멀》, p.249.

다. 이전에는 신기술을 이용한 신제품이 출시된 후 사회적으로 확산되어 보편적으로 활용되는 데에 많은 시간이 걸렸다. 하지만 이제는 그 시간이 점점 줄어들고 있다.

예를 들어 알렉산더 그레이엄 벨은 1876년 전화기를 발명했다. 이 전화기가 미국 일반 가정에 보급되어 90%의 가정이 전화기를 사용하기까지는 약 90년이 걸렸다고 한다. 라디오도 처음 나와서 대다수의 가정에서 이용하는 데까지 70~80년 걸렸다. 하지만 미국에서 첫 출시 후 PC는 20여 년, 인터넷은 10여 년, 휴대폰은 10년 이내에 80~90%의 사람들이 사용하게 되었다. 기술 진보에 따른 사회적 확산속도가 시간이 갈수록 더욱 빨라지는 것을 볼 수 있다.

인류는 상상을 초월할 정도의 지식과 과학기술 정보를 최근 몇 년 사이에 기하급수적으로 생산해내고 있다. 인공지능과 전통산업이 접

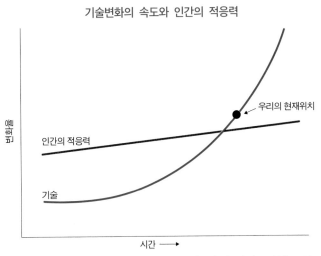

기술변화의 속도와 인간의 적응력

우리의 현재위치

인간의 적응력

기술

변화량

시간 ⟶

출처: 토머스 프리드먼, 《늦어서 고마워》, p.68.

목되는 제 4차 산업혁명 생산방식으로 변화할 때 변화의 속도는 또다 시 기하급수적으로 빨라질 것이다. 하지만 기술과 정보의 빠른 발전속 도에 비해 인간은 매우 느린 속도로 이에 대응하고 있다.

21세기 기술 변화는 그 자체도 획기적이지만 변화가 일어나는 속도 도 이전과는 전혀 차원이 다르게 빠르다. 《특이점이 온다》라는 책으 로 유명한 레이 커즈와일Ray Kurzweil에 따르면 정보통신 기술의 발전은 기하급수적으로 빨리 전개될 것이라고 한다. 예를 들어 지금의 발전속 도가 유지된다면 2020년에 1,000달러짜리 컴퓨터가 인간의 두뇌와 비 슷한 정도의 정보처리 능력을 갖게 된다. 더 나아가서 2050년에는 그 런 컴퓨터 한 대가 지구상의 모든 인간의 두뇌가 처리하는 정보처리 능 력에 다다르게 될 것이라고 한다. 기하급수적인 변화의 속도는 우리가 상상하지 못하는 정도로 인류사회를 변화시키게 될 것이다.

리처드 돕스Richard Dobbs, 제임스 매니카James Manyika, 조나단 워첼 Jonathan Woetzel은 《미래의 속도》*No Ordinary Disruption*에서 현재 인류가 경험하는 변화는 이전과 같은 변화의 속도가 아니라 상상을 초월하는 변화라고 주장한다. 산업혁명이 초래한 변화보다는 10배 더 빠르고, 300배 더 크고, 3,000배 더 강하다는 그들의 주장이 과장된 것으로만 보이지는 않는다. 이렇게 변화의 속도가 빠르기 때문에 많은 사람들은 매우 낯선 '신세계'를 맞게 될 것이다.

기술의 폭발적인 발전에는 일정한 사전 예열과정이 있다고 한다. 증기기관이 나타났을 때도 그랬고, 전기가 나타났을 때도 그랬다. 한 가지 기술이 처음 보급되고 나서 20~30년 정도는 기술 보급 및 확산이 미미하게 나타난다. 하지만 기술이 다양한 사회적 기능에 활용되고 이러한 현상이 축적되면 어느 순간 비약적인 변화가 나타난다는 것이다. 더 나아가 이런 예열과정의 기간이 급속하게 단축되면 비약적인 변화는 순식간에 일어날 수도 있다.

컴퓨터가 PC처럼 인간생활에 보편적으로 활용된 지 약 30년이 지났다. 이제는 단순한 컴퓨터를 넘어서는 인공지능이 등장해서 인간과 대결을 시작했다. 또 생산 자동화, 빌딩에너지 관리시스템 등과 같이 사회의 많은 부문에서 IoT가 활용되면 앞으로 상상을 초월할 인간과 기계의 공존 시대가 열릴 것이다. 이것이 바로 제4차 산업혁명의 도래이고 커즈와일이 말하는 특이점의 도래라고 볼 수 있다.

제3장

새로운 미래와 일

오늘날 많은 대학생들은 20세기 패러다임에 머물러 부모들이 사회적으로 성공한 방식으로 미래를 준비하고 있다. 그러다 보니 21세기 새로운 패러다임 앞에서 갈 길을 찾지 못해 방황하고 있다. 20~30년 전 부모들이 경험했던 20세기 성공모델의 잘 짜인 틀에 따라 준비해 온 이들에게 '미래를 개척하라'는 21세기의 새로운 과제가 주어지면, 허탈하기도 하고 무언가 속은 것 같기도 하고 불안하기만 할 것이다. 열심히 노력해서 여기까지 왔는데 또 무엇을 어떻게 바꾸어서 준비하라는 것인가?

그런 사정은 안타깝지만 미래의 변화는 어쩔 수 없이 우리에게 다가오고 있다. 다행스럽게도 젊은이들이 여태까지 노력한 수고가 모두 헛된 것은 아니다. 20세기 방식으로 축적한 지식을 기본으로 21세기를 준비할 수 있다. 이미 기초체력은 젊은이들에게 준비되어 있다. 이제 실전에서 새로운 전술과 전략으로 미래를 헤쳐 나가야 하는 과제가 남아 있을 뿐이다. 게임의 룰은 끝없이 변화한다.

미래는 인류사회에 끝없는 변화와 도전을 던져준다. 정보의 팽창, 이로 인한 네트워크의 확장, 인간 수명의 급속한 연장은 21세기라는 전혀 다른 세상으로 우리를 인도할 것이다. 기존의 인류가 경험하지 못한 새로운 변화의 몇 가지 요소들이 상호작용하면서 엄청난 시너지 효과를 내며 새로운 미래를 꾸준히 창출할 것이다. 이는 수렵과 채취의 생존방식에서 농경사회로 진화하고 다시 산업사회를 보낸 인류가 정보화 사회를 넘어서 또 다른 역사를 쓰게 된다는 것을 의미한다.

일은 어떻게 변화할까? 대학을 졸업해도 취업이 되지 않는다며 정부와 사회, 개인 모두 초조해하고 있는데, 지금 이 문제를 해결하려고 하는 방식이 적절한가? 21세기에는 어떤 새로운 일자리가 출현할까? 19세기 초 기계화가 시작되었을 때 그리고 20세기 초 대량생산체제가 도입되었을 때, 인류가 불안해했던 일자리의 소멸은 그 이후 어떤 결과를 보여 주었는가? 기존의 직업이 사라지고 새로운 일이 나타날 때 과연 어떤 준비가 필요한가? 그 직업들은 우리 젊은이들이 수행할 수 있는 일들인가?

이러한 문제제기와 미래에 대한 전망을 중심으로 21세기 인류가 어떻게 먹을거리를 얻을지, 즉 생존에 필요한 노동이 어떻게 변화하는가를 예측해 보는 것이 중요하다. 왜냐하면 지금 청년실업, 기업의 구조조정, 고령화에 따른 노인들의 재취업 등 21세기가 직면한 많은 문제들이 일자리에 관한 문제이기 때문이다.

고용시대의 종말

이미 20여 년 전에 제레미 리프킨은 《노동의 종말》이라는 책에서 고용시대의 종말을 예고했다. 정교한 정보통신 기술이 다양한 노동 현장에 침투하면서 지능기계가 무수한 블루칼라와 화이트칼라 노동자들을 노동현장에서 내쫓게 된다는 것이다. 그는 "생산의 핵심요소로서의 노동의 소멸은 자본주의 사회의 핵심적인 미해결 과제가 될 것이다"라는 경영학자 피터 드러커의 말을 인용하면서 반복적이고 단순한 노동으로부터 인간이 해방되는 새로운 역사가 시작될 것이라고 전망했다.

리프킨은 인간이 노동에서 해방되는 미래가 열린다는 낙관적이고 긍정적인 전망과 함께 대량실업, 전 세계적 빈곤, 사회적 불안 등이 고조되는 우울한 미래가 전개될 것이라는 비관적 전망을 동시에 제시했다. 이제 노동의 종말과 함께 고용의 시대는 끝나는 것인가?

우리는 약 50년에 불과했던 고용의 시대가 서서히 퇴조하는 것을 지켜보고 있다. 앞에서 설명한 것처럼 우리 사회에서도 1960년대 이전에 취업한 사람들은 극히 적은 숫자에 불과했다. 더 나아가 대기업의 탄생은 불과 얼마 되지 않는다. 이는 대량생산체제라고 하는 20세기 전반에 나타난 현상에 불과하고 우리나라에서 대기업의 출현은 박정희 정권의 경제근대화 과정에서 이루어진 것으로서 역사적으로는 50

년이 채 안 된다. 1970년대에 접어들면서 활성화된 제조업 중심의 대량생산체제에서 사무 관리직이 급증하고 제품 판매를 위해 영업직이 급증하면서 기업들이 직원을 대규모로 고용하기 시작했다. 1970년대 고도경제성장 과정을 거치면서 고용이 급속히 증대하는 현상이 나타난 것이다. 1970년대 후반과 1980년대는 유수 대학을 나오면 대기업 몇 군데에서 취업이 확정되어 어디로 가야 할지 고민해야 하는 즐거운 비명이 나오던 시대였다.

대기업 중심의 고용사회는 미국에서도 겨우 100년 정도에 불과하다. 지금은 고용 중심의 일자리가 서서히 사라지고 있는 것을 볼 수 있다. 이제 21세기에는 고용에 의해 노동을 영위하는 사람들이 30% 이하로 줄어들 가능성이 많다. 마치 1960년대 우리나라에서 고용률이 10%가 채 되지 않았던 것과 비슷하다. 1960년대에 우리나라는 70%가 농업에 종사하던 사람들이어서 고용은 매우 희귀한 전문영역에서만 이루어졌다.

미국에서는 2007~2008년 1년 사이에 블루칼라의 일자리 180만 개가 사라졌고, 제조업 실업률은 2008~2009년 1년 사이에 6.3%에서 13.7%로 급증했다고 한다. 반면 리처드 플로리다Richard Florida의 《제3차 세계 리셋》The Great Reset에 의하면 미국에서 지난 30년 동안 창조적인 전문직 및 지식 직종에서 약 2,300만 개의 새로운 일자리가 창출되었고 지식 직종의 임금의 합은 약 2조 달러로 미국 전체 임금 총액의 절반에 해당하는 액수라고 한다. 이러한 추세는 지속되어서 2008년부터 10년 동안에 약 1,530만 개의 일자리가 창출될 것인데 이 중 대부분이 창조적인 전문직에서 나타날 것으로 전망하였다.

그런데 이러한 창조적인 전문직의 직업은 고용에 의해 이루어지기 보다는 개인의 프로페셔널리즘에 기반을 둔 일 중심으로 이루어진다. 만약 고용의 형태를 띤다고 하더라도 단기간의 계약에 의한 고용이 될 가능성이 높다. 즉, 20세기 고용의 형태는 급속히 붕괴되고 새로운 형태의 일이 출현한다는 것이다.

장기 고용에 의한 직업의 안정성은 20세기에 대표적인 노동의 사회적 운영방식이었지만 이제 서서히 붕괴되고 있다. 1960년대 이후 고도경제성장 과정에서 우리나라는 한 해 50만 개 정도의 신규 일자리가 창출되었다. 단기간에 일어난 급격한 변화 때문에 고용이 우리 삶의 생산 양식으로서 유일하고 대표적인 일의 형태인 것으로 여겨왔다. 그러나 이는 우리가 가진 짧은 기억에 불과하다.

우리나라의 고용사회를 이끌어 왔던 대기업의 고용이 급격히 감소하고 있다. 대기업들은 기업 내부의 고용을 통해 이익을 창출하는 대신에 이제 이른바 협력업체라는 하도급 기업들을 통한 네트워크화를 급속히 진전시키려 하고 있다. 이미 미국에서는 대기업의 의미도 바뀌고 있고, 효율성이 높은 기업은 끊임없이 벤처기업이나 스타트업 기업들을 흡수, 합병하거나 되파는 방식으로 기업의 이익을 극대화하고 있다. 즉, 앞에서 살펴본 네트워크화를 통한 경영의 합리화가 고용을 통한 생산성의 증대보다 더욱 중요한 경영방식이 되고 있다.

우리나라에서도 전체 노동인구에서 대기업 종사자가 차지하는 비중은 급격히 감소하고 있다. 1990년 전체 노동인구 중 대기업 종사자는 25.5%였는데, 2005년에는 13.6%로 절반 가깝게 급감했다. 2015년에 13.0%로 비슷한 수준을 유지하고는 있지만 이것은 정부가 대기업에게 고용을 적극적으로 추진하라고 강요하기 때문에 나타난 일시적인 현상이라고 볼 수 있다. 즉, 앞으로 대기업의 고용은 급격히 줄어들 가능성이 더 높다.

현재 대기업의 신규 채용도 정부의 압력이 없이 시장논리에 맡긴다면 훨씬 줄어들 것이다. 2016년 2월 12일 〈동아일보〉에 실린 이동영 전 정책사회부 차장의 "삼성이 신입 공채 없애면…"이라는 칼럼은 이런 현실을 잘 보여주고 있다. 그가 여러 대기업 임원에게 물었더니 한결같이 다음과 같은 답을 했다는 것이다. "신입 공채요? 경영논리로만 보면 안 뽑는 게 정상이죠. 그런데 왜 뽑냐고요? 허허. 이건 나라가 시키는 복지정책이잖아요." 이동영 차장은 이제 사회공헌성 공채는 축소하거나 없애는 것이 합리적이라고 제안했다.

대기업의 고용시스템이 급격히 변화하자 일본에서는 이른바 '프리터'라는 아르바이트에 종사하는 노동력이 급격히 증가하는 현상이 나타났다. 생산조직과 유통조직이 비교적 쉽게 네트워크 방식을 통해 운영되고, 이런 조직 운영으로 생산성을 높이면서 진입과 퇴출이 용이하면서도 고용에 대한 거래비용이 적은 새로운 노동 현상이 속속 등장하기 때문이다.

예를 들어 세븐일레븐과 같은 편의점이나 이마트와 같은 대형 할인매장의 점원들은 인터넷 등을 통해 쉽게 고용할 수 있다. 시간도 자유롭게 조정할 수 있고, 장기적 고용에 대한 부담도 없다. 또한 직무의 전문성도 많이 필요하지 않아 직무훈련 비용이 크지 않고 손쉽게 업무를 수행할 수 있다. 이처럼 손쉬운 고용의 네트워크화가 편의점에서부터 확산되는 것은 비교적 용이하게 고용시스템을 설계하고 활용할 수 있기 때문이다. 이제는 다양한 분야에서 고용시스템을 네트워크화하는 것이 고용주나 피고용자 모두에게 편익을 증대시킨다고 판단된다. 이를 시스템화하는 비용이 급격히 줄어든다면 많은 일자리들은 이와 같은 느슨하게 연결된 네트워크시스템에 의한 고용관계로 변하게 될 것이다.

정규직, 종신고용제, 연공서열제 등 20세기 고용 중심의 조직운영 형태가 변화하고 있다. 경계가 분명한 조직이 고용의 거래비용을 줄이기 위해서 만들어 놓은 많은 고용시스템들은 확실하게 변화할 것이다. 벌써 10년도 더 된 일이지만 필자가 SBS에서 시사토론 프로그램을 진행한 적이 있었다. 당시에 열 명의 스태프들이 프로그램 제작과정에 투입되어 필자를 도와주었다. 하지만 10명의 스태프 가운데 SBS 방송국에 고용된 정규 직원은 2명뿐이었고, 나머지는 모두 프리랜서로서 단기계약에 의해 프로그램에 참여하여 일을 했다. 방송작가라고 하는 프리랜서들이 프로그램의 기획, 자료 정리, 출연진 섭외, 일정 관리, 시나리오 작성 등 거의 대부분의 일들을 담당했다. 그들은 이러한 일에 프로페셔널로서 실질적으로 방송 프로그램의 핵심적인 인력이라고 볼 수 있었다.

이전에는 방송국에서 자체적으로 드라마를 제작했지만 이와 같은 방송국 내 자체in-house 제작은 이제 거의 사라졌다. 방송국마다 전속 탤런트들을 뽑아 드라마를 제작하던 시절도 있었다. 하지만 이제는 방송국이 전속 탤런트를 뽑지 않는다. 이제는 다양한 드라마 제작사들이 기획하고 공중파 방송국들과 계약을 통해 제작한 드라마를 상품으로 제공하고 있다. 따라서 어느 드라마가 MBC의 드라마가 될지 SBS의 드라마가 될지는 드라마 상품 계약의 결과이지 방송국의 사전 의도와는 상관이 없다. 이러한 제작방식이 보다 창의적이고 흥미로운 드라마를 생산하는 데 더 효과적이다. 왜냐하면 드라마라는 상품을 소비자인 방송국에게 판매하기 위해서 많은 드라마 제작사들이 치열한 경쟁을 하기 때문이다.

아나운서도 이제는 프리랜서를 선언하는 경우가 많다. 뉴스 프로그램에서 일기예보를 전해주는 기상캐스터들도 모두 방송국 직원이 아니라 프리랜서들이다. 미국의 대형 방송국들은 대졸 신입 공채를 통해 전문직을 채용하는 것이 아니라 지방 방송국 등에서 뛰어난 경력을 보여준 경력 직원들을 채용한다. 이처럼 고용의 형태나 일의 방식은 획일적이기보다는 다양한 형태로 변화한다.

이제 장기적 채용방식인 고용은 없어지고 단기적 계약에 의해 유연하게 이동하는 고용방식이 21세기 고용의 주요한 특성이 될 것이다. 이것은 고용과 관련된 다양한 정보의 접근 가능성, 네트워크의 활성화 등으로 가능해진다. 즉, 인터넷이나 전문가 집단의 네트워크를 통해 고용정보를 쉽게 얻을 수 있게 되면서 단기고용과 빈번한 노동력의 이동이 나타나는 것이다.

체스브로가 말하는 개방형 혁신이 사회의 보편적인 특성이 되면서 고용에서도 닫힌 조직운영이 아니라 열린 조직운영의 형태가 나타날 것이다. 이러한 변화가 확대되면 전문지식과 기술을 갖춘 노동자는 단일 직업이 아니라 다양한 직업을 동시에 가질 수 있고, 자신의 관심과 능력에 따라 다양한 업무를 수행할 것이다.

예를 들어 교수의 경우도 단순히 교육자로서 학생들을 가르칠 뿐 아니라 신문에 칼럼을 쓰고, 정부의 정책개발 과정에 참여하여 전문성을 제공할 수 있다. 기업에 사외이사로 참여하고, 기업의 전략을 컨설팅해줄 수도 있다. 산학협력을 통해 기업의 연구비로 기술개발을 할 수 있고, 자신이 개발한 기술로 창업할 수도 있다.

1998년 우리나라 교수로서 기업인 벤처를 처음 시작한 서울대 기계항공공학부 박희재 교수의 경우 대표적인 교수 기업인이라고 할 수 있다. 정밀계측센서를 서울대 실험실에서 만들어 스웨덴 회사에 처음 수출했다. 이후 그 벤처회사는 LCD 측정장비로 세계 1위가 되었고, 다시 OLED 유기증착장비를 개발하고 있다.

박 교수는 사업가로서 자신의 벤처기업인 'SNU Precision'을 대학원생 5명과 설립했는데 지금은 300여 명의 직원과 연간 매출액 1천억 원에 달하는 기업으로 성장시켰다. 산업통상자원부 R&D전략기획단장을 역임하고 청년희망재단 이사장으로 젊은이들에게 창업의 가능성을 열어주는 역할을 담당하기도 했다.

이처럼 대학과 기업의 경계를 넘어 지식과 기술을 산업화하고 부가가치를 높이기 위해서는 20세기 산업화시대의 고정화된 기능과 역할을 넘어선 융복합이 활성화되어야 한다.

만약 신문 칼럼을 모두 신문사의 논설위원들에게 쓰게 한다면 신문사로서는 장기 고용의 부담을 져야 한다. 반면에 직접 고용이 아니라 전문가 네트워크를 활용하면 신문사 논설위원실은 다양한 전문가를 객원 논설위원으로 단기간 활용하여 보다 다양한 견해를 신문에 반영할 수 있다. 대학도 전임교수뿐 아니라 다양한 사회 각 분야의 전문가들을 특임교수, 객원교수, 초빙교수 등의 형태로 활용하면 고용의 경직성에 따른 부담과 비용 부담을 줄이면서 다양한 전문성을 대학 사회에 접목하는 효과를 볼 수 있게 된다. 그럼에도 불구하고 이들을 모두 고용하여 고용의 안정성을 보장해주라고 한다면 이런 네트워크를 활용할 수 있는 조직은 어디에도 없을 것이다.

산학 협력을 통한 기술개발에도 열린 조직을 활용하면 더욱 효과적일 수 있다. 기업이 연구원들을 정규직으로 장기 고용하여 모든 연구개발을 하는 데는 한계가 있다. 특히 중소기업의 경우 기술경쟁력이 점점 중요해지기 때문에 연구소 운영에 매우 많은 비용이 들지만 연구개발을 하지 않으면 장기적으로 기업의 생존이 위협을 받게 된다. 이경우 많은 연구인력이 있는 대학이나 정부출연연구소와 같은 전문연구소를 활용하면 기술개발을 용이하게 할 수 있다.

반면에 대학은 기업의 연구비 투입을 통해 연구조직을 더욱 활성화할 수 있다. 즉, 대학이 가진 전문 연구인력을 단기 계약을 통해 기업과 유기적으로 연결시켜 활용하면 상호 이익을 증대할 수 있다. 또한 대학에서 필요로 하는 연구비나 연구인력과 같은 자원을 기업이 추가로 제공하면 더 좋은 연구를 할 수 있다. 더 나아가 대학이 단순히 기초연구를 통해 사회에 기여하는 것뿐 아니라 기업의 기술 수요를 반영한 연구를 통해 사회에 기여할 수 있게 된다. 결국 열린 조직이 새로운 사회시스템으로 발전하면서 연구개발에서도 매우 효과적인 조직 운영방식이 나타날 것이다.

안타깝게도 우리 사회에서 이러한 열린 조직의 네트워크화가 활성화되지 못하는 이유는 아직 이런 조직 형태의 에코시스템이 정착되지 못하고 있기 때문이다. 특히 우리 사회는 농경사회 문화의 유산으로 일정한 조직의 경계 안에서 자신의 소유를 통해서 안정감을 느끼기 때문에 일시적이고 유동적인 활동을 바탕으로 한 공유경제에 익숙하지 못하다. 정부는 파트타임 고용이나 유연한 고용에 대해 고용의 불안정성 때문에 바람직하지 못하다고 일방적으로 판단하곤 한다. 대신에 모든 고용은 정규직으로만 해야 한다고 기업이나 대학의 고용방식에 규제를 가하고 있다. 이는 유연한 고용과 오픈 네트워크의 에코시스템이 갖는 21세기 고용의 장점을 간과하고 있는 것이다.

또 다른 이유로 개별 기업이나 조직의 경우에도 윈-윈하는 상호 이익보다는 나만의 독점적인 이익을 우선적으로 생각해서 협력이 이루어지지 않는 경우가 많다. 즉, 다른 편이 조금이라도 더 많은 이익을 얻는다고 생각할 때 자신이 상대적으로 불이익을 받는다고 느끼는 상대적 박탈감이 협동을 못 하게 만든다. 모든 것을 '제로 섬' 상황으로 인식하고 행동하는 문제로 인해 열린 네트워크 시스템을 잘 받아들이지 못하는 것이다.

한국에 대해 잘 아는 미래의동반자재단 이사장 제프리 존스Jefferey D. Jones, 전 암참AMCHAM: 주한미국상공회의소 회장의 지적은 지금도 유효하다. 한국인은 '배고픈 것은 참아도 배 아픈 것은 못 참는다'는 것이다. 이와 같은 심리현상은 세계 어느 곳이나 보편적으로 나타나지만 우리나라 사람들에게는 특히 심하다.

행동심리학자인 대니얼 카너먼Daniel Kahneman 교수의 최후통첩 게임 ultimatum game은 유명한 심리학 실험 중 하나이다. 사람들은 아무리 자신의 효용이 증가한다고 하더라도 상대방에 비해 불공정한 대우를 받는다는 생각이 들면 자신이 받을 수 있는 효용을 포기한다는 것이다.

최후통첩 게임은 예를 들어 10만 원을 두 명의 실험자에게 주고 나누어 갖도록 하는데, 한 실험자가 제안한 분배방식을 상대편 실험자가 거부하면 둘 다 돈을 못 받고, 수락하면 둘 다 돈을 받는 게임이다. 실험 결과, 10만 원 가운데 자신이 절반인 5만 원보다 많이 갖고 상대방에게 5만 원보다 적은 돈을 제안하면 상대방이 그 돈을 받지 않는 경우가 종종 나타난다.

그 이유는 비록 실험 상황이지만 자신이 상대방보다 적은 돈을 받으면 상대적으로 불공정한 대우를 받는다는 생각에 차라리 돈을 안 받아 둘 다 한 푼도 받지 못하는 편을 택한다는 것이다. 즉, 자신의 경제적 효용이 비록 상대방보다 적더라도 어느 정도 증가하는 것보다는 상대방보다 적게 받는 불공정한 대우가 더욱 부정적으로 느껴져서 돈을 받는 것을 포기한다는 것이다. 결과적으로 이 실험에서는 대부분 10만 원을 나누는 주체인 실험자가 공평하게 5만 원씩 나누어 갖는 방식을 택하는 것이 일반적인 현상으로 나타난다고 한다.

그렇기 때문에 비슷한 예로 사과를 반으로 나누어 가질 때에도 한 사람이 먼저 사과를 반으로 자르고, 다른 사람이 그 가운데에서 하나를 먼저 선택하게 하는 것이 공평하다고 생각한다. 그러면 먼저 반으로 자르는 사람도 가장 공평하게 나누기 위해 노력하고 만약 차이가 나더라도 상대편이 먼저 선택하면 상대적 박탈감을 느끼지 않게 된다.

이것도 앞의 예와 비슷한 심리 게임이라고 볼 수 있다.

　이런 심리실험의 결과에서 21세기 새로운 조직 네트워크의 발전 가능성을 엿볼 수 있다. 20세기에는 조직과 조직 사이에서 상대방이 더 많은 이익을 얻을 것으로 예상되면 협업하지 않았다. 즉, 모든 것을 자기 조직 내에서 해결할 수 있다고 생각하여 조직의 경계를 확실하게 구분하는 것이 필요했다. 그렇기 때문에 제한된 우수 인재들을 자기 기업에 붙잡아 두기 위해 종신고용제나 연공서열제를 도입했다고 볼 수 있다. 하지만 상대 기업도 이익을 얻고 자신도 이익을 얻을 수 있다면 자기 기업에 모든 자원을 독점적으로 붙잡아 두는 것이 반드시 이익은 아닐 수 있다.

　21세기에 대학과 기업, 정부와 기업, 기업과 시민단체 등의 다양한 조직들이 자신의 이익만을 고려하지 않고 그 경계를 넘어서면 사회적 부가가치가 증대될 수 있다. 오직 고용을 통해서만 정해진 업무를 부여받아 일하고 그 대가로 임금을 받는 산업사회의 모델은 빠르게 무너질 것이다. 보다 많은 사회 영역에서 조금씩 자신의 경계를 열어서 협업할 때 서로 윈-윈하는 결과를 많이 목격하게 될 것이다. 닫힌 조직보다는 열린 조직이 경제성을 보다 높일 것이고, 고용보다는 네트워크로 연결된 인적 관계가 보다 효율적으로 활용될 것이다.

　이처럼 21세기에는 조직의 경계를 넘어서 네트워크를 활용하여 필요로 하는 노동 간에 다양한 소통이 가능해지고 단기적인 참여가 가능해지는 현상이 증가할 것이다. 또한 조직 내에서 구성원의 이동에 따른 비용이 점점 감소하면서 다양한 형태의 협업이 가능해질 것이다.

이처럼 협업을 가능하게 하는 다양한 인센티브 디자인이 개발되어서 상호 이익을 증진시키는 에코시스템이 정착될 것이다. 그렇게 되면 열린 조직이 활성화되고 조직의 유연성이 확장될 것이다. 따라서 대기업에 취업하여 평생 동안 안정된 고용을 유지하는 노동의 시대는 빠른 속도로 종말을 향해 달려갈 것이다.

개인화된 노동

최근 실업이 늘어나는 것은 일자리가 없어서가 아니라 '구조화된 노동인 고용의 시대'가 '개인화된 노동의 시대'로 변화하기 때문이다. 이제 고용이라는 20세기의 구조화된 노동은 급속히 감소하고, 21세기의 개인화된 노동이 급속하게 증가할 것이다.

국민배우 안성기 씨는 고용의 관점에서 보면 평생 실업자였다. 그는 평생 한 번도 직장에 고용된 직원이었던 적이 없다. 그는 좋은 시나리오가 있다는 감독의 요청에 응해서 영화에 출연하고 경제적 보상을 받아 삶을 영위했다. 뛰어난 배우들 중에 1~2년씩 촬영이 없어 아무 일도 하지 않고 다음 작품을 위해 준비하며 기다리는 사람들이 많다. 하지만 우리는 그들을 실업자라고 부르지 않는다. 그들은 프로들이고, 프로페셔널이기 때문에 프로젝트 중심으로 일한다.

20세기 말 서구의 많은 기업 조직들이 기존의 계층제적 구조를 벗어나 팀 중심으로 조직의 시스템 설계를 변화시킨 것에 주목해야 한다. 아직도 기업의 생산활동이 숙련된 직원에 의해 오랜 기간 반복적으로 동일한 일을 효율적으로 수행하는 것에 국한되어 있다고 생각한다면 착각이다. 기업에서도 매번 새로운 프로젝트가 추진되어, 다양한 창의력과 복잡한 문제해결 능력을 발휘해서 문제를 풀어가는 방식으로 일의 내용이 바뀌고 있다.

어떤 점에서 보면 로펌의 파트너들처럼 조직 안에 느슨하게 연결되어 공동체를 구성하면서 프로젝트에 따라 일을 하는 전문가 집단이 늘어날 것이다. 또한 다양한 형태의 단기적인 계약을 통해 프로젝트라는 주어진 작업을 수행하는 것이 보편화될 것이다.

최근 미국과 유럽에서는 '기모경제'gig economy라는 경제 방식을 직업의 새로운 형태로서 주목하고 있다. 기모라는 말은 사전적으로 '상황에 알맞게 문제를 잘 찾아내고 그 해결책을 재치 있게 처리할 수 있는 슬기나 지혜'를 뜻한다. 원래 gig라는 단어는 1920년대 미국에서 재즈 공연을 할 때 즉석에서 연주자를 섭외하여 연주하게 하고 비용을 지불하는 것을 의미했다고 한다.

미국에서는 스타트업이나 빠르게 변화하는 직종들에서 일용직 근로자들이 늘어나면서 인스턴트 급여 방식이 확산되고 있다고 한다. 기모경제는 이처럼 노동력을 장기적으로 고용할 수 없는 다양한 형태의 회사들이 나타나서 특정한 능력을 가진 사람들과 단기 계약을 맺고 일을 맡긴 후 그에 대해 보상하는 형태를 말한다.

전통적인 제조업 중심의 경제에서는 정형화된 생산방식에 의해 효율적인 생산을 하는 것을 가장 선호했다. 하지만 이제는 소비자가 대량생산한 정형화된 내용의 제품이 아니라 다양한 수요를 반영하는 것을 더 원한다. 이 경우에는 전통적인 생산방식은 효과적이지 않다. 공급자 중심의 대량생산 방식은 더 이상 환영받지 못한다.

더 나아가 지식경제의 영역에서는 지식 중심의 일이 증가하고 있다. 지식 중심의 일은 문제해결 방식이 다양하기 때문에 일회성, 다양성,

대응성을 필요로 한다. 일의 특성도 문제해결 중심의 프로젝트 형태로 나타난다. 이러한 일들이 기존의 제조업과는 다른 기모경제의 특성이라고 할 수 있다.

따라서 기모경제에서는 '회사에서 풀타임으로 근무하는 회사원처럼 일하는 것이 아니라 일시적, 계약이나 자영업으로 일을 하는 시스템'을 더 선호한다. 프로젝트의 조직과 운영이 주어진 상황에 가장 잘 맞는 방식으로 구성되고 운영되어야 한다는 것이다.

20세기를 상징하는 '9 to 5'의 작업시간에 정해진 작업장에서 하루 종일 일하는 방식은 급격히 줄어들 것이다. 즉, 고용 중심의 일자리라는 구조화된 노동은 급속하게 줄어들고 개인의 전문성과 능력을 바탕으로 주어진 일을 프로젝트 형태로 추진하는 개인화된 노동이 그것을 대체할 것이다.

얼마 전 독일 풀다Fulda에서 개최된 한독포럼에 참여했을 때 한 독일 교수가 어느 티셔츠에 새겨진 문구가 흥미롭다고 소개했다. 티셔츠 앞면에는 "부모는 창업보다 대기업 취업을 선호한다"라고 쓰였지만, 티셔츠 뒷면에는 "나는 부모의 말을 듣지 않으려고 한다"라고 쓰인 것을 보았다는 것이다.

만약 한국의 젊은이들이 모두 이런 생각을 가지고 있다면 다행스러운 일이다. 하지만 많은 대학졸업자들은 대기업 취업을 위해 재수, 삼수도 마다하지 않는다. 얼마 전 대구에서 만난 한 중소기업 사장은 수도권 대학 출신 대졸자를 채용하기가 불가능한 것은 받아들이겠지만, 이제는 심지어 같은 지역의 대졸자를 채용하기도 어렵다고 한다. 모두 대기업에 취업해야 높은 월급과 정년까지 보장을 받을 수 있다고 생각하기 때문에 중소기업은 아예 쳐다보지도 않는다는 것이다.

하지만 21세기에 대기업 취업이 평생 고용을 보장해 줄지는 의문이다. 노동시장의 유연성이 확보되면 기업들은 급속히 기모경제의 특성을 받아들여 고용이라는 구조화된 노동보다는 프로젝트 중심의 개인화된 노동의 네트워크화를 더욱 선호하게 될 것이기 때문이다.

구조화된 노동 조직의 변화

21세기의 노동은 많은 일들이 프로젝트화되기 때문에 기존의 관료제의 계층구조보다는 팀 중심의 조직구조가 더 적합한 구조이다. 그렇기 때문에 계층제에서는 부장과 부서 소속 직원들이 정해진 서열에 따라 조직화된 구조 안에서 주어진 일만을 하지만 팀 중심의 조직에서는 프로젝트의 성격에 따라 팀에 참여하는 구성원도 달라지고 일의 내용도 달라지고 구조적 특성도 다양하게 변화될 수 있다.

프로젝트 팀에서는 팀장이 누가 되는 것은 큰 문제가 아니다. 팀의 하위 구성원이 팀장을 맡을 수도 있다. 마찬가지로 부장이 팀원이 될 수도 있다. 팀장은 하나의 팀을 책임지며 프로젝트를 완수해야 하지만 부장은 팀원으로서 여러 팀 프로젝트에 참여할 수도 있다. 매트릭스 조직을 구성하여 부장이 여러 프로젝트에 참여하지만 굳이 각 프로젝트의 책임을 맡아서 해결할 필요는 없다. 과장이건 사원이건 담당자가 일을 완수하기만 하면 되기에 부장이 모든 프로젝트의 책임자가 될 필요가 없다는 것이다. 계층제의 결재시스템과 같이 상하관계가 분명한 상명하복의 시스템으로 끌고 갈 필요는 없다.

이런 일의 변화가 외국에서는 기업의 구조를 팀제 조직으로 바꾼 것이다. 그런데 우리나라에서는 외국에서 발전된 팀제의 특성을 들여오기보다는 계층제적 구조나 기능은 그대로 두고 팀제를 단순히 부서의 명칭만 바뀌는 것으로 사용하곤 했다. 예를 들어 인사부의 경우는 반복적이고 단순한 인사업무를 담당함에도 불구하고 굳이 이를 인사팀이라고 부서 명칭만 바꾸어 사용하고 있다. 단순히 기존의 부장을 팀장이라고 부르기 시작한 것은 이해하기 어려운 조직설계의 벤치마킹 사례이다.

조직의 명칭과 리더의 호칭은 모두 그에 맞는 의미를 갖는 것이 중요하다. 조선시대 관직도 이런 점에서는 매우 적절한 이름을 가졌다고 할 수 있다. 지금 정부부처의 장관, 차관, 국장 등의 명칭은 모두 계층제적 조직 구성의 위계질서를 나타나는 것에 불과하다. 장관을 대신하는 것이 차관이고, 국장은 한 국의 업무를 총괄하는 대표를 지칭하는 것에 불과하다. 고전을 쉽게 번역하는 작업을 끊임없이 수행해서 지성계에 자극을 주고 있는 조선일보 이한우 논설위원이 조선시대 직급에 대해 어느 자리에서 설명해 준 것은 행정학을 전공한 필자에게 매우 신선하고 새롭게 다가왔다.

조선시대에는 장관에 해당하는 직책을 판서라고 하고, 차관을 참판, 국장을 참의라고 했다. 이를 자세히 보면 국장에 해당하는 참의는 정보나 의견을 제시하면서 위의 리더들이 판단을 잘할 수 있도록 도와주는 역할을 한다. 그래서 의견개진에 적극적으로 참여할 수 있어서 참의參議라고 한다. 다음으로 참판參判은 여러 사람에 의해 제시된 의견을 바탕으로 최종 판단을 논의하는 자리에 참여할 수 있는 자격이 주어진다. 따라서 국장에 해당하는 참의가 판단하게 되면 그것은 월권이 된다. 차관 그룹 정도에 해당하는 참판들에 의해 논의되고 결정된 것을 최종 판단하는 것이 장관인 판서判書인데, 판서는 정책의 최종판단을 하고 이에 대한 책임을 진다. 그래서 최종판단에 대해 책임감을 갖고 자신의 서명을 하는 사람이라는 뜻에서 판서라고 한다는 것이다. 요즈음 정치가나 고위직 관료들이 정책을 결정하고 논의할 때 어떤 판단력과 책임이 필요한지를 참고할 만한 좋은 역사적 사례인 것 같다.

이처럼 조직의 설계와 구조, 그리고 역할과 기능은 시대에 맞게 적절하게 조정하고 구체화하는 것이 바람직하다. 지금은 어떤 조직구조가 맞는 것일까? 어떤 일들을 어떻게 구조화하고 어떻게 기능을 재정비해야 할 것인가?

우리나라에서 조직을 운영할 때 제일 힘든 점 중의 하나가 매트릭스 조직에 대한 이해 부족이다. 한 사람이 다양한 기능을 두세 개의 단위 조직에 속해서 일을 추진하는 것이 매트릭스 조직의 특성이다. 하지만 대량생산체제의 과학적 관리법에 의한 조직 운영의 관점에서 보면 매트릭스 조직은 명령통일의 원칙에 위배된다. 상관은 오직 한 명뿐이어야 하고 피라미드 조직에서 구성원은 한 사람의 상관에게만 명령을 받고 그에게 복종하는 것이 잘 짜인 조직의 운영원리였다.

그렇지만 사실 전통적 대량생산 방식의 제조업이 아닌 다음에야 조직 내에서 일어나는 많은 다양한 일들은 서로 밀접하게 연결되어 있다. 20세기에 표준화된 일을 정교하게 잘 구성하고, 이를 세밀하게 분류하여 작은 단위 일만 담당하던 구조화된 노동은 이제 빠르게 변화하고 있다. 미국에서는 이른바 직무기술서job description라고 하여 주어진 업무만 수행하게 하는 것이 20세기식 노동의 방식이었다. 이를 통해 개인이 맡은 일에 대한 효율성을 강조하고 업무성과를 평가했다.

하지만 21세기에는 전통적 대량생산의 제조업 비율은 점점 줄어들고, 기획과 조정을 통해 복잡한 문제를 해결하는 프로젝트가 늘어나고 있다. 이 경우 효율성만 강조하여 자신에게 주어진 일만 하면 전체 조직이 추구하는 업무의 효과성이 떨어지기 쉽다. 오히려 조직에서 다기능multi-function을 능수능란하게 소화하는 프로페셔널들이 더욱 필요한 시대로 변했다.

아주 비근한 예로 2002 한·일 월드컵 신화의 주역인 히딩크 감독이 강조한 '토털 사커'total soccer를 들 수 있다. 이전에 우리나라 축구 국가대표팀 선수들은 자신의 포지션에서 공이 오기를 기다리면서 수비수는 수비만, 공격수는 공격만 잘하면 된다고 생각했다. 농구에서도 지역방어zone defence라고 하여 자기 포지션만 잘 소화하면 되는 것으로 생각했다. 하지만 지금 프로축구나 프로농구에서는 자기 포지션만 잘 지키는 선수를 좋은 선수라고 평가하지 않는다.

2002 월드컵을 맞아 영입한 히딩크의 네덜란드식 축구는 주어진 포지션만 잘 소화하면 되는 것이 아니라 선수 전원이 어떤 포지션에서나 경기에 최선을 다해서 공격과 수비를 동시에 해야 하는 것이다. 히딩크는 이런 방식의 훈련을 통해 선수들을 멀티 플레이어로 바꾸었다. 그것이 바로 토털 사커였다. 이 방식으로 성장한 가장 대표적인 선수가 박지성일 것이다. 그는 영국 프리미어리그에 가서도 가장 활동적으로 그라운드를 누비면서 공격할 때는 공격 포지션에서, 수비할 때는 수비지역에서 종횡무진 활약했다. 이로 인해 박지성은 맨체스터 유나

이티드팀에서도 퍼거슨 감독에게 가장 성실하고 믿을 만한 선수로 인정받았고 팀 공헌도가 가장 높은 선수로 평가되었다.

하지만 현실적으로 대부분의 조직에서는 대다수의 사람들이 자기가 맡은 일 이외에는 잘하려고 들지 않는다. 이런 현상이 가장 대표적으로 나타나는 곳이 바로 정부 관료 조직이다. 정부 조직과 같은 곳에서는 관련된 일이 오면 자신의 일이 아니라고 밀어내기가 십상이다. 이를 두고 관료제 이론에서는 업무 책임의 전가buck passing 현상이라고 한다. 서로 책임지지 않고 일을 상대방에게 미루면 조직 전체의 업무는 끊임없이 공회전하고 일이 빠르게 추진되지 않는다. 오죽하면 미국의 트루먼 대통령은 이를 해결하기 위해서 자신의 책상 위에 모든 문제는 자기 선에서 해결된다는 *"The Buck Stops Here!"*라는 팻말을 놓아두었을까?

요즘 협업이 중요하다고 이야기하는데, 조직과 조직 사이의 협업뿐만 아니라 조직 내 구성원 간의 협업도 중요하다. 융복합의 중요성이 강조되고 있는데도 자기의 전공이나 업무만 고집하면서 열린 네트워크를 조금도 만들어내지 못하는 사람들은 미래 조직의 특성을 이해하지 못한 것이라고 할 수 있다.

제조업처럼 분업의 원리로 일이 이루어지지 않고, 문제해결형 프로젝트로 일이 이루어지는 것이 대부분의 21세기 조직의 업무이다. 그렇기 때문에 조직 경계의 개방성과 기능의 매트릭스 구조야말로 21세기 조직의 가장 중요한 특성이 될 것이다.

20세기식 대량생산 제조업을 제외하고는, 대부분의 21세기 노동 구조는 팀 중심의 구조로 바뀌어야 한다. 정형화된 피라미드 계층제적 조직만으로는 일을 해결하기 어렵다. 주어지는 일은 끊임없이 변하고 수요자들의 요구는 복잡하고 변화무쌍하기 때문에 프로젝트 팀을 통해 일정 기간에 일을 처리해야 한다. 이 경우 자신에게 주어진 기능만을 수행한다면서 기존의 업무분장을 유지한다면 일은 효과적으로 추진되기 어렵다.

이제는 예전처럼 대량생산체제의 컨베이어 벨트에서 일어나는 일관 생산공정의 일차방정식과 같은 일이 아니라 다층적이고 복잡한 다차방정식의 일을 수행해야 하기 때문에 협업과 매트릭스 조직의 일에 익숙해지지 않으면 조직의 효율성은 현저히 떨어지게 된다. 모든 것이 남의 일이 아니라 자신의 일이라 생각하고 문제를 풀어야 조직은 발전할 수 있다.

정보화와 일자리

제 4차 산업혁명이 일어나면 수백만 개의 일자리가 없어진다고 두려워하는 사람들이 많다. 20세기에는 당연하게 존재했던 일자리가 없어질까 봐 우려하는 것이다. 일자리가 줄어드는 데 가장 결정적 요인으로는 정보화와 자동화를 들고 있다. 정보화가 진행되면 일이 자동화되고 기존의 업무는 지속적으로 줄어든다.

요즘 대부분의 기업에서는 ERPEnterprise Resource Planning라는 통합관리시스템을 활용한다. ERP는 전사적 자원관리全社的資源管理라고 하여 생산, 물류, 회계, 재무, 재고관리, 영업 등 회사의 전 부문이 컴퓨터 시스템에 의해 통합적으로 운영되는 것을 말한다. ERP를 활용하면 생산과정에서 시간배분이나 부품조달을 효율적이고 합리적으로 기획할 수 있고, 인간의 머리가 아니라 컴퓨터 시스템의 도움으로 재고관리의 효율성 등을 종합적으로 분석할 수 있다.

이러한 시스템을 기업의 운영에 활용하면 기존에 전문성을 갖고 있던 사무직 노동자의 능력은 점점 그 필요성이 줄어들게 된다. 대형화된 기업 조직에서 다양한 일들을 분류하여 체계화한 시스템에서 정확하게 일을 처리하던 사무직은 서서히 업무처리능력이 뛰어난 컴퓨터에 의해 대체되기 때문이다. 더 나아가 인공지능이 이를 대신하면 컴퓨터가 ERP 이상으로 업무를 정교하게 처리하고 자동으로 업무에 관련된 빅 데이터를 분석하여 고도의 사무직 업무까지 수행할 수 있다. 특히 직무기술서가 명확한 업무일수록 이를 컴퓨터가 대체하는 것은 시간문제이다.

그러면 사무직 노동자들은 모두 일자리를 잃을 것인가? 전통적인 방식으로 일하는 것은 급격하게 줄어들 수밖에 없다. 대신 서비스와 관련된 더 고도화된 일에 대한 수요는 늘어날 것이다. 이전처럼 오랜 시간 책상에 앉아서 수행하던 문서 작성이나 자료 정리와 같은 단순 반복적인 일들은 급격히 줄어들지만, 훨씬 적은 시간에 업무를 분석하여 새롭게 설계하거나 창의적인 아이디어를 내는 고도화된 업무량은 늘어날 것이다. 이른바 디자인 사고design thinking를 통해 복잡한 현상을 단순화하여 문제를 해결하는 고도의 분석능력이 요구되는 일들이 많아질 것이다.

보스턴대학 기술정책연구소의 제임스 베센James Bessen 교수의 2015년 저서 *Learning by Doing: The Real Connection Between Innovation, Wages, and Wealth*를 보면, 정보화와 자동화가 단순히 일자리를 뺏는 것만이 아니라 새로운 일자리도 끊임없이 만들어내고 있다고 한다. 〈월스트리트 저널〉도 "로봇이 근로자들의 끝이 아니다"라는 기사에서 베센의 주장을 인용하여 정보화가 새로운 일자리를 창출한다는 주장에 힘을 실어주고 있다.

베센은 1980년대 이후 정보화와 자동화가 일자리에 미친 영향을 통계적으로 분석하여 정보화와 자동화가 활용된 직종에서 새로운 일자리가 더 많이 창출되었다는 연구 결과를 발표했다.

대표적인 예가 은행의 자동출납기ATM이다. 사람들은 ATM이 늘어나면 창구에서 입출금하는 일이 감소하여 은행원의 일자리가 줄어들 것으로 예상했다. 하지만 미국 웰즈파고Wells Fargo 은행의 경우를 실제 분석한 결과, ATM이 도입됨에 따라 단순 입출금과 같은 일에 대한 경비의 지출과 이를 담당하는 인력이 줄어든 것은 맞지만, 그 대신에 보다 고도화된 은행 업무인 대출 상담이나 다른 서비스 관련 영업에 인력을 더 투입하여 1980년대에 비해 더 많은 직원을 은행이 고용하게 되었다.

마찬가지로 유통업계의 대규모 영업점에서 바코드 스캐너bar-code scanner를 도입한 이후 계산대에서 점원이 계산하는 시간이 전보다 18～19% 줄었다. 하지만 점원들의 숫자는 줄지 않고 오히려 늘었다. 단순한 계산원의 업무보다는 매장의 상품 배치나 안내와 같은 서비스 업무에 더 많은 점원을 투입해서 영업의 효율성을 높이는 방향으로 업무가 변했다는 것이다. 같은 이유로 법률 정보를 검색하는 자동 정보시스템이 개발되어 활용됨에도 불구하고 법무 관련 사무원의 숫자는 오히려 증가한 것도 이러한 맥락에서 이해할 수 있다.

이처럼 자동화와 정보화가 기존의 일자리를 없애고 이를 대체한 것이 아니라 전통적으로 당연하게 수행하던 일자리가 줄어들고 새로운 일자리가 늘어난다는 것이다. 아마존이 택배시스템에 드론을 활용하여 배달하게 되면 기존의 배달 업무를 담당하던 일자리는 줄어들지만 드론을 유통에 활용하는 기술을 개발하고 유통 프로그램을 더욱 고도화하는 데 필요한 인력이나 이를 운용하는 일자리는 늘어날 것이다.

마찬가지로 기존의 택배서비스에서 제공하지 못했던 더 나은 서비스를 제공하기 위해 아마존은 더 많은 사람을 고용하여 경쟁력을 확보할 수 있을 것이다.

토머스 프리드먼은 자신이 대학을 졸업한 시절에는 대부분의 사람들이 이미 세상에 존재하는 일자리를 찾아가는 취직 방법을 택했다고 한다. 하지만 요즘의 젊은이들은 자기가 잘할 수 있는 일자리를 만들어서 그곳에서 일을 해야 한다고 주장했다. 그러면서 AT&T의 전 최고전략책임자인 존 도너번과 인터뷰한 내용을 소개하였다.

"이제 우리의 새로운 사회계약은 '평생학습을 할 각오가 돼 있다면 평생직장을 가질 수 있다'는 것이다."

20세기 고용의 패러다임은 스무 살 전후하여 대학을 나오면 평생 동일한 일을 해도 정년까지 별 탈 없이 먹고 사는 것이었다. 하지만 21세기에는 일의 내용과 필요한 지식이 급속하게 변화하기 때문에 평생 새로운 지식을 습득하지 않으면 일자리를 얻기가 어려워진다.

예를 들어 회사의 인사 업무를 담당하던 사람이 매년 필기시험과 면접만으로 대졸 신입사원을 선발하는 단순한 업무방식에 머물러서는 안 된다. 대졸 신입사원을 선발해서 평생고용시스템으로 그들을 훈련하고 고용하는 것은 21세기의 관점에서 보면 낡은 인사관리 방식에 불과하다.

이제 기업의 인사관리팀은 헤드헌터 회사들이 하는 것처럼 경력직, 프로페셔널들을 다양한 네트워크를 통해 확보하는 것을 더 중요한 업무로 생각해야 한다. 그리고 고용된 직원들의 업무능력을 체계적으로 분석하여 보다 효과적으로 업무를 수행하도록 미션을 부여하는 시스템을 개발해야 한다. 또한 전문직 인력 풀 네트워크에 대한 정보를 확보하여 체계적으로 분석하고 이를 통해 더 좋은 인재들을 끊임없이 확보하기 위한 시스템을 설계하고 만들어야 한다. 더 나아가 빅 데이터 등을 이용하여 구성원들에게 어떤 일을 어떻게 분배하여 업무를 수행하도록 하는 것이 가장 바람직한지 분석해서 인사관리를 체계화하고 고도화하는 것이 필요하다.

산업혁명 이후나 대량생산체제의 등장 이후에도 그랬던 것처럼, 기술의 발전으로 산업구조가 변화하면 이전의 일자리는 대폭적으로 줄어들고 새로운 일자리는 끊임없이 늘어난다. 단지 바라보는 시점과 눈높이를 과거의 기준에 두는가, 미래의 기준에 두는가에 따라 '일자리가 없어진다'와 '일자리가 생긴다'는 인식의 차이가 발생할 뿐이다. 더 나아가 이전에는 엄청나게 많은 시간을 들여서 반복적이고 단순한 일을 하던 것에서 이제는 훨씬 적은 시간만 일하면서 보다 창조적이고 사회적 부가가치가 높은 일을 하는 것으로 변화한다.

거듭 강조하지만 1940년대와 2000년대의 근무시간 변화와 휴가일수 변화를 보면 인류는 끝없이 노동시간을 줄이고 여가시간을 늘려왔다. 작업장 근무가 아니라 재택근무가 늘어나고 고정된 과업이 아니라 프로젝트 중심의 일이 늘어나는 것에 주목해야 한다. 더 높은 부가가치의 일을 집중적으로 그리고 효율적으로 하는 것이 21세기 새로운 일자리 설계의 전제조건이 되고 있다.

정부와 시장은 끊임없이 새로운 일자리를 만들어야 한다. 기존의 일은 줄이고 새로운 일을 만드는 일자리 설계가 필요하다. 사회와 정부가 새로운 제도적 설계를 통해 새로운 일자리를 만들어내지 않고 기존의 산업구조 내에서 일자리를 늘리라고 하면 오히려 산업구조가 왜곡되고 노동시장은 경직화되고 취업의 심각한 정체 현상과 산업경쟁력의 약화는 가속화될 것이다.

정보화와 자동화에 따른 산업구조의 변화 추세를 면밀하게 분석하고 새로운 일자리에 적응하기 위한 새로운 교육시스템을 설계해야 한다. 북유럽의 많은 국가들에서 실업률이 높아도 정부가 사회안전망과 새로운 직업교육시스템을 통해 미래의 일자리를 끊임없이 만들어내는 것에 주목해야 한다.

전통적 산업구조에 집착하여 일자리 나누기 등으로 기업에 부담만 주는 것은 손쉽게 기업들에게 책임을 전가하는 단기적 정책수단에 불과하다. 정부가 더 현명해져야 한다. 단순히 20세기식 일자리 확보 정책에만 의존한다면 장기적인 사회경제 발전에 도움이 되지 않을 뿐 아니라 오히려 퇴행적일 수 있다.

정보화, 자동화, 로봇의 활용, 무인화 등은 제4차 산업혁명을 통해 획기적으로 확산될 것이다. 기존의 일은 계속해서 새로운 일로 대체될 것이다. 그렇다고 해서 일자리가 줄어드는 것이 아니라 이제까지 해보지 않았던 일이 늘어날 것이다. 이를 위해서 기업과 정부는 지속적으로 새로운 일자리를 만들기 위한 설계를 해야 하고, 개인들은 새로운 일에 적응하기 위해 끝없이 새로운 학습을 해야 할 것이다.

제4장

뉴 노멀 사회

21세기 인류의 새로운 개척

인류 역사에서 새로운 발견과 도전은 위기를 불러왔고, 그 위기를 극복하고 새로운 미래를 개척하는 과정에서 인류는 끝없이 진화해왔다. 20세기 대량 생산체제의 산업사회가 변화하면서 21세기 디지털화된 정보통신사회에도 새로운 틀이 형성되고 있다.

《총, 균, 쇠》*Guns, Germs, and Steel : The Fates of Human Societies*의 저자로 유명한 인류학자 재레드 다이아몬드Jared Diamond가 지적하듯이 이제 세계는 급격히 변화하는 제4차 산업혁명의 충격에서 벗어나 새로운 질서에 서서히 적응하고 있다. 그는 20세기 후반 컴퓨터의 등장으로 사회 전체가 변화하기 시작했고, 21세기 들어 이제 사회의 각 부분이 서서히 이에 적응해가는 '잠행적 정상상태'creeping normalcy로 진입하고 있다고 한다. 이전에는 이상하고 특이한 현상이라고 생각했던 것들이 이제 새로운 보편적 현상, 즉 뉴 노멀로 자리 잡는 것이다.

과거에는 상상하지 못했던 새로운 행태들이 나타나는 것을 기성세대들은 잘 이해하지 못한다. 젊은 세대들은 자기가 살 집은 구매하지 않아도 좋은 외제차는 구매하려고 한다. 점심식사 비용보다 비싼 커피를 쉽게 즐긴다. 밥은 굶어도 통신비를 아끼지는 않는다. 오래 쓸 수 있는 내구재의 가전제품을 구매하기보다 단 하루 즐기는 뮤지컬에 비싼 공연료를 지불한다. 그것도 한 번 보는 것으로 만족하지 않고 같은 작품을 여러 차례 반복해서 보면서 즐긴다. 작품의 줄거리가 아니라 누가 출연하는지, 그 차이는 무엇인지 등 표현 형식을 더 중요하게 여기기도 한다. 바로 집 앞에서 집 안에 있는 가족에게 휴대전화로 전화를 걸거나 문자메시지를 보낸다. 새로운 노멀이 생기고 있다.

인기 드라마작가 김수현의 작품에는 언제나 한두 가지 새로운 사회 트렌드에 대한 이슈가 등장한다. 2016년 방영한 SBS 드라마 〈그래, 그런 거야〉에서도 의사의 막내아들이 대학교에도 가지 않고 편의점 아르바이트를 하면서 돈을 모아 해외여행을 하고 여행작가가 되겠다고 한다. 20세기 기준으로 보면 비정상적이다. 언뜻 보면 부잣집 아들로서 무의도식하고 부모의 도움으로 대충 편안하게 살아가려는 것처럼 보인다.

하지만 그에게는 21세기 삶의 양식을 추구하는 뚜렷한 주관이 있다. 결코 부모에게 의존하지 않고 독립적이다. 사회적 인식에 얽매이지 않는다. 시간도 자유롭게 활용할 수 있고 자신이 가장 쉽게 일할 수 있는 아르바이트를 성실히 하며 살아가려고 한다. 더 나아가 세계 곳곳에 대한 호기심을 충족하기 위해서 자신만이 하고 싶은 여행을 하고, 그 경험을 바탕으로 글을 써서 생계를 이어가겠다는 야심찬 포부를 갖고 있다. 어른들이 살아온 세상의 상식으로는 무슨 뜬금없고 어리석은 생각이냐고 나무랄 수 있다. 그러나 막내아들은 단순히 취직해서 월급 받고 사는 컨베이어 벨트와 같은 인생을 단호히 거부하는 올곧은 미래지향적 가치관을 가지고 있다. 21세기 변화된 세상을 겪기 전에 이미 세계를 보는 관점이 형성된 기성세대는 이해하기 어려운 뉴 노멀의 전형이다.

최근 피터 힌센Peter Hinssen은 이를 두고 디지털 혁명의 제 2막이 시작되었다고 주장한다. 그러면서 이런 변화의 시대를 새로운 정상상태, 즉 '뉴 노멀의 시대'라고 규정한다. 즉, 이전에 '노멀'이라고 생각했던 패러다임이 끝나고 새로운 패러다임의 노멀에 살게 되었다는 것이다.

헌센은 뉴 노멀 시대에 들어오면서 대형 시장이 사라지고 인터넷 커뮤니티가 이를 대치하게 되었다고 지적한다. 백화점이 사라지고 온라인 쇼핑몰이 등장하고, 제품을 직접 보고 구매하기보다는 인터넷이나 홈쇼핑을 통해 택배로 주문하는 소비패턴이 늘어난다. 은행에 직접 가기보다는 인터넷 뱅킹을 통해 계좌거래를 한다. 이전에는 거래를 할 때 현금만 썼다. 더 이전에는 엽전을 쓰고 물물교환을 하던 시대도 있었다. 멀리 올라갈 필요도 없이 현재의 기성세대에게는 현금을 쓰는 것이 거래의 기본이었다. 그러다가 현금 이외의 결제수단으로 미국에서 수표를 쓰기 시작했고, 다시 신용카드를 쓰다가 이제는 휴대폰 결제를 통해 거래에 대한 지불을 한다.

이런 뉴 노멀들이 물밀듯 밀려오기 때문에 많은 사회비평가들이나 미래학자들은 새로운 인류 문명사의 변화에 빠르게 적응하는 것이 필요하다고 한다. 예를 들어 리처드 플로리다의 주장 같이 인류는 또 한 차례의 위대한 리셋을 하지 않으면 안 된다.

리처드 플로리다는 《제3차 세계 리셋》에서 1870년대 장기 불황과 1930년대 대공황에 이어 이제 새로운 변화의 시기가 도래했다며 3차 리셋의 등장을 예고했다. 1차 리셋은 1873년에 시작된 장기 불황의 결과로 일어났다. 앞에서 살펴본 바와 같이, 불황의 위기 속에서도 새로운 기술을 통해 개발한 발명품을 양산하는 시점을 계기로 획기적인 변화가 일어난 것이다.

1차 리셋 기간을 거치면서 인류는 엄청나게 많은 기술을 탄생시켰다. 농기계, 타자기, 재봉틀, 자전거, 엔진 등 새로운 기술이 등장했고 새로운 에너지 시스템이 출현했다. 에디슨, 웨스팅하우스, 벨 등 수많은 발명가들이 산업시스템을 획기적으로 변화시키는 계기를 만들었다.

새로운 발명은 기계뿐만 아니라 다양한 사회시스템도 변화시켰다. 예를 들어 자동차가 등장한 후 신호등을 포함한 많은 도로교통시스템이 획기적으로 변화했다. 많은 신기술이 등장하면서 대학에서는 기술을 체계적으로 가르치는 공과대학을 설립했다. 기업에서도 기술을 연구하고 기술을 운영하는 관리자들이 등장하였다. 즉, 기술을 기반으로 하여 모든 사회시스템이 근본적으로 변화한 것이다. 이것이 인류의 첫 번째 리셋이다.

2차 리셋은 1930년대 경제대공황으로 인해 일어났다. 플로리다에 의하면 경제대공황 이후 10년 동안 사상 최대 규모로 연구개발비가 증가하였고, 1990년대보다 세 배 이상의 생산성 향상이 나타났다고 한다. 이런 관점에서 볼 때 1990년대가 반도체, 정보통신 등의 등장으로 생산성이 많이 향상된 것으로 이해되지만 이것이 사회 전반에 걸쳐 시스템의 변화를 초래하는 영향력을 갖기에는 아직 초기단계이다. 시간이 지나면 상상하지 못할 정도의 생산성 향상이 기하급수적으로 나타날 것이다.

2차 리셋 기간에는 생산성을 높이기 위해 대량생산시스템이 도입되었고 대학교육이 획기적으로 확대되었다. 제 2차 세계대전 이후 미국에서 엄청난 고속도로 건설 붐이 일어났고 자동차 회사인 포드의 생산방식이었던 대량생산체제가 확산되면서 자동차가 양산되었다. 미국에서 1930년대 2,000만 대에 불과하던 자동차 등록대수가 1960년대에는 6,000만 대, 1970년대 초에는 1억 대를 넘어섰다.

주거 형식에서도 선호하는 거주지역이 도심에서 교외로 옮겨가면서 신도시와 같은 새로운 생활방식이 나타났다. 이로 인해 주택의 대형화와 함께 대량생산, 대량소비가 급속히 팽창하는 새로운 사회시스템이 정착하였다. 2차 리셋 기간의 사회적 변화는 주거, 고용, 교육, 교통, 사회 전반에 걸친 변화로 나타났다.

이제 21세기에 들어서면서 컴퓨터, 인터넷, 인공지능, IoT 등이 사회 전반에 영향을 미치는 3차 리셋이 일어나고 있다. 1차 리셋과 2차 리셋에서 경험한 것과 같이 위기가 기회로 변화한 것이다. 리셋은 일부 제품이나 발명품이 새롭게 등장하는 것뿐 아니라 사회시스템 전반이 새로운 형태로 재구조화되는 것을 의미한다.

IoT나 인공지능을 활용하는 무인자동차, 전기자동차, 수소자동차 등 새로운 교통체계가 나타나면 석유 등 화석연료에 의존해온 에너지 생산방식에도 획기적인 변화가 일어날 것이다. 주유소와 주차장이 사라지고 운전기사도 사라질 것이다. 더 나아가 드론이 공중 이동수단으로 등장하면 자동차는 완전히 새로운 개념으로 바뀔 것이다.

앞에서 설명한 것과 같이 일의 내용이 달라지면서, 고용의 특성이 변화하고 있다. 고용이 변화하면서 주거 패턴이 바뀌고 가족의 특성까지 바뀌고 있다. 수명의 연장으로 산업 수요가 달라지고, 글로벌 네트워크의 확산으로 세계화의 특성도 급격히 변화하고 있다. 이제 새로운 생활양식, 즉 뉴 노멀이 우리 삶을 지배하게 된 것이다. 흔히 이야기하는 제4차 산업혁명도 바로 이러한 새로운 인류 문명의 리셋을 의미하는 것이다.

그렇다면 과연 인류는 어떤 과정을 통해 이처럼 끝없이 진화하고 있는가? 새로운 뉴 노멀에 적응하기 위해서는 어떤 준비를 해야 하는가? 뉴 노멀을 위기로만 볼 것인가? 뉴 노멀 사회에서 성공하기 위한 조건들은 무엇인가?

21세기 인류 문명사의 변화

유발 하라리의 《사피엔스》에 따르면, 인류는 수렵과 채취의 시대에서 농경시대로 발전하다가, 다시 산업시대로 진화하였다. 이제 21세기에는 산업시대를 넘어서 지식시대로 진입하고 있다. 문명사적 대전환기라고 할 수 있는 21세기로 들어서면서 인공지능과 함께 기계와 인간이 공존하는 인류의 새로운 진화가 예견되고 있다.

까치가 높은 나무 위에서 집을 짓는 것을 보면 신기하기도 하고 지능이 뛰어난 것처럼 보이기도 한다. 까치는 부지런히 물어 온 작은 나뭇가지나 지푸라기를 엮어 정교하게 지은 둥지에서 알을 낳아 품고, 새끼들이 세상에 나오면 벌레를 물어다 먹인다. 새끼들이 자라 날갯짓을 할 때까지 둥지는 이들의 보금자리가 된다. 하지만 까치가 이렇게 집을 짓고 새끼를 키우는 방식은 수천 년이 지나도 변화하거나 진화하지 않았다.

그에 반해 인간은 끊임없이 진화하고 있다. 원시시대에 토굴을 파고 움막을 짓는 집짓기 방식과 지금 1백 층이 넘는 마천루를 짓는 방식은 전혀 다르다. 피라미드는 짓는 방식도 신기하고 대단한 문화유산으로 볼 수 있다. 이를 두고 위대한 인류 문명의 성취라고 했지만, 요즘 내진설계를 하고 수백 미터 높이의 빌딩을 건설하는 것을 보면 인간이 개발하는 기술의 진보는 끝이 없어 보인다.

왜 그럴까? 인류는 문제해결 능력을 갖고 끊임없이 도전하고 변화를 추구하면서 더 나은 방법으로 자연선택을 해왔기 때문이다. 기록할 수 있는 문자를 개발해서 지식을 축적했고, 새로운 실험을 통해 지식을 끊임없이 확장시켜왔기 때문에 가능한 것이다.

유발 하라리도 《사피엔스》에서 인류가 생물학적으로는 그리 대단한 존재가 아님에도 불구하고 자신들을 위한 자신들만의 세계를 만들어온 것이 놀랍다고 한다. 인간에게 덜 필요한 생물의 종은 궤멸시키고, 반대로 농경사회를 거치면서 자신에게 필요한 가축들을 엄청나게 번식시킨 사실에 주목한다. 인간에게 위협이 되는 대형동물들은 인류가 정착하고 번성하는 과정에서 모두 소멸시킨 것이다.

하라리에 따르면 호주에서는 50킬로그램 이상 동물 24종 중 23종이 멸종되었다. 미 대륙에서는 인간이 대륙에 발을 들여 놓은 지 2천 년 만에 대형동물 47속 중 34속이 사라졌고, 남미에서는 60속 중 50속이 사라졌다. 대신에 1만 년 전에는 몇백만 마리밖에 지구상에 존재하지 않았던 양, 돼지, 소, 닭을 인간의 필요에 의해 엄청나게 번성시켰다. 현재 양, 돼지, 소가 각각 10억 마리 이상, 닭은 250억 마리 이상이 사육되고 있다고 한다.

인류가 국가를 만들고 사회를 운영하는 방식은 동물의 세계와는 커다란 차이를 보인다. 개미나 벌들도 매우 체계적인 시스템을 구축하고 사회질서를 만들고 있지만 인류가 사회를 조직화하고 법을 정하여 질서를 구축하고 도시를 건설하는 능력과 비교하면 천지 차이인 것을 알 수 있다. 게다가 인류는 이러한 문명을 끝없이 발전시켜 나간다.

인류가 엄청난 사회적 협력망과 질서를 만들어내면서 발전할 수 있었던 것을 하라리는 인간이 가진 상상력과 문자 때문이라고 한다. 하라리의 또 다른 책 《호모 데우스》에 의하면 인간은 상상력으로 윤리와 가치체계, 종교와 신을 만들었고, 문자로 지식을 축적하고 전수할 수 있었기 때문에 다른 동물과 달리 이 지구를 점령하게 되었다. 그 과정에서 지식을 효율적으로 전수하고 새로운 지식을 만들어내기 위한 교육은 인류의 문명사에서 무엇보다 중요했다.

이제 21세기에 인간의 지식이 자신들의 생물학적 능력의 한계를 뛰어넘게 되면서 인류는 기계와 공생하며 생명과 지식의 영역을 확장시키고 있다. MIT대학의 브린욜프슨Erik Brynjolfsson 교수와 맥아피Andrew McAfee 교수는 《제 2의 기계시대》*The Second Machine Age*에서 21세기가 되면서 인간과 기계의 공생이 시작된다고 선언하고 있다. 물론 20세기에도 자동차, 철도 등 교통수단과 생산과정에서 기계의 도움을 받아 인류가 엄청난 발전을 이룬 것은 사실이지만 이것은 대부분 인간의 육체적, 물리적 능력을 돕기 위한 인간과 기계의 공생이었다. 하지만 21세기에는 지적 능력을 돕기 위한 기계와 인간의 무한한 공생 시대가 열린다는 것이다.

로봇과 인공지능으로 대표되는 '지식이 내재된 기계'는 인간의 삶과 사회 행동을 근본적으로 바꿀 것이다. 빅 데이터와 IoT를 통한 컴퓨터와 통신의 인간생활의 내재화는 자율주행자동차뿐 아니라 빌딩에너지 관리시스템 등 인간생활의 전 분야에 확산될 것이다. 이 과정에서 인간과 기계의 공존으로 실업, 노동, 소득격차, 승자독식 등의 사회적 문제가 심화되고 더욱 새로운 사회적 변화가 일어날 것이다.

인류는 21세기 지식사회로 진입하면서 보다 많은 경제적 부의 창출이 지식을 통해 이루어진다는 것을 알게 되었다. 그렇기 때문에 지식에 대한 투자와 욕구는 지속적으로 늘어나고 있다. 전 세계적으로 지식을 획득하기 위한 교육의 수요가 급격히 증가하는 것은 이를 잘 증명해주고 있다.

21세기가 지식사회로 변화한다는 것은 고등교육을 받는 인구가 급격히 증가하는 것을 보아도 잘 알 수 있다. 한국고등교육개발원의 〈고등교육 통계분석 자료집〉에 따르면 우리나라는 학령인구 대비 대학진학률이 1960년대에 6%였고 80년대 초 대학 졸업정원제 정책이 실시되어 대학 정원이 급격히 증가하기 전까지는 11.4%에 머물렀다. 그러나 소득수준의 향상과 급격한 대학 신설 및 정원 증가로 2000년대에 들어 52.5%를 넘더니 2015년에는 70.8%까지 증가했다.

이런 엄청난 교육열이 우리나라에만 해당되는 것은 아니다. 이제 OECD 국가들에서도 많은 변화가 나타나고 있다. 전통적으로 독일 등 유럽의 경우에는 고등학교만 졸업해도 대학교를 졸업한 사람과 임금의 차이도 그리 크지 않았다. 이전에는 학력 수준이 삶의 질이나 인생의 행복에 큰 영향을 끼친다고 생각하지 않았기 때문에 굳이 대학을 가려고 하지 않았다.

하지만 이런 현상은 21세기 들어서서 급변하고 있다. OECD의 통계를 보면 2000년에는 OECD 국가들에서 평균 26.4%가 대학에 진학하여 고등교육을 받았는데, 10여 년 후인 2013년에는 대학진학률이 40.5%로 급증했다. OECD 국가들에서 10여 년 사이에 두 배 가까운 비중으로 고등교육을 받는 인구가 늘어난 것이다.

지식이 새로운 부와 가치를 증대시켜 준다는 것을 알게 되면 지식에 대한 투자는 더욱 강화된다. 그리고 20세기의 정형화되고 객관화된 교과서와 같은 지식이 아니라, 21세기는 보다 고도화된 지식을 요구하기 때문에 지식의 습득을 위해 더 많은 투자를 하게 된다. 기존의 지식이 1차원적 지식이라면 이제는 2차원을 넘어 다차원적인 지식이 필요하게 되었다.

이러한 투자를 통해 얻어야 할 지식은 단순한 형식지를 넘어서 고도의 문제해결 능력을 포함한 암묵지暗默知로 변화한다. 또한 지식의 내용이 매우 빠른 속도로 변화하기 때문에 단 한 번의 교육을 통해 평생의 지식을 얻기보다는 끝없이 지식을 습득하기 위한 지속적인 투자가 필요하다. 이처럼 지식 패러다임의 변화 속도가 너무 빠르기 때문에 21세기 들어서 사람들은 더 불안해하고 더 많은 지식의 습득에 대한 강박감에 시달리기도 한다. 부모들은 사교육에 엄청난 투자를 해서라도 자녀를 더 좋은 교육을 받을 수 있는 일류대학에 보내려고 안간힘을 쓰게 된다.

그렇기 때문에 직업 안정성에 대한 걱정도 더 심각해진다. 빠른 속도로 변화하는 사회시스템에서 기존의 직업이 빠르게 없어진다는 것은 그만큼 새로운 지식을 습득할 필요성이 높다는 것을 의미한다. 20세 전후하여 한 번 배운 전공지식으로 평생을 살아가기에는 사회가 너무 빠르게 변하고 있다. 그렇기 때문에 없어지는 직업을 걱정하기보다는 새로운 지식과 기술을 새롭게 배워야 한다. 사회시스템의 변화에 따라 새로운 지식을 필요로 하는 직업은 끝없이 늘어날 것이다. 결국

이에 적응하기 위해 새로운 지식을 지속적으로 습득해야 하는 시대가 현실로 다가오고 있다.

대체로 기술의 진보를 통해 문명이 획기적으로 바뀌는 데에는 일정한 숙성기간이 필요하다. 산업혁명이 일어난 후, 혁명의 결과는 20~30년 동안의 숙성기간을 거쳐 폭발적으로 확산되었다. 처음 증기기관의 보급이 그랬고, 전기의 보급을 통한 산업구조와 문명의 변화가 그랬고, 컴퓨터의 보급을 통한 인류 문명의 변화가 그렇게 나타났다.

하지만 이전의 기술과 지식의 숙성기간에 비해 21세기의 변화는 더 빠르게 진행되고 더 광범위한 영향력을 끼치고 있다. 이제 이런 변화과정에서 인공지능과 IoT에 의한 산업과 지식의 변화가 획기적으로 인류 문명과 사회를 변화시킬 변곡점이 서서히 다가오고 있다. 커즈와일이 지적한 특이점singularity의 시간이 점점 다가오고 있는 것이다.

커즈와일은 기하급수적인 속도로 발전할 정보처리 능력으로 인해 2045년을 전후하여 인류 역사에서 획기적인 특이점의 시기가 올 것으로 예측하고 있다. 특이점이란 기술이 오히려 인간의 지적 능력을 초월하는 순간이다. 물론 인간의 지능을 넘어서는 능력을 갖는다고 해서 기계가 인류가 갖고 있는 근본적인 특성인 인간성까지 초월하는 것은 아니다. 하지만 지식이나 정보처리 능력에서는 컴퓨터가 인간의 생물학적 능력을 초월하는 시기가 도래한다는 것이다.

특이점이 나타날 2045년 즈음에 인간과 기계의 공생관계는 더욱 심화되어서 인간의 생물학적 능력으로 상상할 수 없는 세계를 만들어낼 수 있다는 데 많은 미래학자들이 동의하고 있다. 그리고 그러한 현상들은 상호작용을 통한 시너지 효과로 기하급수적인 변화를 엄청난 속도로 만들어낼 것으로 본다.

토머스 프리드먼은 최근 저서 《늦어서 고마워》에서 우리가 잘 인식하지 못했지만 이러한 인류 기술의 비약적 변화의 출발점을 2007년이라고 주장했다. 2007년에는 스티브 잡스가 아이폰을 출시하고, 아마존이 킨들을 출시하고, 페이스북이 사이트를 개방하고, 트위터가 자신의 플랫폼으로 출범하고, 구글이 유튜브를 사들이고, 안드로이드를 출범시키고, IBM Watson이 최초의 인지컴퓨터로 등장했다. 또 청정에너지 혁명이 시작되고, DNA 염기서열 분석 비용이 급격히 떨어졌다. 즉, 2007년은 인류 역사상 기술의 비약적 발전을 집적화하여 가속화시키는 시대로 접어드는 '티핑 포인트'tipping point였다는 것이다.

이러한 기술의 티핑 포인트는 상호작용을 하면서 발전을 거듭해서 상상을 초월하는 기하급수적 기술변화를 야기한다. 전기가 다양한 사회 분야에서 활용되면서 인류사회에 엄청난 변화를 촉발했던 것처럼 21세기 정보통신 기술의 발전이 인간의 삶을 송두리째 바꾸어 놓을 수 있다는 것은 쉽게 예견할 수 있다. 이런 과정에서 이전의 사회적 특성과 전혀 다른 새로운 뉴 노멀이 등장할 것은 분명하다.

뉴 노멀의 등장

이제 뉴 노멀로 변해버린 21세기의 사회문제를 직시하는 것이 필요하다. 21세기 들어서 너무 빨리 변화된 인간과 사회에 대해 심도 있는 연구와 고민이 없으면 미래사회는 혼란과 무질서, 비효율로 점철될 수밖에 없다. 사회가 엄청나게 빠른 속도로 변화하는 가운데 새롭게 등장하는 뉴 노멀을 어떻게 이해할 것인지 고민해야 한다.

쉬운 예를 하나 들어보자. 요즘 아들만 있는 집들의 가장 큰 고민 중 하나는 아이가 게임만 한다는 것이다. 부모들은 정부가 게임을 할 수 있는 시간을 제한해야 한다고도 하고, 게임산업을 규제해야 한다고도 한다. 중고등학교에서 남학생들이 여학생들에 비해 학업능력이 처지는 이유가 게임에 몰두하기 때문이라고 생각하는 부모도 많다.

지금은 모두 성인이 되었지만 우리집 아이들도 이전에는 마찬가지의 경험을 했다. 어느 날 저녁 집에 돌아왔을 때, 거실에서 컴퓨터 게임을 중계하는 케이블TV에 빠져있는 아이들을 보고 야단친 적이 있었다. 게임을 하는 것도 모자라서 게임을 중계하는 프로그램까지 보느냐고 역정을 낸 것이다. TV에서는 아나운서가 스타크래프트 게임이 벌어지는 상황을 중계하는 사이사이 게임 해설자가 게임 장면에 대해 해설하고 있었다. 세상이 참 한심하게 변하고 있다고 한탄했다. 기성세대로서 자녀들이 책을 잘 안 읽고 TV나 영화를 즐기는 것까지는 이해하겠지만 전자오락이라 부르는 게임에 빠져서 시간을 낭비하는 것은 참을 수 없었다.

아이들을 자기들 방으로 내쫓고 채널을 돌리다가 바둑 채널이 나왔다. 대국 중계가 한창이었고, 바둑 유단자가 나와서 누가 유리한지 이런 수에는 어떻게 응수해야 하는지 열심히 해설하고 있었다. 그렇지! TV를 보려면 이런 바둑 중계방송을 보면 모를까? 바둑을 두면 머리나 좋아지지. 쓸데없이 웬 게임을 하고, 게다가 다른 사람이 게임하는 것을 보고, 그걸 중계하고 해설까지 하다니.

하지만 잠시 후 머리를 때리는 무언가가 있었다. 바둑과 게임이 무엇이 다르지? 바둑은 우리 세대와 이전 세대가 하던 게임이고 스타크래프트는 요즘 세대가 하는 게임 아닌가? 당연히 게임에서 이기려면 다른 사람들이 어떻게 게임하는지를 보는 것이 중요하지 않은가? 게다가 어떻게 전략을 짜고 공격해서 승리할 수 있는지를 분석해주는 해설자의 역할이 필요한 것은 아닌가?

자신에게 익숙하지 않다고 젊은이들이 즐기는 새로운 문화를 비난한 고루한 기성세대가 된 것 같아 씁쓸했다. 지금 게임산업은 기성세대들은 이해하지 못하지만 전 세계에서 새로운 전자스포츠산업으로 엄청난 성장을 하고 있다. 팝송을 들으면서 공부한다고 부모에게 야단맞고 자랐던 우리 세대가 이제는 어른이 되어 K-Pop에 열광하고 콘서트를 찾아다니는 오빠부대의 아이들을 이해하지 못하면서 혀를 차는 격이 된 것이다. 새 술은 새 부대에 담아야 한다는 진리를 다시금 곱씹어야 할 시점이 왔다.

〈2017 대한민국 게임백서〉에 따르면 2016년 우리나라 게임시장 규모는 10조 8,945억 원이고, 2017년에는 11조 원을 넘어설 것으로 전망했다. 2016년 우리나라의 게임 수출액은 32억 7,735만 달러였고, 세계 게임시장의 규모는 1,428억 달러에 달했다. 2016년 우리나라 게임산업 종사자는 7만 4,000여 명에 달하고, 게임 유통업체로 PC방이 1만 655개, 아케이드 게임장은 800개라고 한다. 이처럼 어른들이 이해하지 못하는 가운데 게임은 하나의 중요한 전자산업으로 자리 잡은 것이다.

또한 〈2016년 e스포츠 실태조사 및 경제효과 분석〉이라는 보고서에 의하면 전자게임 프로선수들의 평균 연봉은 6,406만 원으로 나타났다. 하지만 한국콘텐츠진흥원의 〈2017년 e스포츠 실태 조사보고서〉에 따르면 2017년에는 평균 연봉이 9,770만 원으로 전년보다 52% 상승했다고 한다. 이 가운데 SKT 소속으로 일명 '페이커'라는 이상혁 선수의 연봉은 30억 원이 넘는 것으로 알려져 우리나라 프로야구 선수 중 최고 연봉을 받는 이대호 선수보다 5억이나 더 많았다.

e스포츠의 큰 대회는 축구장을 가득 메우는 규모인 4만 명 정도가 관람을 하고 5천만 명이 시청을 한다. LoL 게임 결승전은 미국 프로야구 월드시리즈 7차전보다 많은 사람들이 시청했다고 한다. 전자게임인 e스포츠 대회에도 프로축구의 프리미어리그처럼 1군, 2군, 3군이 있고, 미국 LA에는 e스포츠 전용 경기장도 있다. 블리자드의 오버워치 리그에서는 팀에게 제공되는 총 보너스가 39억 원쯤 되고 우승팀은 11억 원을 받는다고 한다. 어른들이 모르는 뉴 노멀의 세계가 지금 엄청난 속도로 펼쳐지고 있다.

미국 캘리포니아대학University of California의 11개 캠퍼스 가운데 UC Irvine은 다른 UC대학들에 비해 신생대학이다. 1965년 개교하여 이제 겨우 50년이 조금 지났다. 그렇기 때문에 이미 명문이 된 UC Berkeley, UCLA, UC San Diego에 비해 매우 적극적으로 개혁적인 방법으로 대학을 발전시키려고 노력하고 있다. 아시아권 대학들과 연계하여 글로벌화를 적극적으로 추진하고 있고, Irvine시에 한국 커뮤니티가 잘 발전된 점을 활용하여 미국에서 최초로 대학 내에 '한국법센터'를 설립하는 등 다양한 변화를 모색하고 있다. 이처럼 발 빠른 변화의 결과로 얼마 되지 않은 기간 동안에 UC Irvine 로스쿨이 미국 로스쿨 가운데 5위에 진입하는 기록을 올리기도 했다.

이 대학의 또 다른 흥미로운 전공이 e스포츠와 게임 사이언스이다. 전자게임을 대학의 전공으로서 하나의 학문 분야로 연구하고 교육하고 있다. 호기심이 생겨서 이 대학의 게임 사이언스 전공 주임교수를 만나보기로 했다. 양쪽 귀에 귀걸이를 하고 찢어진 청바지를 입고 나타난 남자 교수가 이 대학의 e스포츠와 게임 사이언스를 담당하는 주임교수였다. 교수라기보다는 대학원생 같았고, 대학원생 중에서도 매우 앞서가는 진보적 학생 같았다.

그는 UC Irvine이 미국 게임산업의 미래를 이끌 것이라고 확신했다. UC Irvine은 미국에서 게임을 잘하는 학생들을 전액 장학생으로 스카우트한다. 마치 다른 미국의 대학들이 미식축구나 농구 선수들을 스카우트하는 것과 같다. 장학생들은 미국 게임대회에서 종종 우승을 한다고 한다. 주임교수의 설명은 이들이 단순히 기술적으로 게임만을 하는 것이 아니라 게임의 메커니즘을 알 수 있도록 게임을 만드는 컴퓨터 프로그램을 배우고, 게임의 콘텐츠와 스토리의 전개를 이해하도록 가르쳐서 프로게이머로 육성한다는 것이다.

더 나아가 이 전공을 위해 UC Irvine은 인류학, 미술, 컴퓨터 사이언스, 공학, 역사, 의학, 심리학, 과학기술학 등 다양한 학문을 융합하여 혁신적인 연구를 하는 '가상환경과 컴퓨터게임연구소'Institute for Virtual Environments and Computer Games를 운영하고 있다. 이곳에서 다양한 분야의 전공교수들이 융합연구를 함으로써 게임을 통해 미래산업의 기술개발을 추진하고 있다.

우주비행사들이 먹어야 할 우주항공식을 개발하기 위해 발명된 것이 급속냉동건조 기법이었다. 이 기법에 의해 만들어진 음식은 뜨거운 물만 부으면 요리가 된다. 이러한 우주항공식의 기법이 응용되어 인스턴트커피, 컵라면 등 다양한 인스턴트식품의 개발이 가능했다. 이처럼 e스포츠를 통해 게임의 기술이 발전함에 따라 3D, VR 등 영상기법이 크게 발전하고 있다. 전자게임과 관련된 영상기술이 발전하면 실생활에서도 로봇, 자율주행 등 다양한 분야에서 응용될 수 있다.

따라서 단순히 게임만 하기 위해 새로운 영상기술이나 프로그램에 관심을 가질 것이 아니라 이를 통해 엄청난 기술의 파급효과가 사회 전반에 미치는 것을 눈여겨보아야 한다. 즉, 게임기술의 부가가치가 다양하게 확산될 수 있다는 것이다.

최근 컴퓨터 연구로 유명한 미국 동부의 카네기멜론대학이 엔터테인먼트 기술을 전공으로 하는 학부를 신설했다. 그것도 펜실베이니아주 피츠버그에 있는 본교 캠퍼스가 아니라 서부의 실리콘밸리에 새로운 캠퍼스를 만든 것이다. 캘리포니아의 영화산업과 엔터테인먼트산업의 본고장에서 컴퓨터와 정보통신을 이용한 신기술을 만들어내겠다는 것이다.

요즘 엔터테인먼트는 단순히 재주 많은 연예인들의 공연에서 그치지 않는다. 지금 앞서가는 연예계 스타들의 활동을 보면 엄청난 첨단 기술을 활용하여 라이브 쇼를 준비하고 뮤직비디오를 만든다. 우리나라의 K-Pop 스타들도 이미 대규모 무대에서 홀로그램을 활용하여 현장에 있지 않고도 마치 현장에 있는 것처럼 공연하는 것을 볼 수 있다. 홀로그램 기술은 연예계뿐 아니라 다양한 분야에서 활용될 가능성이 높다.

얼마 전 KBS스페셜이 제작한 〈감성과학 프로젝트 - 환생〉에서 가수 김광석이 홀로그램 기술을 통해 20년 만에 다시 살아나와 친구들과 이야기하고, 세상을 떠난 뒤 20년의 세월을 이야기하는 모습이 방영되었다. 20년 전에 죽었던 사람의 생각과 모습을 홀로그램 기술을 이용해 오늘 다시 재현하는 것이 가능해진 것이다. 이러한 콘텐츠는 콘서트나 게임 등의 엔터테인먼트 기술을 활용하여 만들어진 것이다.

일전에 대흥행이 된 스키점프 국가대표 선수들을 주인공으로 한 〈국가대표〉라는 영화가 있었다. 김용화 감독은 영화의 마지막 30분 정도의 장면은 모두 슈퍼컴퓨터를 활용하여 컴퓨터 그래픽으로 제작했다고 밝혔다. 실제로 배우들이 스키점프를 하는 것은 위험하기 때문에 이를 스튜디오에서 촬영하고 바람에 얼굴 근육이 움직이는 장면 등은 모두 컴퓨터 그래픽으로 처리해야 했다. 실제처럼 보이기 위해서는 슈퍼컴퓨터를 활용하여 삼각함수까지 동원한 공식을 통해 얼굴이 변화하는 이미지를 컴퓨터 그래픽으로 만들어야 했다는 것이다.

〈벤자민 버튼의 시간은 거꾸로 간다〉라는 영화는 브래드 피트가 연기한 주인공이 노인으로 태어나서 나이를 거꾸로 먹어 아이가 되어 세상을 떠난다는 줄거리의 작품이다. 브래드 피트와 비슷한 얼굴이 늙은 모습에서 어린 모습으로 변하는 것을 보고 다양한 연령대의 비슷한 얼굴의 배우를 잘 섭외했다고 감탄했었다. 그런데 이 영화의 제작에 관련된 유튜브 동영상을 보고 주인공의 얼굴은 모두 합성된 컴퓨터 그래픽이라는 것을 알고 깜짝 놀랐다. 영화를 보면 배우가 실제로 연기를 하는 것 같지만 연기를 하는 배우의 모습을 기본 틀로 해서 모든 얼굴을 컴퓨터 그래픽으로 매 컷마다 제작해서 얼굴만 떼다 붙인 것이다. 이제 이런 기술의 진보에 놀랄 수밖에 없다.

영화뿐 아니라 많은 연예나 스포츠 분야에서 기술 진보의 가능성은 무궁무진하다. 이제 제조업이 아니라 서비스 산업에서 새로운 기술과 수익의 창출은 엄청난 부가가치와 새로운 직업을 만들 것이다. 20∼30년 전에는 아무도 가계소득의 상당 부분이 정보통신비와 디지털 콘텐츠 이용료로 사용될 것이라거나, 이 분야의 직업이 이처럼 끝없이 발전하리라고 예측하지 못했다는 점을 생각하면 쉽게 이해할 수 있다.

최근 빅 데이터를 분석하는 기업인 '다음소프트'의 연구원들이 펴낸 《2018 트렌드 노트》를 보면 우리 사회의 뉴 노멀이 어떻게 변하고 있는지에 또 한 번 놀라게 된다. 이 책에서는 공간에 관한 뉴 노멀의 모습을 잘 보여주고 있는데, 그 가운데 여가의 특성이 급변하는 것은 매우 인상적이다. 가장 대표적인 이야기가 요즘은 일하고 나서 쉬거나 노는 것이 아니라 놀기 위해서 일한다는 것이다.

금요일 저녁이 되면 일주일 동안 직장생활의 스트레스와 피곤함을 잊고 친구들과 만나 편하게 술 마시고 노는 현상을 '불금'이라고 했다. 불타는 금요일이라고 해서 '불금'이라고 하던 단어가 얼마 전에 생긴 신조어라고 생각했는데 최근 몇 년 사이에 이런 현상이 사라졌다고 한다. 요즘은 금요일 오후가 되면 서둘러 퇴근하고, 가족이나 친구들과 함께 지방이나 외국으로 여행을 떠나야 하기 때문에 '불금'이 없어지고 오히려 술 마시고 편안하게 친구들과 노는 요일로 목요일이나 일요일을 선호한다고 한다.

《2018 트렌드 노트》는 최근 젊은이들이 선호하는 공간과 장소에 대한 트렌드를 SNS 빅 데이터 분석을 통해 잘 설명하고 있다. 여기에 소개된 한 가지 재미있는 결과를 보면, 놀랍게도 숙박과 항공기 등 예약이 제일 많은 요일이 개인적인 일을 하거나 쉬는 주말이 아니라 직장에서 바쁘게 일해야 하는 월요일이라고 한다. 왜냐하면 주말에는 이미 여행을 가서 즐기고 있기 때문에 다음 주 여행을 가거나 놀기 위한 예약을 할 여유가 없다는 것이다. 대신에 월요일 회사에 출근하자마자 금요일부터 시작되는 주말여행을 떠날 준비를 하기 때문에 다른 요일에 비해 월요일에 예약이 가장 많다는 것이다. 요즘은 인터넷으로 예약을 하기 때문에 주말의 제약이 있는 것도 아니고, 여행사가 주말에는 일을 하지 않기 때문일 거라고 생각하려고 해도 다른 요일인 아닌 월요일에 예약이 제일 많다는 것은 놀랄 만한 일이다. 이런 현상은 기성세대의 관점에서 보면 엄청난 뉴 노멀이다. 이전 세대와 달리 젊은이들은 직장이나 일이 아니라 가족, 친구와의 여행이나 여가를 우선으로 생각한다는 것을 잘 보여주고 있다.

사회 곳곳에서 '워라밸'이라는 말을 흔하게 들을 수 있다. 워라밸은 'Work Life Balance'라는 표현에서 요즘 스타일로 앞 자만 따서 만든 신조어이다. 'You Only Live Once'라는 말을 줄여서 YOLO족이라고 하는 신세대는 단 한 번 사는 인생을 최대한 즐기려고 한다. 결혼도 하지 않고 자식 부양을 하는 것보다도 자신의 삶을 최대한 즐기기 위해 일하고 돈을 번다는 것이다.

이제 우리 주위에는 새로운 사회 현상들이 뉴 노멀이 되어서 끝없이 나타나고 있다. 뉴 노멀이 나타나면 새로운 사회시스템을 디자인하는 것이 필요하다. 하지만 익숙한 과거와 기존의 이해관계로 인해 새로운 변화로 개혁하는 것이 그리 쉽지만은 않다. 세대 간에 서로 이해하기 어려운 이유가 바로 뉴 노멀을 이해하는 정도가 다르기 때문이다.

사회 전반에 걸쳐 뉴 노멀이 나타나는 것은 지금 우리에게만 벌어지는 것은 아니다. 산업구조에서도 역사적으로 많은 뉴 노멀들이 나타나곤 했다. 예를 들어 백여 년 전만 해도 런던에서는 저녁이 되면 가스등을 켜서 음침한 거리를 밝히곤 했다. 날이 어두워지기 시작하면 불을 붙인 긴 막대기를 든 사람이 동네 구석구석을 다니면서 가스등에 불을 켜는 일을 했다. 하지만 도시에 전기가 도입되고 나서는 모든 것이 바뀌었다. 이제는 가로등에 타이머나 센서를 부착해서 일정한 시간이 되거나 어두워지면 자동으로 불이 켜진다.

기술 진보로 사회가 급속히 변해서 뉴 노멀로 바뀌는 것을 예로 들면 끝도 없다. 30년 전에 처음 나타나 최첨단이라고 하던 CD, VHS

비디오테이프, 즉석카메라, '워크맨', 비디오카메라 등은 이미 낡고 잊혀진 제품이 되었다. '삐삐'라고 불렸던 무선호출기는 1990년대에 등장해서 우리나라 국민 2,000만 명까지 사용하다가 6년 만에 자취를 감추었다. 연속극이나 영화를 비디오 대여점에서 빌려 보던 일도 오래된 추억으로 사라지고 말았다.

석탄을 때고 마차를 타던 것도 그리 오래 전 일이 아니다. 20세기 초반까지 자동차가 보편화되기 전까지는 마부가 꽤 중요한 직업이었다. 하지만 자동차가 등장하고 주유소가 생긴 후에, 마부는 직업을 잃었고 대신 운전기사라는 직업이 등장했다. 이처럼 자동차는 인류의 삶을 엄청나게 바꾸어 놓았다. 이제 전기자동차가 나오고, 수소전지가 보편화가 되면 주유소는 사라질 것이다. 무인 자율주행자동차가 나오면 운전기사의 직업은 사라질 것이다. 주차장은 물론이고 택시나 우버도 사라질 것이다. 이런 변화가 IoT, 로봇, 인공지능의 발전으로 인해 더욱 가속화되고 인류사회에는 엄청난 뉴 노멀이 새롭게 등장할 것이다.

2017년 우리나라에서 해외로 출국한 여행객수가 연인원 2,650만 명이 되었다고 한다. 대부분 항공기를 이용한 해외여행객이다. 이제 항공기를 이용하여 해외에 출장가거나 여행하는 것은 보편적인 일상이 되었다. 하지만 상용 항공기가 인류 사회에 보편화된 것은 100년도 안 된다. 해외여행이 자율화되어 우리나라 국민이 자유롭게 세계 여행을 하기 시작한 것도 이제 겨우 30년 남짓한 최근의 일이다.

새로운 사회적 변화는 끊임없이 나타난다. 그리고 그 변화의 속도는 이전보다 훨씬 빠르다. 뉴 노멀에 주목해야 하는 이유가 바로 여기에 있다. 디지털 사회로 바뀌고 IoT, 로봇, 인공지능이 등장하면서 밀려올 뉴 노멀은 인류 문명사를 새롭게 쓰게 할 것이다. 이런 뉴 노멀에 적응하지 못하면 미래에 대해 불안해하고 변화를 거부하는 퇴행적 사회로 남게 될 것이다.

뉴 노멀 시대의 새로운 대응:
정부, 기업, 대학의 사례

20세기 조직 운영방식은 과연 뉴 노멀 시대에 진입하는 21세기에도 유효할까? 일상생활에 큰 영향을 미치는 대표적인 사회 조직들에 요구되는 변화의 필요성과 진화의 방향을 한번 고민해보면 미래사회에 대한 생각의 지평을 넓힐 수 있다.

대부분 기존의 조직은 근본적인 목적함수는 잊어버린 채, 일상적으로 익숙해진 수단의 효율성에 집착하기 쉽다. 특히 20세기가 끝나고 21세기 문명사적 대전환기를 맞은 지금, 기존의 제도와 조직들이 어떤 목적함수를 갖고 태어났고, 이를 잘 수행하기 위해 어떤 일들을 하고 있는지 점검할 필요가 있다. 또 이를 통해 각 제도와 조직에서 어떤 변화를 이끌어내야 하는지 고민할 필요가 있다.

예를 들어 지금 정부, 기업, 대학이 현재의 방식으로 열심히 노력하는 것이 원래 국민, 주주와 직원과 고객, 그리고 학생들을 위한 조직 운영 방식으로서 최선인가에 대한 반성이 필요하다는 것이다. 왜 정부는 세금을 걷어서 국정을 운영하는가? 왜 기업주는 이익을 극대화하기 위해 회사를 운영하는가? 왜 대학은 학생들을 모아서 등록금을 받고 교육하는가? 각 조직의 궁극적인 목적은 무엇인가? 현재의 운영방식이 원래 추구하려고 하던 목적에 적합한 일들을 하는 것인가?

정부의 대응

참여정부가 끝나갈 무렵 정책기획위원회의 의뢰로 몇몇 행정학자들과 미래정부에 대해 함께 고민하고 아이디어를 제시한 적이 있었다. 그 당시 고민은 '당장 다음 정부가 아니라 10년, 20년 뒤의 정부의 역할은 무엇이 되어야 가장 바람직한가'였다. 21세기에 들어서 많은 사회적 특성과 산업구조가 획기적으로 변하고, 인구구조의 변화와 고령화, 국제화와 네트워크화가 급속히 진행되고 있는데 기존 근대국가의 정부형태나 행정구조가 바람직한가에 대한 근본적인 논의부터 시작해보았다.

사실 정부의 존재 이유는 국민이 그 나라에 태어나서 최소한의 인간적 생활을 영위하며 자긍심을 갖고 살아갈 수 있도록 최선을 다해 도와주는 데 있을 것이다. 정부는 사회나 시장이 효과적으로 작동될 수 있도록 국민들을 위한 서비스를 제공하기 위해 세금을 걷어 행정을 집행한다. 또한 공동체의 질서에 해를 끼치는 것으로부터 국민을 보호하거나, 외세의 침략으로부터 국가의 안보를 지키거나, 법적 절차를 통해 사회적 비효율이 발생하는 것을 최소화하고, 보다 많은 사람들의 공동선을 위해 노력하는 것이 정부의 역할이다. 즉, 정부가 최우선적으로 생각해야 하는 것이 보다 많은 국민들에게 더 나은 서비스를 제공해주는 것이다.

하지만 이런 목적함수를 잊어버리고 수단만을 강조할 때 정부는 신뢰를 잃게 된다. 정부가 탈세를 감시하고, 보다 많은 세금을 걷기 위해 정책을 세우고, 범법을 저지를 가능성이 있는 사람들을 사전에 감시하고, 혹시라도 기업이나 개인이 탈법을 할까 규제하는 경찰국가의 역할에만 몰두하면 국민들은 정부를 지지하기 쉽지 않다. 이런 역할에만 충실할 때 국민을 위해 봉사하는 본연의 서비스 업무는 쉽게 잊어버리게 된다. 규제와 감시가 정부의 주요 업무인 것으로 착각하는 관료제화된 정부가 되기 쉽다는 것이다. 따라서 궁극적으로 바람직한 미래정부가 되기 위해서는 이러한 경찰국가의 한계를 벗어나 서비스 정부로 탈바꿈하는 것이 필요하다.

이런 기본전제를 바탕으로 국민들은 정부가 어떤 서비스를 해주면 고맙게 생각하고 필요한 역할을 다한다고 생각할까 라는 고민에서 미래정부에 대한 논의를 시작해보았다. 엉뚱한 발상처럼 보일지 모르지만 이를 위해 유명한 심리학자인 에이브러햄 매슬로Abraham H. Maslow가 주장한 '인간의 욕구 5단계설'을 준용하여 정부의 역할에 대해서 문제를 풀어보면 어떨까 생각했다.

즉, 인간에게는 살아가는 데 필요한 기본적인 욕구가 있는데, 이를 사회적 차원으로 확대해서 정부의 기능에 대입하여 해석해 보는 것이었다. 국민으로서 정부에 대해서 바라는 기본적인 욕구가 있을 텐데, 이를 우선적으로 제공해주는 것이 서비스 정부로서의 역할이 아닌가 하는 생각에서 출발한 것이다.

널리 알려진 대로 매슬로의 욕구단계설에 따르면 인간에게는 욕구 충족에서 더 우선적으로 채워지길 원하는 순서가 있다. 그가 주장하는 인간 욕구의 5단계는 우선 생리적 욕구physiological needs, 다음으로 안전의 욕구safety needs, 사랑과 소속의 욕구love and belongingness needs, 존경의 욕구esteem needs, 자아실현의 욕구self actualization needs로 발전한다.

자, 그렇다면 정부가 가장 우선시하여 국민들을 위해 지켜주고, 제공해야 하는 서비스는 무엇인가? 가장 기초적인 생리적 욕구의 관점에서 보면 우선 아프거나, 굶주리거나, 잘 곳이 없는 기초적인 복지에 관한 문제를 해결하는 것이 무엇보다 우선시되어야 한다. 그렇기 때문에 우리나라와 같이 국민의료보험이 잘 갖추어져 있고 전 세계적으로 가장 앞선 의료시스템을 제공하고 이를 정부가 나름대로 잘 관리하는 것은 매우 바람직한 정부의 서비스 정책이라고 볼 수 있다.

또한 거주의 문제도 정부가 적극적으로 해결해야 하는 과제이다. 지금 젊은이들이 3포, 5포 하면서 결혼을 망설이는 주된 이유 중의 하나가 주거의 문제라고 하면 이에 대한 적극적인 대책을 강구해야 한다. 대학의 1년 등록금보다 더 비싼 대학가의 주거비를 대학생들과 부모들이 힘겨워한다면 무엇보다 먼저 이를 해결해주는 것이 정부의 의무일 것이다.

그런데 대학이 학생들을 위해 값싸고 편리한 주거시설인 기숙사를 지으려 해도 일부 지방자치단체에서는 하숙집이나 원룸을 운영하는 지역주민들의 이익을 보호한다는 명분으로 이를 허가하지 않는다. 다음 선거에서 표를 의식하고 정치적 이해관계만을 추구하는지 지역주민들의 원룸과 오피스텔은 수없이 건축허가를 내주고, 대학교에게는 이들 원룸업자들의 민원을 해결해오지 않으면 기숙사 건축허가를 내줄 수 없다고 한다. 대학가 주변에서 시장 논리를 내세운 임대업자들이 대학 기숙사를 대신하는 원룸으로 엄청난 폭리를 취하는 것을 해결하는 것은 주거복지라는 지방자치단체와 정부가 마땅히 책임져야 할 역할이다. 자치단체장들이 지역주민의 이익을 지켜야 한다는 명분으로 대학 기숙사 건립에 부정적인 것은 도무지 이해하기 어렵다. 중앙 정부이건 지방정부이건 정치의 기본 목적함수에 충실해야 바른 정치를 한다고 볼 수 있다.

이런 관점에서 볼 때에 국가 전체적으로도 기본적인 주거의 문제는 건설 관련 부처가 담당할 것이 아니라 복지 관련 부처가 담당해야 한다. 쪽방촌에서 비인간적인 주거환경에 거주하거나, 노숙자와 같이 길거리에서 주거 문제를 해결해야 하는 상황이 지속되는 것은 정부가 국민들의 기본적인 생존의 욕구를 외면하는 것이다. 정부가 시장을 규제하여 모든 주택 문제에 개입하는 것보다는 기본적인 주거에 대한 책임을 지는 것이 더욱 중요하다.

따라서 정부의 주택 정책은 복지 차원에서 주거 문제를 해결해서 국민으로서 향유해야 할 최소한의 주거 환경을 보장하는 것이 필요하다. 그렇다고 모든 국민들이 동일한 의식주를 향유해야 한다는 것은 아니다. 화려하고 넓은 부지의 주택에 살고자 하는 사람이 경제적 능력이 있다면 그것은 시장 질서에 맡겨도 충분하고 정부가 간섭할 필요가 없다. 물론 공공성을 해치는 경우라면 최소한의 규제는 필요하겠지만 정부가 주거 문제에서 우선적으로 관여해야 하는 것은 국민들에게 최소한의 주거 안정성을 보장해주는 것이다. 그렇기 때문에 정부의 주택정책을 건설 관련 부처가 아니라 복지 관련 부처가 맡아야 한다는 역발상이 오히려 적합하다.

다음으로 안전의 욕구에 대해서 살펴보아도 새로운 발상이 가능하다. 물론 북한과 대치하고 있는 우리나라, 팔레스타인 문제를 안고 있는 이스라엘, 그리고 미국이나 중국, 러시아 같은 강대국의 경우는 국가 안보에 우선적으로 많은 재정적 투자를 하는 것은 당연하다. 왜냐하면 이는 생존과 안전에 관련된 문제이기 때문이다.

하지만 중남미의 많은 국가들이 치안보다 국방에 더 많은 예산을 편성하는 것은 이해하기 어렵다. 예를 들어 브라질 상파울루에서는 매년 도시 범죄로 약 1만 7,000명 정도가 사망한다고 한다. 이것은 치안 부재 때문에 발생한 것으로서 한 도시에서만 하루에도 평균 50명 가까운 사람들이 사망하는 것을 의미한다.

엘살바도르나 과테말라에 가면 외국인 관광객을 찾아보기 어렵다. 자연환경이 빼어나고 역사적 문화유산이 풍부하게 있음에도 불구하고 외국인 관광객을 유치하지 못한다. 왜냐하면 거리 곳곳에 총을 들고 경비를 하는 사설 경찰들이 즐비한 곳에서 관광을 한다는 것은 쉽지 않은 일이기 때문이다. 남아프리카공화국의 주요 도시들에서 관광객이 거리를 활보하고 관광을 한다는 것은 상상조차 할 수 없다. 고급 주택들은 집집마다 저녁이 되면 높은 담 위의 철조망에 전기를 통하게 해서 강도와 도둑을 막는다. 그런 곳에서 한가로이 관광을 할 수는 없다. 그런데 이런 나라들에서도 치안보다 국방에 더 많은 예산을 배정하고 있다.

엘살바도르에서는 2017년 9월 일주일 동안에 196명이 피살되어 하루에 평균 28명꼴로 살해되었다고 한다. 2015년 통계에 의하면 인구 10만 명당 104명이 피살되었다고 한다. 인구 600만 명의 엘살바도르에서 범죄조직원은 6만 명이고 내전이 종식되고 나서 회수되지 않은 무기가 800만 정이라는 이야기가 나올 정도로 국가 전체가 전쟁 이상의 치안 위협에 빠져 있다. GDP의 5%를 국방비로 사용하는 엘살바도르에서 치안을 위해서는 정부 예산을 얼마나 쓰는지 의문이다.

치안이 불안하기로 유명한 과테말라의 경우도 마찬가지이다. 범죄 조직원은 약 8만 명인 데 비해서, 경찰은 2만 4,000명, 군인은 1만 5,000명이라고 한다. 2017년 과테말라의 국가예산을 보면 검찰과 치안 부문의 예산이 국방 예산의 25분의 1에 불과하다. 엘살바도르와 마찬가지로 심각한 치안문제를 안고 있는 과테말라에서는 총기범죄로 하루에 17명씩 사망하여 피살률(인구 10만 명당 피살인구)이 42명에 이른다.

그렇다면 과테말라에서 정부의 역할 중 무엇이 가장 중요한지는 묻지 않아도 알 수 있다. 국민의 입장에서는 국가 간 전쟁도 없는 상태에서 치안 예산보다 국방 예산이 더 많다는 것은 이해하기 어려울 것이다. 국방 예산보다 치안 예산이 더 커야 국민들이 안심하며 살 수 있고, 빼어난 자연경관을 이용하여 외국인 관광 수입 등을 올려야 새로운 경제 성장도 가능한 것이 아닌가 하는 의문이 든다.

게다가 중남미의 경우 국가 안보는 미국 등 강대국의 이해관계가 밀접하게 얽혀 있어서 한 나라가 다른 나라를 쉽게 침략할 수 있는 것도 아니다. 그렇기 때문에 더더욱 국가 안보에 터무니없이 많은 예산을 쓰고 치안 예산은 아끼는 것을 이해하기 어렵다. 그런 점에서 볼 때 코스타리카와 같이 국방 예산을 키우기보다는 외교적인 노력이나 외국 자본의 유치를 통해 국가의 안보를 더욱 공고히 하는 것이 더 현명한 방식일지 모르겠다.

코스타리카는 1948년 군대를 없앤 대표적인 국가다. 인권, 생태환경, 복지 등에서 세계 최고 수준을 자랑하는 코스타리카는 국방 예산을 과감하게 폐지하고, 대신 교육 및 사회복지에 예산을 투입하여 중남미에서 가장 안전하고 교육 및 사회 지수가 제일 높은 국가가 된 것이다. 인구 500만밖에 안 되는 작은 국가인 코스타리카의 오스카 아리아스Oscar Arias 전 대통령은 1987년 노벨 평화상을 수상했다. 오스카 아리아스 대통령은 미국의 압력에도 불구하고 미국의 콘트라 반군 지원을 강력히 비판하며 중남미 평화외교의 중심적인 역할을 한 공로로 노벨 평화상을 수상한 것이다. 이처럼 새로운 정부의 역할로 뉴 노멀을 만들어낸 코스타리카는 영국의 신경제재단NEF: The New Economics Foundation이 실시한 지구행복지수 조사에서 1위를 차지하기도 했다.

이런 식으로 사랑과 소속의 욕구, 존경의 욕구, 자아실현의 욕구 등을 대상으로 정부가 어떤 서비스를 제공하는 것이 필요한지를 고민해 보는 것만으로 미래의 정부가 해야 할 다양한 일들을 확인할 수 있다. 예를 들어 교육을 통해 자아실현의 욕구를 어떻게 충족시킬 수 있을지? 국민들의 행복을 위해 문화, 체육, 예술 등에 어떤 정부의 서비스를 제공하는 것이 바람직한지를 확인하고 이를 정책으로 활용함으로써 국민에 대한 정부의 서비스 기능을 찾아보는 것이 가능하다.

2005년 밀라노에서 만난 제레미 리프킨도 앞으로 한국 정부가 고민해야 하는 과제로서 주말에 국립공원에 가서 가족들이 쾌적하게 쉴 수 있는 인프라 조성이 필요할 것이라고 했다. 브라질 쿠리치바 시에서 제공하는 전기버스 트램 서비스나 병원시설, 그리고 원하는 책은 언제든지 구입하여 제공하는 북카페 시스템 등 정부가 존경의 욕구나 자아실현의 욕구를 위해 해야 할 일이 많다는 것이다. 더 나아가 뛰어난 음악가가 많이 육성된 우리나라의 경우, 지역마다 교향악단이 만들어지면 국민들이 질 높은 음악을 값싸고 자유롭게 즐길 수 있을 것이다. 음악이나 미술 등 문화 예술에 대한 지원도 정부가 고차원의 욕구 충족의 관점에서 제공해야 할 서비스라고 리프킨은 강조했다.

그러나 아직도 우리 정부는 20세기 대량생산체제에서 발전된 산업 정책의 논리와 국가 주도적 성장 논리에서 벗어나지 못하고 있는 듯하다. 경찰국가와 같이 감시와 통제에 머물러 있거나 포퓰리즘적 복지에만 관심을 갖는 것처럼 보인다.

그러다 보니 시장과 사회는 자율성을 통해 발전하기보다는 숨 막히는 정부 규제의 늪에서 헤어나지 못하고 있다. 정부만이 마치 정답을 갖고 있는 것처럼 시장과 사회를 규제하고 길잡이 역할을 하려고 하니까 사회가 왜곡되고 비효율이 증대되는 것이다. 관료들도 무엇이 정부 본연의 서비스인지 모른 채 20세기식 정부의 과도한 시장 개입의 논리에서 벗어나지 못하고 있다면, 이제는 미래 정부의 새로운 시스템 개혁으로 눈을 돌려야 할 것이다.

21세기에 들어오면서 많은 나라들이 작은 정부를 지향하려고 노력하는 것도 바로 이러한 이유 때문이다. 이제는 정부보다 시장이 더 높은 효율성을 갖고 있다. 그럼에도 불구하고 정부가 여전히 산업을 돕는다면서 시장에 간섭하고 규제하고 통제하면서 보다 본질적인 국민에 대한 서비스를 외면한다면 심각한 정부 실패에서 벗어나기 어렵다. 새로운 뉴 노멀의 시대를 맞아 21세기형 정부의 기능을 심각하게 고민해야 할 때이다.

기업의 대응

기업은 이윤을 추구하는 조직이다. 기업가는 자본, 기술, 노동을 투입하여 제품을 생산하고 이를 효율화하여 다른 기업보다 많은 이익을 얻으려고 노력한다. 자본주의 시장에서 기업의 행태는 다양하게 발전하고 진화했다. 때로는 수전노와 같이 극악한 이윤 추구를 마다하지 않았고, 때로는 직원과 조직을 효율적으로 운영하여 경영합리화를 통해 다른 기업보다 비교우위를 얻기도 했다. 제품 생산의 효율성을 위해 기술 투자를 아끼지 않기도 했고, 다른 기업을 흡수, 합병하여 모기업의 경쟁력을 높이기도 했다. 특히 제조업 중심의 생산방식에 익숙한 기업으로서는 최소의 자본 투여로 최대의 생산량을 얻는 기업 운영을 통해 우수한 기업으로 평가받곤 했다.

하지만 21세기의 기업도 마찬가지로 이러한 기존의 운영방식으로 성공할 수 있을까? 뉴 노멀의 시대를 맞아 많은 것이 변화하는데 이제 기업은 제조업 스타일의 기업 운영 패러다임에서 벗어나야 하는 것은 아닌가? 투자와 이익의 B/C^{Cost Benefit Ratio, 비용편익비} 분석만으로 경영을 하는 것은 한계가 있다. 기술 투자를 게을리하다가 경쟁 기업에 패하기도 하고, 비용을 아끼려다가 고객의 신뢰를 잃어서 하루아침에 망하기도 한다.

은행도 단순히 돈을 맡아 대출해주고 이자를 받는 비즈니스를 하는 곳이 아니다. 은행은 다양한 데이터를 분석하여 돈을 버는 데이터 기업이 되었다. 더 나아가 카카오 뱅크와 같은 기업은 정보통신 기술을 이용하여 편리하고 빠른 서비스를 제공함으로써 네트워크를 통해 금융거래를 하도록 고객을 끌어 모으고 있다. 또 이렇게 축적한 거래 정보들을 데이터로 활용하여 다양한 분석과 예측을 한다.

　20세기와 달리 21세기의 기업에 가장 필요한 것은 자본이나 노동이 아니라 기술이나 전문인력이다. 기업의 조직은 끝없이 변화하는 유연하고 가변적인 무정형 기업fuzzy firm이 되어야 한다. 하지만 아직도 많은 기업들은 기업을 20세기 대기업 조직 중심으로 이해하곤 한다. 21세기 기업의 핵심적 자원은 설비나 단순 노동력이 아니라 뛰어난 인재이다. 그리고 이제 기업운영의 핵심은 경직적 시스템에서 운영되는 효율적 프로세스가 아니라 기업의 생산품이나 기업 자체의 이미지에 달려 있다고 할 수 있다.

　한 예로 2006년 와인 잔을 닮은 삼성 보르도 TV 생산 프로젝트를 보면 이제 제품은 단순히 성능이나 디자인을 넘어서 창의력을 바탕으로 한 가치 혁신을 통해 이루어지는 것을 알 수 있다. 삼성전자는 창의력 발전소 VIPValue Innovation Program 센터를 통해 7대 프로세스 혁신을 추진했다고 한다. 개발, 구매, 제조, 물류, 마케팅, 판매, 서비스 분야에서 비용절감뿐 아니라 스피드 경영과 팀 프로젝트를 통해 획기적인 신제품 개발을 가능하게 만들었다.

　초기 단계부터 다양한 구성원이 참여하는 CFTCross Functional Team가 만들어져 프로젝트 형식으로 제품을 개발, 생산, 판매하게 되었다. 이를 통해 2006년 출시 첫 해에 보르도 TV를 250만 대 판매하여, 2007년부터 판매 대수와 매출액에서 세계 TV 시장 1위의 자리에 오르게 되었다고 한다. 이제 제품 생산에서 핵심은 기술력을 바탕으로 창의적 사고력을 갖춘 인재와 이를 효과적으로 운영하는 프로젝트 구조와 같은 프로세스 시스템에 있는 것이다.

따라서 기업에서 제일 중시해야 하는 것이 인재 선발과 육성의 패러다임 변화이다. 기업은 변화와 혁신을 과감하게 추진할 창의적인 인재들을 더 많이 확보해야 한다. 이 경우 기업은 헤드헌터를 통해 좋은 인재들을 선발하는 것도 중요하지만, 대학과 긴밀한 협력관계를 통해 우수 인재를 육성하는 것이 필요하다. 우리나라에서도 기업과 대학 간의 계약에 의해 맞춤강좌를 제공하는 '계약학과' 등을 개설하여 기업이 원하는 인재를 육성하고 선발하는 사례가 점점 늘어나고 있다.

또 하나의 변화는 기업에서 인간과 기계의 효과적 공생관계가 발전하고 있다는 점이다. 이전에는 제조업 생산라인에서도 자동화 로봇이 투입되면 인간은 함께 일하지 못했다. 왜냐하면 로봇이 오작동하여 인간을 해칠 수 있다는 염려 때문이었다. 하지만 최근에는 다양한 안전장치를 통해 작업자와 기계가 공생하면서 함께 일할 수 있게 되었다. 사무 영역에서도 인간과 컴퓨터의 공생 관계는 끝없이 확장되고 있다.

기업은 이제 AI를 활용하여 업무처리 능력을 강화하고 IoT를 통해 생산성의 효율을 제고할 수 있다. 기존의 정형화된 업무는 프로젝트를 통한 문제해결형 업무로 변화한다. 따라서 기업의 인재는 기계나 컴퓨터와의 협업을 더 많이 함으로써 업무의 성과를 증진시키는 역할을 맡게 될 것이다.

둘째, 이제 소비자들은 기업과 제품의 이미지를 단순히 상품의 질이나 성능보다 더욱 중요한 가치로 인식하고 있다. 최근 LG전자의 가

전 부문이 매우 빠른 속도로 국내외 소비자들의 호응을 얻고 있다. LG가 기술력을 집중하고 디자인을 고급화한 시그니처 시리즈에 대한 반응이 뜨거웠다. 뒤이어 일반 가전에서도 엄청난 매출 증가가 이어졌다. 제품의 기술 경쟁력과 디자인 경쟁력을 크게 향상시켜서 한 대에 1,000만 원이 넘는 냉장고, TV 제품들을 출시한 결과, 일반 가전제품들을 왠지 저렴하다고 인식하게 되어 소비자들의 구매욕이 많이 올라간 것이다.

광고도 제품의 성능에 대한 정보가 아니라 제품의 매력적인 이미지를 전달하는 방식으로 발전했다. 최근에는 사람들이 광고를 번거롭게 생각하여 광고를 비켜가거나 피해가는 경향이 늘고 있다. 따라서 제품의 성능을 선전하는 광고시장은 급격하게 위축되고 있다. TV에서도 별도의 제품선전 광고보다는 드라마 속에 제품이나 기업이 자연스럽게 노출되도록 하는 PPL Product Placement 광고가 증가하고 있다. 시청자들이 무의식적으로 광고를 접하도록 해서 제품을 인식하게 해 광고효과가 나타나는 마케팅 전략을 쓰는 것이다.

더 나아가 이제는 단순한 이미지 광고에서 이벤트형 광고로 변화하고 있다. 과거에는 비누, 세정제 등 가정용 상품을 광고할 때 기능과 품질 중심으로 상품이 좋은 이유를 선전했었지만 이제 자동차나 맥주 등 대부분의 광고가 제품의 이미지를 전달하는 방식이 주를 이룬다. 그렇다보니 기존의 단순한 이미지 광고만을 통해 제품을 소비하도록 유도하기는 쉽지 않다. 게다가 요즘 소비자들은 대중매체를 선택적으로 이용하기 때문에 기존의 제품 광고 효과가 이전처럼 크지 않다. 그래서 기존의 제품 중심 광고보다 브랜드가 갖는 독특한 문화적 특성 등에 대해 소비자가 호감을 갖도록 만드는 이벤트형 광고가 많이 증가하고 있다. 소비자들이 끊임없이 영리해져서 광고를 비켜가거나 회피하게 되자 단순 광고보다는 이벤트를 통해 광고 효과를 얻으려고 하는 것이다.

유명한 하이네켄 맥주의 이벤트형 광고는 이탈리아 고객들을 대상으로 실험적으로 이루어졌다. 하이네켄은 이탈리아 남성들이 열광하는 이탈리아 AC밀란과 스페인 레알 마드리드의 챔피언스리그 축구경기가 있는 날 가짜 콘서트를 연다. 사랑하는 여자 친구가 아버지로부터 음악회 티켓을 받았다고 함께 가자고 유혹한다. 청년은 마지못해 여자 친구와 함께 경기가 시작되기 30분 전 따분한 콘서트홀에 끌려간다. 형편없는 음악 교수의 첼로 연주가 시작되고 따분해서 미칠 것 같은 시간들이 십여 분 지속된다. 그런데 갑자기 무대 안 화면에서 초록색 하이네켄 맥주병에서 시원하게 맥주가 쏟아져 나오는 광고가 등장하면서 대형화면으로 AC밀란과 레알 마드리드 경기를 중계하기 시작한다. 욕구를 극도로 절제하게 만든 다음 다시 그 욕구를 충족시켜 주는데, 그 매개체가 전달하고 싶은 제품의 이미지와 연결되어 소비자의 뇌리에 함께 각인되도록 만든 광고이다. "여자 친구의 요구를 거절하기 어렵죠"라는 안내문과 함께 본격적으로 축구경기를 대형화면에서 보게 한 이 광고는 효과 면에서 상상을 초월할 정도로 강한 인상을 남겼다. 이 흥미로운 이벤트 광고는 유럽의 여러 뉴스 채널에서도 소개될 정도로 영향력이 컸다.

전통적인 마케팅이나 광고를 넘어서는 새로운 방식들이 기업의 광고전략에서 끊임없이 등장하고 있다. 아마존에서 시작된 추천도서 목

유명한 하이네켄의 이벤트형 광고.

록을 넘어서 이제는 인터넷 서핑을 하면서 가장 많은 관심을 보인 제품들을 끝없이 추천하는 광고까지 나타났다. 네이버가 맞춤형 검색결과를 제공하기 위해 이용자의 검색패턴을 분석하거나 SK텔레콤이나 KT가 '누구'와 '기가지니'라는 인공지능 음성인식 디바이스를 적극적으로 확산시키는 전략은 IoT시대에 효과적인 상품 광고를 위한 정보를 보다 많이 확보하려는 시도이다.

셋째, 기업이 사회적 가치에 주목하기 시작했다. 최근 사회적 기업이 새로운 미래의 기업 형태로서 주목을 받고 있다. 지금까지 기업은 이윤을 추구하고 정부는 사회적 가치를 추구한다는 이분법적 논리가 지배적이었다. 하지만 이제는 비영리조직과 영리기업의 중간 형태로서 사회적 목적을 추구하면서도 영업활동을 수행하는 사회적 기업들이 나타나고 있다.

SK의 최태원 회장이 적극적으로 지원하는 사회적 기업 활동이 대표적인 예이다. 최 회장은 기업의 가치를 단순히 금전적 이익만으로 평가하는 방식에서 벗어나 그 기업이 창출하는 사회적 가치도 포함하여 평가해야 한다고 주장했다. 최 회장은 자신의 저서 《새로운 모색, 사회적 기업》에서 사회적 가치를 제대로 측정·평가하고 '사회성과 인센티브'SPC: Social Progress Credit를 제공해야 한다고 제안했다.

이전에는 기업의 가치를 장기적인 관점에서 제대로 측정할 수 있는 방법이 없었다. 단순히 영업이익만을 보고 기업의 가치를 평가했을 뿐이다. 하지만 지금은 당해 분기의 영업이익뿐 아니라 기업의 현재와 미래 가치를 종합적으로 평가하여 주식의 시가총액 등 다양한 방법으로 기업의 가치를 측정하게 되었다.

마찬가지로 아직까지 기업의 사회적 가치를 평가하기가 쉽지 않지만 언젠가는 적절한 평가방법이 개발될 것이라고 최태원 회장은 확신하고 있다. 사회적 가치 평가방법을 개발하고 기업도 더 많은 사회적 가치를 창출하기 위한 방향으로 전략을 수정할 때 장기적으로 기업 가치도 상승할 것으로 본다는 것이다. 이제는 기업의 금전적 이익뿐 아니라 그 기업이 창출하는 사회적 가치도 함께 평가해야 그 기업의 종합적인 가치를 제대로 평가할 수 있기 때문이다. SK가 적극적으로 추진하고 있는 대표적 사회적 기업 '행복나래'는 2017년 매출만 1조 원을 달성했다고 한다. 사회적 기업도 대기업으로부터 지원만 받는 소극적인 영업에서 이제는 적극적인 영업을 통해 경제적 부가가치와 사회적 부가가치를 동시에 달성할 수 있다고 한다.

사회적 기업의 대표적인 예로 김정호 사장이 발달장애인과 함께 하는 '베어베터'를 들 수 있다. 일찍이 NHN 차이나 대표로 중국에서 게임사업으로 많은 수익을 올린 김정호 사장은 자신의 부를 사회에 환원해야 하겠다는 생각에서 지적 장애가 있는 발달장애인들을 위한 사회적 기업을 만들었다고 한다. 발달장애인들의 경우 일반 노동시장에는 참여하기 어렵지만 단순 반복적인 일은 일반인보다 훨씬 정확하게 수행해내기 때문에 특화된 노동시장에 이들을 참여시켰다고 한다. 이는 단순히 영업이익을 내기 위한 활동이 아니라 평생 직업을 가져보지 못한 장애인들을 고용하여 이들과 이들의 보호자들에게 노동을 통한 수입을 얻게 해서 인간의 기본적 권리인 노동을 통한 행복을 전해주겠다는 취지이다.

처음에는 인쇄업을 통해 명함 제작이나 문서복사를 하여 이를 고객에게 전달하는 업무로 시작했다. 나중에 이를 확대하여 커피를 만드는 바리스타 교육을 하고 쿠키를 만드는 일까지 하게 되었다. 발달장애인들은 업무처리 속도 면에서는 일반인들보다 많이 뒤쳐지지만 주어진 일에 대해서는 매우 완벽하게 처리한다. 따라서 일반 커피숍에서 이들을 고용하면 서비스의 속도가 느려서 영업이익을 극대화하기는 어려울지 모른다. 하지만 이들을 고용함으로써 얻는 사회적 가치는 매우 크다. 천주교 단체에서 잘 교육받은 발달장애인들을 고용하여 노동할 수 있는 기회를 주었더니 발달장애인 부모들은 아이들이 이제 사회의 일원이 되어 돈을 벌 수 있게 되었다는 사실에 감격하여 눈물을 흘렸다고 한다.

'베어베터'Bear Better라는 회사명도 곰처럼 느리지만 더 잘할 수 있다는 생각에서 만든 것이라고 한다. 이제 '베어베터'는 발달장애인들을 자체 고용하는 것뿐만 아니라 네트워크로 연결하여 발달장애인의 노동력을 필요로 하는 단체나 기업에 파견하기도 한다. 즉, 네트워크로 연결시켜 다양한 노동의 수요에 대응하는 파견 근무를 할 수도 있다. 사실 모든 기업이나 기관에서 발달장애인들을 훈련시키고 인사관리를 하는 것이 쉬운 일은 아니다. 그렇다면 '베어베터'처럼 발달장애인을 고용하여 교육한 후에 네트워크를 통해 그들을 필요로 하는 노동현장에 파견하여 활용하면 사회적 가치는 향상될 수 있다.

또 다른 사회적 기업의 예로 오티스타Autistar를 들 수 있다. 이화여대 특수교육과 이소현 교수가 설립한 오티스타는 자폐증autism을 앓고 있는 자폐인들에게 디자이너 등이 그림 그리는 법을 가르치고 이를 통해 예쁜 소품들을 만들어서 판매하는 기업이다. 자폐인들이 갖고 있는 독특한 색감과 디자인 감각을 발휘해서 현대적 스타일의 그림을 그리고 이를 디자인에 활용하여 만든 노트, 메모지, 엽서, 이불, 에코백 등 다양한 제품을 판매하고 있다. 인터넷 쇼핑몰에서도 이 제품들을 판매하는데 그림이 특이하고 아름다워 많은 사람들의 사랑을 받고 있다고 한다.

오티스타에는 시각 디자이너뿐 아니라 영업, 제품개발 등 다양한 전문가가 재능기부 형태로 참여하여 자폐인들의 작품 활동을 돕고 있다고 한다. 자폐아를 둔 부모의 입장에서는 베어베터에 참여하는 부모들과 마찬가지로 아이들이 스스로 경제활동을 할 수 있는 기회가 열렸다는 사실 하나만으로도 엄청난 행복을 느낀다고 한다.

이처럼 단순히 금전적 가치만이 아니라 사회적 가치를 중요시하는 기업들이 21세기에는 우리 사회에 빠르게 확산될 것이다. 마찬가지로 기존의 기업들도 21세기에는 금전적 이윤뿐 아니라 사회적 가치를 중요시하지 않으면 소비자들로부터 외면당하기 쉽다. 특히 지난 20세기 후반 신자유주의의 확산으로 단기적 이익, 과당 경쟁, 금융공학 위주의 가치가 팽배하면서 더불어 사는 사회에 대한 인식이 희미해졌다.

월스트리트의 탐욕적인 자본주의에 대한 반성론이 대두하면서 이제는 환경, 소수자 보호, 안전 등 다양한 사회적 가치가 중요한 의미를 갖게 되었다. 기업들도 영업이익과 재무적 가치뿐 아니라 사회적 가치도 심각하게 고려하지 않으면 하루아침에 소비자들로부터 외면을 받기 때문에 장기적인 발전을 기대하기 어렵다. 결국 21세기에는 사회적 가치를 평가하는 방법들이 나타날 것이고 이렇게 되면 시장과 조직도 기존과는 다른 새로운 형태로 변화할 것이다. 이에 따라 기업들도 경계를 열고 다양한 네트워크와 연결되어 사업을 하는 것이 더욱 필요한 시대로 바뀌고 있다.

우리나라는 아직 사회적 기업이나 NGO를 통한 취업률이 5%에도 못 미치지만 앞에서 언급한 것처럼 유럽에서는 이미 20% 이상의 고용이 이러한 분야에서 창출되고 있다. 따라서 우리나라는 사회적 경제가 확대되고 그에 따라 새로운 조직과 기업이 성장할 수 있는 여지가 매우 크다. 유럽에서는 대학을 졸업하거나 대학을 중퇴한 많은 청년들이 사회적 문제들을 해결하기 위한 사회혁신가social innovator의 경험을 쌓은 다음에 취업을 하는 경우가 많다. 이처럼 사회적 기업에서 일을 하면 보수는 적지만 많은 사회적 문제를 직접 풀어보는 경험을 쌓을 수 있다. 이를 통해 시장과 사회에 대한 폭넓은 시각을 갖춘다면 나중에 기업에 취업할 때 엄청난 경쟁력이 될 것이다. 이제는 기업과 사회가 새로운 형태의 사회문제를 해결하기 위한 조직을 설계하고 이를 위한 교육훈련이 필요할 것이다.

SK가 후원하는 행복나눔재단에서는 이러한 사회적 가치를 객관화하여 측정하는 방법을 지속적으로 개발하고 있다. 방과 후 학교를 운영하는 사회적 기업에 대한 지원, 저소득층 학생들에 대한 기술교육, 다양한 사회적 기능을 네트워크로 연결시키는 기업 등을 통해 새로운 사회적 기업의 가능성을 확장시키고 있다. 대표적인 예로 학업보다 다른 것에 관심이 많은 학생들에게 자신들이 즐겁게 배울 수 있는 프로그램을 제공하고 있다. 요리를 좋아하는 학생들에게는 요리법을 가르쳐주어서 셰프가 되는 길을 열어주는 쿠킹 스쿨을 운영하고, 음악이나 춤을 좋아하는 학생들을 뮤지컬 스쿨에 참여하게 하여 뮤지컬 공연을 할 수 있게 도와주고 있다. 이처럼 학업 외에 대안적 길을 제공해주어서 자신들이 즐기면서 전문가가 될 수 있는 길을 열어주고 있다.

21세기에 기업이 단순히 금전적 가치만이 아니라 이러한 사회적 가치도 함께 추구하게 되면 전혀 새로운 노동현상이 나타날 가능성이 있다. 비록 임금이 낮더라도 의미 있는 사회적 가치를 포함한 일이라면 임금이 높은 일보다 가치 있는 직업으로 받아들여질 것이다. 기업과 노조, 영업이익과 임금 등으로 대변되는 20세기형 노동의 특성에서 벗어나, 삶의 의미를 찾는 사회적 가치가 포함된 일을 만들어내는 것이 21세기 새로운 기업의 역할이 될 것이다.

대학의 대응

대학도 예외는 아니다. 이제 지식 생산과 지식 유통은 대학의 전유물이 아니다. 대학은 오히려 기업과 지식 생산 경쟁을 해야 한다. 삼성전자에 근무하는 박사학위 소지자의 숫자는 우리나라 어떤 대학의 박사학위 소지자의 숫자보다 많다. 박사는 대학에서 강의할 수 있는 자격증이 아니라 자신이 스스로 지식을 창출할 수 있는 연구자로서의 자격을 말한다. 이전에는 그런 사람들이 소수였기 때문에 그들이 보다 많은 사람들에게 지식을 전달하기 위한 기능에 활용되어 대부분 교수의 직함을 갖고 학생들을 가르쳤다. 하지만 이제 인구의 2% 정도가 박사학위를 갖고 있는 우리나라에서는 박사가 모두 교수로서 학생들을 가르칠 수는 없다. 이들은 전문가, 즉 프로페셔널로서 사회의 다양한 부가가치를 창출하는 역할을 담당해야 한다.

연세대 김용학 총장은 대학이 단순히 지식과 정보만 전수해주는 역할만 담당한다면 요즘처럼 사이버 공간에서 정보가 넘쳐나는데, 누가 비싼 등록금 내고 대학을 다니겠느냐고 문제를 제기한다. 이제 대학은 대량생산체제에서 필요했던 대형화된 교육공간에서 지식 전수만을 담당하던 곳이라는 개념을 넘어서야만 21세기 대학의 기능을 제대로 담당할 수 있다.

최근 출간된 새뮤얼 아브스만Samuel Arbesman의 《지식의 반감기》Half-life of Facts: Why Everything We Know Has an Expiration Date라는 책에는 롱 탕Rong Tang이라는 정보학자가 2008년에 조사한 각 분야 학술서들의 반감기가

잘 소개되어 있다. 이 분석에 따르면 대부분 지식의 반감기는 10년 전후인 것으로 나타난다.

이 중에서도 역사학이 이처럼 빠른 지식의 반감기를 갖는다는 것은 언뜻 보면 이해하기 어렵다. 하지만 우리가 갖고 있는 역사 지식을 곰곰이 돌이켜 보면 어느 정도 이해가 된다. 20여 년 전 학교에서는 역사교과서에서 '통일신라시대'를 교과서의 한 단원으로 가르쳤다. 하지만 지금은 고구려 유민들이 세운 발해를 우리 민족의 주요한 역사의 한 부분으로 강조하기 때문에 '통일신라시대' 대신에 '남북국시대'를 한 단원으로 가르치고 있다. 남쪽의 통일신라와 북쪽의 발해를 비슷한 수준의 비율로 역사교과서에서 가르치고 있는 것이다.

10년 전쯤 강의 중에 필자가 중고등학교 때 배웠던 '을사보호조약'이라는 역사 용어를 썼다가 학생들에게 잘못 되었다고 지적을 받은 적이 있었다. "아! 일본이 우리를 보호했다는 명목으로 일제가 만든 용어를 써 왔구나" 하고 그제야 깨달은 것이다. 지금은 '을사늑약'이라는 용어가 정확한 표현이다. 마찬가지로 '일제식민지'라는 용어는 사용하지 않고 이제는 '일제강점기'라는 표현을 쓴다. 단순히 용어만 바뀐 것이 아니라 지식의 내용도 끊임없이 변화하고 있다.

이처럼 지식의 반감기는 지식의 축적과 반비례하여 빠른 속도로 확대되고 있다. 그렇기 때문에 지식을 단순히 축적하는 것보다 새롭게 지식을 생성해내는 것이 더욱 중요해졌다. 더 나아가 끊임없이 변화하는 지식에 빠른 속도로 적응하는 능력을 갖는 것이 필요하다.

새로운 대학교육 방법의 하나가 문제해결형 프로젝트 수업이다. 20세기 대량생산체제에서는 교수가 강의를 통해 효율적으로 전문지식을

학문별 지식의 반감기

분야	반감기(년)
물리학	13.07
경제학	9.38
수학	9.17
종교학	8.76
심리학	7.15
역사학	7.13

출처: 새뮤엘 아브스만, 《지식의 반감기》, p266.

전수하면 학생들은 사회에 나가서 이를 활용하면 되었다. 그렇기 때문에 전문지식을 가장 효과적으로 전달하고 이를 암기하여 숙지하는 것이 필요했다. 하지만 그런 교육방법은 21세기에는 맞지 않는다. 객관화된 지식은 어디에서나 쉽게 얻을 수 있고, 이를 활용하는 것은 컴퓨터가 더 잘할 수 있기 때문이다. 이제는 스스로 문제를 제기하고, 문제의 내용을 구체적으로 규정하고, 이를 해결하기 위한 방안을 설계하는 능력이 오히려 더 중요해졌다. 21세기는 조직에서 주어진 일을 하는 것이 아니라 다양한 환경에서 스스로 문제를 풀어나가며 조직이나 사회에 기여하는 것이 더 필요하기 때문이다.

물론 이러한 문제를 보다 잘 풀기 위해서는 전통적인 지식을 우선적으로 습득하는 것이 전제 조건인 것은 마찬가지이다. 하지만 이에 그쳐서는 안 된다는 것이다. 이전에는 최고의 지식을 습득하기 위해서는 우수한 대학에서 학문적으로 뛰어난 교수들을 찾아가야 했다. 교수들이 강의실에서 강의하는 것을 직접 듣는 오프라인 강의를 통해서만 지식의 습득이 가능했다. 때로는 뛰어난 교수들의 학문적인 업적을 담은 전공서적을 통해서도 지식을 습득할 수 있지만, 수업시간의 강의를 통해서 많은 지식을 직접 전수받을 수 있었다.

하지만 단순히 지식을 습득하기 위해서라면 이제는 강의나 서적 이외에도 실제 강의와 유사한 온라인, 비디오 강의 등을 통해 학생들이 사전에 학습할 수 있는 방법이 많이 개발되어 있다. 대학에서는 오히려 교수와 학생들이 그러한 사전 지식을 전제로 하여 다양한 문제를 제기하고 이를 해결하는 토론 방식의 수업이 점점 더 강조되고 있다. 이 과정에서 새로운 지식이 생성될 수도 있고, 지식 생성의 방법을 깨우칠 수도 있다. 정답이 없고 보다 복잡한 많은 문제들과 씨름해야 하기 때문에 문제해결 과정을 배우는 것이 더 중요하다. 단순히 기존의 지식을 적용하여 문제를 풀기에는 변수가 많고 복잡하기 때문에 효과적인 문제해결 방안을 설계하는 능력을 점점 더 요구하게 된다.

대학은 원래 대화법으로 시작되었다. 플라톤은 스승 소크라테스와의 대화를 바탕으로 지식을 습득했다. 그리고 아카데미아를 세우고 제자들을 가르칠 때 대화법으로 문제를 제기하고, 토론을 통해 문제에 대한 나름대로의 생각을 정리하는 방식으로 지식을 전수했다. 이제 20세기 대형화된 강의실에서 전공지식을 일방적으로 전수하는 학습방법에서 다시 대화를 통한 문제해결 방식으로 대학의 교육방식이 바뀌어야 할 때가 온 것이다.

2005년 런던에서 교환교수로 있을 때 영국 교수들과의 모임에서 흥미로운 이야기를 들었다. 미국식 대학이나 이와 유사한 대형화된 영국 대학들은 원래의 대학이 아니라고 옥스퍼드대학과 캠브리지대학을 졸업한 교수들이 이야기하는 것을 듣고 깜짝 놀랐다. 왜 옥스퍼드대학과 캠브리지대학만 대학인가? 그 대학 졸업생들만의 교만이라고 생각했지만 자세히 들어보니 일리가 있었다. 그들의 이야기는 옥스퍼드와 캠브리지는 아직도 교육방식을 대형 강의가 아니라 도제식으로 한다는 것이다. 교수와 학생 간의 직접적인 만남을 통해 지식을 전달하는 튜터 시스템tutor system이 대학교육의 기본이라는 것이다. 대형 강의는 외부의 유명한 인사를 초빙하여 강의를 듣는 특강 형태의 경우에 그친다고 한다.

필자가 미국 스탠퍼드 대학원에서 공부할 때에도 그런 방식이 있었다. 개별 학습independent study이라고 하는 것이었다. 필자가 속한 정치학과에는 행정과 정책의 조직론적 특성에 대한 강의가 그렇게 많이 개설되지 않았다. 그래서 때로는 사회학과나 경영학과에 가서 강의를 듣곤 했다. 당시 내 관심은 정책의 조직론적 특성에 있었기 때문에 이를 보완하기 위해서 정치학과, 사회학과, 경영학과, 교육학과 네 곳의 교수를 겸임하고 있는 조직론의 대가인 제임스 마치James G. March 교수에게 학교에서 허락하는 개별학습 과목을 신청했다.

이 개별학습 과목은 담당 교수와 상의하여 학생이 연구하고 싶고, 읽고 싶은 책을 중심으로 심화 학습을 하는 것이다. 관련된 필독서를 중심으로 학습계획표를 학생이 직접 짜고, 이를 교수가 허락하면 2주에 1번씩 만나서 최소 1시간씩 읽은 책을 중심으로 토론하는 방식이었다. 스탠퍼드대학의 마치 교수가 조직론의 대가였기 때문에 엄청나게 바쁠 것으로 생각하고 작은 나라에서 온 유학생에게도 그런 혜택을 줄 것인지 걱정했지만 그것은 기우였다. 그는 어떤 학생이라도 지식을 구하면 이에 응해주는 것이 교수의 가장 중요한 의무라고 생각했던 것 같다. 그리고 멀리 한국에서 온 유학생이 어떤 생각을 갖고 있는지 궁금하기도 했던 것 같다. 그렇게 한 학기 동안 심도 있는 토론 중심으로 학습을 했고, 다시 한 학기를 연장해서 개별학습을 했다. 두 학기 동안 마치 교수와 개별학습을 하면서 조직론의 중요한 저술들을 대부분 섭렵할 수 있었다.

개별학습을 통해 얻은 것은 학문적으로 뛰어난 대가와 함께 토론을 하면서 읽은 책의 내용을 자신의 지식으로 체화할 수 있었다는 것이다. 만약 강의만 듣고 시험 보고 한 학기를 마치는 일반 강의였다면 지식을 깊이 있게 이해하고 자신의 것으로 만들기는 어려웠을 것이다. 그저 객관화된 지식을 겉핥기식으로 암기하고 습득하는 것에 불과했을지 모른다.

20세기의 대량생산체제에서는 보다 많은 사람들이 전문지식을 갖추고 대규모의 조직에서 기능적으로 일하기 위해 대형화된 대학교육이 필요했다. 20세기 후반 전 세계가 고도성장을 하면서 이런 지식의 전수는 매우 효과적이었다. 하지만 21세기에 들어서면서 보다 세분화되고 전문화된 지식을 창출해서 사회에 새로운 부가가치를 제공하려고 하면 객관화된 보편적 지식이 아니라 자기만의 독특한 내재화된 지식 창출 능력을 가져야 한다.

이것은 객관화된 형식지를 습득하는 것을 넘어서 자신만의 암묵지暗默知를 개발해내야 하는 것을 의미한다. 그러기 위해서는 대학교육에서도 형식지는 대형 강의나 동영상으로 제공하고, 심화 학습을 위해서는 다양한 소그룹 토론이나 집단 문제해결 방식을 통해 암묵지를 개발하는 형식으로 주요 교육방식을 바꾸어야 한다. 또한 암기 위주의 시험보다는 자신의 생각을 묻는 토론이나 에세이, 프로젝트 등의 방식으로 학생의 학업 능력을 평가해야 한다.

새로운 교육방법과 교육내용을 개발하기 위해 전 세계 대학에서 끊임없는 변화가 활발하게 일어나고 있다. 예를 들어 지금 미국에서는 많은 실험 대학들이 주목을 받고 있다. 몇 개 대학들의 예는 지금 21세기 대학교육의 미래를 고민하는 많은 사람들의 관심을 끌고 있다.

실리콘밸리 근처의 NASA AMES 센터 옆에 세워진 싱귤래리티대학Singularity University은 100명이 안 되는 학생들이 입학하여 미래에 인류가 직면하게 될 문제들을 풀어보는 목표를 갖고 있다. 《특이점이 온다》로 유명한 레이 커즈와일을 중심으로 창립된 이 대학은 2050년쯤 나타나게 될 기술의 폭발적 성장을 미리 준비하기 위해 인재들이 몰려드는 대학이다. 인류에게 당면한 기후, 환경, 에너지, 빈곤, 물, 교육 등의 문제, 즉 '글로벌 그랜드 챌린지'Global Grand Challenge를 해결하기 위해 학생들에게 다양한 교과목의 융합적 내용을 문제해결형 방식으로 가르친다.

싱귤래리티대학은 '마이크로 디그리'Micro Degree와 '나노 디그리'Nano Degree 같은 유연한 융합 단기과정들을 중심으로 전문화된 프로그램들을 운영하고 있다. 기업과 정부를 대상으로 8주로 이루어진 기업 추동Corporate Accelerator 코스, 창의적 아이디어 워크숍으로는 파괴 워크숍Disruption Workshop, 공상과학 설계 워크숍Science Fiction Design Intelligence Workshop 등이 제공되고, 기하급수적 혁신 프로그램Exponential Innovation

Program 등 다양한 혁신적이고 모험적인 교육 프로그램들이 제공되고 있다.

하버드대학보다 들어가기 어렵다는 미네르바대학Minerva School도 또 하나의 혁신적인 대학이다. 2012년 기존의 대학 시스템으로는 미래의 문제를 해결할 수 없다고 선언하고, 대학교육 전체에 획기적인 혁신을 촉진하기 위해 만들어진 학교이다. 한 해에 전 세계에서 몰린 지원자 가운데 100 대 1의 경쟁을 뚫고 200여 명의 학생이 입학한다. 전원 기숙사생활을 하고 1학년은 샌프란시스코에 있는 캠퍼스에서 수학한 다음, 2학년부터 1년에 한 군데씩 외국 대학의 캠퍼스에 가서 그 도시의 다양한 문제들을 해결하는 연습을 한다. 3개월이나 6개월마다 다른 국가와 도시들을 방문하여 복합적인 문제들을 해결하는 방법들을 찾아낸다. 캠퍼스 없는 혁신 대학을 만들기 위해서 샌프란시스코, 런던, 베를린, 부에노스아이레스를 거쳐, 2017년 가을에는 서울에서 문제 해결 프로젝트를 수행했다. 약 4개월간 250명의 미네르바대학 학생들이 서울에서 다양한 기업, NGO, 사회혁신 기관을 찾아가 현장 학습을 한 것이다.

미네르바대학의 수업은 주로 능동적 학습active learning을 하기 위해 15명 이내의 토론식 세미나를 진행한다. 수업은 100% 온라인 수업으로 진행되지만 일방적인 전공지식을 가르치는 것이 아니라 '거꾸로 수업'과 같이 양방향으로 소통하면서 토론식 세미나 강의로 이루어진다. 수업의 내용도 미래의 주요한 사회적 이슈인 전쟁, 가난, 성평등 등 다양한 이슈를 중심으로 되어 있다. 이런 이슈들을 학생 스스로 생각하고 문제를 해결하는 방식으로 수업이 진행된다. 이처럼 문제를 해결하고 미래 적응 역량을 키우기 위해서 기초가 되는 사회과학, 예술인문학, 컴퓨터과학, 자연과학, 비즈니스 5가지 전공 가운데 하나를 전공으로 선택하게 된다.

올린공대Franklin W. Olin College of Engineering도 매년 100명이 안 되는 학생들이 입학하여 교육을 받는다. 모든 교과목은 5년이 지나면 자동적으로 폐기되는 일몰제를 채택하고 있다. 2002년 보스턴 근교 니덤 시에서 시작된 올린공대는 '프로젝트 기반 과목'project based course으로 수업이 진행된다. 모든 과목이 강의 중심이 아니라 아이디어와 문제해결 중심의 융합 교육으로 이루어진다. 이론 수업은 10% 정도에 그치도록 목표를 세워서 교과 운영을 하고 있다고 한다.

이탈리아 베니스국제대학Venice International University도 미래 네트워크형 대학의 모습을 잘 보여주고 있다. 이탈리아의 외교부 사무총장을 역임한 전문 외교관 움베르토 바타니Umberto Vattani가 베니스의 카포스카리 베네치아대학Cà Foscari Venezia University과 협력하여 1995년에 새로운 실험 대학을 설립했다. 베니스의 중심인 산마르코 광장에서 수상버스로 이동하면 10여 분 걸리는 작은 섬 산세르볼로San Servolo 전체를 캠퍼스로 활용하여 세계 17개 유수 대학들과 네트워크로 연결된 대학을 운영하고 있다.

이탈리아의 파도바대학, 로마대학 등 6개 대학과 미국의 보스턴칼리지, 듀크대학, 프랑스의 보르도대학, 독일의 루드비히 막스밀리안 뮌헨대학, 러시아의 상트페테르부르크 유럽대학, 이스라엘의 텔아비브대학, 스위스의 로잔대학, 벨기에의 루뱅대학, 중국의 칭화대학, 일본의 와세다대학, 한국의 고려대학 등 17개 대학이 참여하고 매 학기 회원 대학에서 파견한 교수 1명과 학생 20명이 모여서 수업을 진행한다. 과거에 산세르볼로섬에서 수도원과 병원으로 사용되었던 시설을 베니스 시정부로부터 이양받아 캠퍼스로 활용하고 있다.

1868년에 설립된 베니스의 카포스카리대학의 교수가 학장으로 참여하고, 1~2명의 전임교수만 회원 대학들을 연결하는 네트워크의 핵심으로 활약하고 교수와 학생들은 모두 국제적 네트워크로 참여하여 새로운 교육을 시도하고 있다. 회원 대학에서 교환학생으로 파견되어 한 학기씩 참여하는 학생 전원은 산세르볼로 캠퍼스의 기숙사에 거주하거나 베니스 시내의 학교 아파트에 거주하면서 베니스의 역사와 문화를 체험하게 된다. 마르코 폴로가 처음 동방으로 발을 내딛은 베니스에서 동서양 문화교류와 르네상스의 문화적 전통, 그리고 미래의 글로벌 이슈에 대한 고민을 함께 나눈다.

'베니스의 역사', '르네상스 시기의 베니스 예술과 건축', '법과 윤리의 동서양 비교', '제국시대의 항구 도시', '공화주의', '평화와 안전의 글로벌 거버넌스', '세계화와 환경과 지속가능 발전', '혁신과 사회변화', '세계 석유와 가스 시장', '기후변화와 강요된 이주' 등 다양한 글로벌 이슈들을 교과목으로 하여 학생들이 교수들과 토론하고 문제해결을 위한 프로젝트를 수행한다.

이외에도 비교과과목으로 다양한 영화 상영, 컨퍼런스, 워크숍 등을 진행하여 전 세계에서 모인 학생들과 교수들이 국제적 감각을 익히고 미래 사회의 도전과제들에 대해 함께 문제해결 방향을 탐구한다. 기존의 대학에서는 전통적인 학문적 지식만을 가르친다면 이곳에서는 전 세계의 교수들과 학생들이 모여서 21세기 미래에 당면한 글로벌 이

베니스 국제대학 전경과 산세르볼로섬.

슈들을 고민한다.

　이러한 다양한 실험 대학의 공통점은 학생들에게 물고기를 잡아주는 것이 아니라 물고기 잡는 방법을 가르쳐 주는 것이다. 전통적인 교육방식으로 전공 지식을 강의하면서 정답을 가르쳐주는 것이 아니라 무엇이 문제이고, 그 문제를 어떻게 풀 수 있는가를 토론이나 프로젝트와 같은 실전을 통해 스스로 학습할 수 있게 만들어주는 것이다. 또한 이를 위해 기존 대학의 틀을 과감하게 해체해서 새로운 실험을 지속적으로 추구하고 있다.

　이런 급격한 변화를 볼 때 오랜 전통을 가진 대학들이 21세기의 인재들을 육성한다고 하면서 이와 같은 엄청난 도전을 외면한다면 자기 모순이다. 대학은 끊임없이 변화하지 않으면 존재 가치에 대한 근본적인 질문에 봉착했거나, 생존이 불가능한 시대에 이미 접어들었다.

이런 변화의 시대에 기존 체제의 혁신을 과감하게 추진하면서 주목받고 있는 또 하나의 대학은 2016년 이후 매년 미국에서 가장 혁신적인 대학 1위로 선정되고 있는 애리조나주립대학Arizona State University이다. 과학기술정책을 전공한 행정학자로서 컬럼비아대학의 수석 부총장을 역임하고 2002년 애리조나주립대학의 총장으로 취임한 마이클 크로Michael Crow는 미래지향적이고 혁신적인 대학으로의 변화를 과감하게 이루어냈다. 미국 지방의 주립대학이 획기적인 변화를 이뤄 주목을 받을 수 있었던 것은 미래지향적인 혁신 비전이 있었기 때문이다.

인공지능 프로그램을 활용하여 개개인 학생들에게 맞춤형 학습을 제공하고, 전공 선택과 과목 선택 등에서 개인의 학습경로에 맞추어 인공지능 지도eAdvisor 프로그램을 지원하는 혁신적인 교육모델을 제시했다. 이에 더해 새로운 융합학과 30개를 만드는 등 21세기에 맞는 새로운 교육 프로그램으로 미래의 대학 모델을 제시함으로써 가장 혁신적인 대학으로 인정받게 된 것이다.

21세기 문명사적 대전환기를 맞아 대학의 학문적 기능에 대해서 많은 도전이 쇄도하고 있다. 유럽에서는 많은 국공립대학들이 교육과 연구뿐 아니라 국가, 사회 및 경제에 어떤 기여를 하고 있는가에 대해 진지하게 답해야 한다며 사회로부터 많은 도전을 받고 있다. 정치가들은 고등교육에 대한 국가의 재정지원의 효과성에 대해 끊임없이 의문을 제기한다. 대학 간의 국제경쟁은 점점 심화되고 있는 반면에 정부의 재정적 지원은 축소되고 있는 것이 현실이다. 미국에서는 사립대학에 다니기 위해 엄청난 교육비 부담을 지는 것을 심각한 사회적 문제로 인식하기 시작했다. 사립대학들은 입학한 학생들이 중도 포기하는 것을 막기 위해 많은 노력을 기울이고 있다. 미국과 유럽의 많은 대학들은 이러한 일련의 현상을 심각한 대학의 위기로 받아들이고 있다.

이러한 비판에도 불구하고 21세기가 지식사회로 변하고 있고 대학이 그 중심역할을 담당해야 하는 것은 피할 수 없는 사실이다. 국가의 경쟁력은 어떻게 더 많은 새로운 지식과 기술을 확보하느냐에 달려있기 때문에 고등교육의 중요성은 부정하기 어렵다. 이런 이유로 인해 더더욱 20세기식 정형화된 지식 전수 위주의 고등교육에서 벗어난 새로운 대학교육과 연구 기능의 혁신에 대한 요구가 끊임없이 제기되고 있는 것이다.

21세기 많은 사회 패러다임이 변화하는 가운데 대학의 새로운 패러다임 혁신은 더욱 활발하게 나타나야만 한다. 국가의 경쟁력을 좌우하는 첨단산업도 대학의 연구를 통해 개발한 신기술에 크게 의존하고 있다. 그래서 산업과 대학의 연계를 강조하는 산학네트워크의 중요성도 지속적으로 강조되고 있다. 대학의 국제경쟁력이 중요한 이슈로 부각되고 각국이 이에 대해 더욱 예민하게 반응하고 있는 것도 바로 이런 이유들 때문이다.

뉴 노멀 시대의 새로운 가능성

뉴 노멀 시대에는 기존에 노멀이라고 생각했던 것이 무참히 부정되는 현상들이 나타난다. 한 가지 예를 들어 보자. 일본의 어느 편의점에서는 1.5 l 페트병 생수가 용량이 3분의 1인 500ml짜리 같은 브랜드의 페트병 생수보다 더 싸다. 똑같은 생수가 세 배나 더 많이 들어있고, 병의 크기도 더 커서 당연히 생산원가는 더 높음에도 불구하고 어떻게 더 쌀 수 있을까?

이것은 우리가 모든 판단의 기준을 양으로만 생각해서 그런 것이다. 물론 생산원가는 큰 병의 생수가 단돈 1엔이라도 비쌀 것이다. 하지만 500ml 생수가 편의성과 수요성이 더 높다면 굳이 더 싸게 팔 이유가 없다. 많은 사람들이 자전거를 타거나 강의실이나 사무실로 이동할 때 1.5 l 페트병을 들고 다니는 것은 사실상 불가능하거나 너무 불편하다. 이것은 가정에서 많은 양의 생수를 필요로 할 때 사용하는 것이다. 그렇다면 같은 생수라고 해도 용기 크기에 따라 용도가 다르기 때문에 작은 것을 더 비싸게 받아도 당연하게 받아들일 수 있고, 편의점이기에 더욱 그럴 수 있다.

뉴 노멀 사회에서는 우리가 기존에 당연하다고 생각했던 많은 것들에 대한 인식이 급속히 바뀔 것이다. 20세기에는 TV, 냉장고, 세탁기 등 내구재가 비싼 것이 당연하지만, 21세기에는 지금 이 순간의 효용을 극대화해주는 여행, 외식, 의류 등 소비재의 가격이 더 비싼 것이 당연할지 모른다. 점심값보다 더 비싼 커피값, 집값보다 더 비싼 자동차값, 한 달 식비보다 더 비싼 일주일의 외식비, 교통비보다 더 비싼 통신비, 일 년 동안 허리띠를 동여매고 돈을 모아서 떠나는 해외여행 경비 등 이전에는 노멀이라고 생각하기 어려웠던 것들이 점점 노멀이 되어가고 있다.

이전 역사의 예를 보아도 이런 현상들은 끊임없이 나타났다. 예를 들어 산업혁명으로 영국에서는 실업이 늘어나고, 심각한 스모그 현상으로 대기오염이 최악에 달했다. 하지만 인류는 이런 위기를 극복하는 과정에서 새로운 가능성을 발견하기도 했다. 스모그로 고통받던 영국은 극한적인 오염에서 벗어나기 위해 환경운동과 함께 급진적인 정책 전환을 채택하였다. 그 결과 지금은 런던의 공기의 질이 획기적으로 개선되어 산업혁명 이전보다도 훨씬 더 깨끗한 공기를 갖게 되었다고 한다.

마찬가지로 영국에서 산업혁명이 일어나면서 기계가 인간의 노동력을 대체하였다. 그 결과 실업문제가 심각해지자 정부는 획기적인 정책 변화를 통해 실업문제를 해결하기 시작했다. 그 결과 이전에는 당연시되었던 아동의 노동이 전면 금지되었다. 생산 현장에서 아동이나 노약자까지 저임금으로 오랜 시간 일하던 것이 관행이었지만, 실업률이 높아지면서 노동시장에서 이들 노동력이 법적으로 퇴출된 것이다. 이런 현상이 지속되면서 노약자나 아동 노동이 노동현장에서 자연스럽게 사라지고 가장 먼저 선진적인 노동 여건이 조성된 것이다.

지금도 우리나라는 OECD 국가들 중에서 손꼽힐 정도로 장시간 근무를 하고 있다. 하지만 실업률이 증가하면 일자리 공유가 자연스러운 대체방안으로 나올 수밖에 없다. 즉, 노동자들의 근무시간을 줄이는 것을 통해 실업문제를 풀 수밖에 없다. 그리고 이것이 정착되면 로봇이나 기계화를 통한 실업의 증가를 고용시간 단축과 일자리 공유를 통해 문제를 해결하여 새로운 고용의 창출이라고 하는 뉴 노멀이 형성된다는 것이다.

기계나 컴퓨터, 로봇이 노동에 참여하게 되면 인간의 노동시간이 획기적으로 줄어들 가능성도 더욱 증가한다. 어쩌면 21세기 중반이 채 지나가기도 전에 주당 20시간 노동이 현실화될지도 모른다. 이제 제조업 중심의 산업사회 기준으로 노동, 직업, 인구의 문제를 풀려고 하면 오히려 실업은 증가하고 이에 비례하여 복지 지출도 증가하게 될 것이다. 이러한 새로운 사회적 부담을 해결하기 위해서는 노동시간의 단축과 일자리 공유를 통해 고용 비용의 절감 등과 같은 노동의 유연성이 사회적 합의에 의해 이루어져야만 한다.

이처럼 거꾸로 뒤집어 보면 심각한 문제는 오히려 그 자체가 해결책일 수도 있다. 출산율 저하로 노동력이 부족하다고 하지만 고령화 현상으로 80세까지 일할 수 있는 노동력이 새로 생길 수도 있다. 인공지능, IoT, 로봇 등의 보편화가 이루어지면 기업에서 필요로 하는 노동 인구는 급속하게 줄어들 것이다. 따라서 인구가 많아지면 오히려 실업자만 늘어날 가능성이 높기 때문에 인구가 줄어드는 것이 반드시 부정적인 영향을 미치는 것만은 아니라는 주장도 설득력을 얻게 된다.

더 나아가 세계화가 급속히 진행되면 저개발국의 단순 노동력의 이동은 급격히 증대될 것이다. 이제 더 이상 노동력 공급을 국내 노동 인력과 국내 노동시장에 의존하지 않고 국제적인 노동의 이동을 통해 해결하는 새로운 변화가 급속히 일어날 것이다. 왜 제품생산은 전 세계 곳곳에서 이루어지는데 국내 노동력만 노동력이라고 고집하는가?

일본의 경제학자 요시카와 히로시吉川洋는 최근 저서 《인구가 줄어들면 경제가 망할까》人口と日本經濟에서 일본의 저출산이 반드시 부정적 영향만을 미치는 것이 아니라고 주장한다. 예를 들어 《인구론》으로 유명한 맬서스의 이론에 따르면 경제가 부유해지면 먹을 것이 많아져서 사람들은 아이들을 더 많이 낳을 것이라고 예측한 바 있다. 하지만 실제로는 그 반대의 현상이 나타났다. 경제수준과 출산율은 반비례한다는 사실이 역사적으로 증명되고 있다.

경제수준이 높아지면 단순히 먹고 사는 문제가 아니라 다양한 사회적 활동과 문화적 활동을 많이 하게 된다. 그렇게 되면 시간적으로나 경제적으로 자녀를 많이 갖기가 어려워져서 출산율이 낮아진다는 것이다. 이와 마찬가지로 근대화 이후 선진국의 경제성장은 인구의 증가로 인해 나타나는 것이 아니라 기술혁신에 의해 나타난다고 요시카와 히로시는 주장한다. 일본의 경우에도 저출산으로 인해 인구가 줄어들어서 국가경쟁력이 저하되고 경제성장이 둔화되는 것으로 생각하기 쉽다. 하지만 실제로는 이 때문이 아니라 기술혁신이 미국에 비해 저조하고, 관료제의 규제 등 경제시스템이 혁신을 일으키기에 부족하기 때문이라는 것이다.

저출산뿐 아니라 글로벌화로 인해 노동의 국제 분업 등 다양한 노동의 대체현상이 나타나고 있다. 이미 미국은 단순 노동에서 엄청난 외국인 노동력을 활용하고 있고, 외국인 노동자에 대한 거부감이 많은 일본의 경우는 로봇을 이용한 단순 서비스 노동력의 대체가 급속히 증가하고 있다. 세븐일레븐과 같은 편의점이나 마켓에서는 이미 자동으로 계산과 포장이 가능한 시스템이 도입되어 있다. 호텔에서도 공룡 로봇이나 인형 로봇이 체크인과 체크아웃을 종업원 대신 해주고 있다. 기존의 단순 노동력을 대체하는 새로운 방안들이 계속 개발되고 있기 때문에 저출산으로 인한 노동력 부족은 심각한 문제가 되지 않을 수도 있다. 오히려 미국처럼 고학력 전문직의 외국인 노동 인력의 유입이나 전 세계의 노동력을 단기적으로 네트워크화하는 것을 통해 생산성을 높일 수도 있다.

결국 이러한 경쟁에서 중요한 것은 사회가 보다 효과적인 시스템을 얼마나 잘 디자인할 수 있느냐이다. 경쟁력이 높은 사회는 이러한 시스템 디자인을 고도화하여 보다 높은 생산성을 이루어낼 수 있다. 새롭게 등장하는 사회문제를 시스템으로 해결할 능력이 부족할 때 가장 쉬운 접근방법이 기존의 문제해결 방식으로 대응하는 것이다. 하지만 그렇게 되면 이미 변한 사회적 환경에서는 기존 방식이 맞지 않아서 오히려 문제를 더 꼬이게 만들고 갈등을 유발하게 된다. 예를 들어 소득격차를 줄이기 위해서 단순히 임금을 올리는 것이나 복지 수당을 대폭 확대하는 것만으로 문제를 풀려고 하면 또 다른 사회적 문제를 발생시킬 수 있다는 것이다. 이보다는 훨씬 복잡하고 정교한 새로운 시스템 디자인을 통해 사회문제들을 풀어야 한다.

예를 들어 미래에는 연령별로 다양한 노동력의 층위가 나타날 수 있다. 그래서 각 세대별 능력과 특성에 따라 노동의 특성을 조합해주는 것도 필요할 것이다. 사회에 막 진출해서 왕성하게 활동하는 30~40대는 진취적인 아이디어로 다양한 사회문제를 해결하는 도전을 주로 담당하는 시기로 볼 수 있다. 50~60대는 폭 넓은 시야를 갖고 이러한 문제를 진단하고 문제를 효과적으로 풀기 위한 시스템 디자인이나 이를 구체화하기 위한 네트워크 디자인을 종합적으로 구축하는 시기로 볼 수 있다. 이렇게 50~60대에 의해 구축된 종합적인 시각을 바탕으로 30~40대가 개별적인 능력을 발휘하여 보다 창의적으로 문제를 해결할 수 있다.

다른 한편 70~80대는 전문성이나 기계의 힘으로 할 수 있는 일보다는 인간의 감성적 능력이 필요한 서비스를 제공하는 시기로 볼 수도 있다. 이제는 70~80대도 건강하게 움직일 수 있는 능력이 있기 때문에 정성어린 서비스를 제공하는 노동을 이들이 담당할 수 있다. 공감능력이 뛰어나고 보다 많은 시간을 들여서 정성을 갖고 '휴먼 터치'로 문제를 풀어야 하는 서비스업에 노년층 노동력이 더 적합할 수 있다. 이와 같은 접근은 연령과 노동의 특성에 대한 단순한 구분에 불과하지만, 21세기에는 이처럼 일의 내용이나 성격을 연령, 국적, 전문성 등 인간의 다양한 사회적 특성에 따라 다르게 조합하는 시스템을 디자인해서 운영할 필요도 점점 증가할 것이다.

새롭게 등장하는 사회적 문제는 전혀 새로운 시각에서 하나하나 뜯어보고 해결 가능성을 모색하여 새로운 시스템을 설계해야 한다. 기존의 방식으로 책임을 서로 전가하면서 문제를 풀려고 하면 제로섬 게임에서 사회적 갈등과 사회적 비용만 증가하게 된다. 새 술은 새 부대에 담아야 한다. 사회적 문제를 포지티브섬 게임으로 해결하기 위한 참신한 정책 설계가 필요하다. 뉴 노멀 시대에 진입하면서 새로운 문제해결 방안을 찾고 새로운 시스템을 설계하는 데 지혜를 모아야 할 것이다.

제5장

뉴 노멀에 적응하기와
개척하는 지성

21세기에 새롭게 전개되는 뉴 노멀에 어떻게 대응할지 고민하지 않고 가만히 있어도 언젠가는 쉽게 적응될 것이라고 기대하면 안 된다. 그렇다고 뉴 노멀에 저항하는 것도 어리석은 일이다. 왜냐하면 뉴 노멀은 비가역적인 인류 진화의 한 양상이기 때문이다. 21세기 인류는 끊임없이 뉴 노멀에 적응하기 위해 노력해야 한다. 적응하지 못하면 생존하기 어려운 시대가 곧 도래할 것이다.

뉴 노멀에 적응하려면 우선 기존에 노멀이라고 생각했던 패러다임을 모두 버리는 것이 필요하다. 이미 몸에 익숙해진 기존의 노멀 상태를 버리라고 하는 것은 힘겨운 주문일지 모르지만, 그렇게 하지 않으면 뉴 노멀로 변화하고 이에 적응하는 것은 불가능하다. 삼성 이건희 회장이 삼성을 재구축할 때 프랑크푸르트 선언을 통해 '아내와 자식을 빼놓고 모든 것을 다 버려야 한다'고 한 기억이 새롭다. 경공업과 무역 중심의 산업구조에서 국내 기반을 잘 다져온 당시의 삼성이 기존의 모든 시스템을 버리는 것은 쉬운 일이 아니었다. 하지만 기존의 성공신화에 안주해 있으면 언젠가는 서서히 침몰하는 조직을 목격하게 될 것을 이 회장은 예견한 것이다. 그리고 그런 변화를 통해 삼성은 국제적으로 일류기업이 되었다. 빠르게 변하는 21세기에 기존의 성공에 안주한다면 미래에 성공의 열매를 얻기는커녕 생존도 어렵다.

이처럼 빠르게 변화하는 뉴 노멀에 적응하기 위해서는 몇 가지 조건들이 필요하다. 먼저 기존의 노멀에서 성공적이라고 생각했던 많은 요소들을 포기해야만 뉴 노멀에 쉽게 적응할 수 있다. 성공은 실패의 어머니이고 성공에 안주하면 실패할 확률이 높아진다는 것을 명심해야 한다. 하지만 익숙하던 것을 버리고 새로운 길을 찾아나서는 것은 그리 간단한 일은 아니다. 가 보지 않은 길은 불확실성과 위험성이 상존하는 것처럼 보이기 때문에 성공의 기억을 벗어던지기가 쉽지 않다.

다음으로 뉴 노멀에 적응하기 위해서는 열린 마음으로 새로운 것을 포용하는 자세가 필요하다. 자신의 울타리를 쌓고 그 안에 안주하면서 독점적인 이익을 찾으려고만 하면 새로운 변화를 거부하기 쉽다. 이질적인 것을 포용한다는 것이 두렵기도 하고, 불편하게 생각되기 때문이다. 하지만 그렇다고 해서 새로운 것을 받아들이지 않는 일들이 반복되면 뉴 노멀에서 성공하기 어렵다. 개인도 그렇고, 사회도 그렇고, 국가도 마찬가지이다. 자신의 독특한 특성만을 붙들고 이에 집착하고, 개방적인 자세를 회피할 때 뉴 노멀의 변화에 적응하기란 쉽지 않다. 다른 요소들을 포용하지 않고 기존의 상태에만 집착하며 모든 것을 제로섬 게임으로 생각하면 자신의 이익을 위해 수동적이고 방어적이 되기 쉽다. 반대로 변화에 대해 열린 자세로 자신을 내어주고 상대편을 받아줄 때에는 상호 윈-윈이 되고 포지티브섬 게임이 될 수 있다. 그렇게 되어야만 뉴 노멀에 쉽게 적응할 수 있다.

끝으로 새롭게 변화하는 뉴 노멀을 맞이해서는 적극적인 도전의 자세가 필요하다. 해보지도 않고 과거에 안주하면서 기득권만을 지키려고 하면 뉴 노멀에 적응하기는 쉽지 않다. 변화를 두려워하지 않고 새로운 시도를 하며 적극적으로 도전할 때 뉴 노멀에 적응할 근력을 키울 수 있다.

따라서 뉴 노멀에 성공적으로 적응하기 위해서는 기득권을 포기하고, 새로운 것을 포용하면서, 도전하고 개척하는 태도가 필요하다. 그리고 이를 위해서는 자신만의 개척하는 지성의 능력을 키워나가야 한다. 20세기 방식의 낡은 노멀에서는 노력만 하면 적응하기 쉬웠을지 모른다. 하지만 21세기 뉴 노멀을 맞이해서는 끝없이 도전하고 개척해서 자신만의 독특한 능력을 키워내지 못하면 뉴 노멀에 적응하기 어렵다. 그러면 뉴 노멀에 적응하기 위해서 필요한 개척하는 지성의 능력을 갖기 위해서는 어떤 노력이 필요할까? 20세기의 지식 획득과는 사뭇 다른 새로운 시각의 능력을 키워내야 한다.

뉴 노멀 사회로 가는 길

우리는 이제 20세기의 패러다임을 빨리 벗어나야 한다. 왜냐하면 21세기에 새로운 사회가 펼쳐지는데 20세기식 문제해결이나 발전방향을 고수한다면 실패의 확률이 높기 때문이다. 예를 들어 부동산 투기의 경우 종종 "막차를 탔다", "상투를 잡았다"라고 하는 말을 듣게 된다. 많은 사람들이 투자에 성공한 것을 보고 쫓아가면 이미 늦는다는 것이다. 최근에 비트코인 열풍에 막차를 탄 젊은이들이 원금을 절반 이상 잃고 자살하는 비극을 안타깝게 지켜보았다. 앞에 가는 사람이 성공했다고 무작정 뒤따라갔다가는 낭패를 보는 경우가 많다. 20세기에 성공한 방식으로 투자하면 21세기에는 실패하기 쉽다.

10년도 더 된 일이지만 우리나라 대학가에서 미국 회계사 자격시험이 유행처럼 번진 적이 있었다. 한국인으로서 미국 회계사 자격증을 갖고 있으면 높은 연봉을 받는 일자리에 취업할 수 있다고 여겼기 때문이다. 우리 경제가 글로벌화하면서 미국계 회사들의 진출이 점점 늘어나고, 한국기업들도 미국 회사들과 거래가 점점 많아졌다. 그래서 미국 회계사 자격증을 갖고 있으면 직업 선택에 유리하다는 이야기가 매우 설득력 있게 들렸다. 당시 500만 원이 넘는 비용을 들여 회계 관련 학원과 회계법인에서 회계학을 배우고 미국령 괌에 가서 자격시험을 보는 학생들을 대학가에서 많이 볼 수 있었다.

하지만 투자에 비해 효과는 미미했다. 미국 회계사는 한국에서 개업할 수 없고, 기업에서도 이제는 영어로 소통하는 것이 그리 큰 문제가 아니다. 그렇기 때문에 한국에서 공부하고 단순히 미국회계사 자격증만 갖고 있는 사람보다는 미국인 회계사이거나 미국에서 대학을 나와서 미국 회계사 자격을 갖춘 한국인을 채용하는 것이 더 낫다고 생각한다. 한국에서 대학을 졸업한 사람이 미국 회계사 자격증 '스펙'을 갖추는 일은 가성비가 거의 제로에 가깝다.

문과를 선택한 많은 학생들이 경영학을 이중전공으로 하려고 한다. 아마 경영학으로 이중전공을 택하면 취업에 유리할 것이라고 생각하기 때문일지 모른다. 하지만 인문학을 전공한 학생들이 굳이 스펙을 위해 경영학을 이중전공으로 삼는 것은 바람직하지 않다. 20세기 대량생산체제에서는 조직관리가 중요하기 때문에 경영학과나 행정학과 같은 응용학문의 학과들이 유능한 화이트칼라를 배출하는 창구였다. 하지만 21세기에는 이러한 전문 능력도 필요하지만 인문학적 소양이 남달리 뛰어난 사람이 오히려 통찰력과 공감능력이 뛰어나 사회적으로 대접받을 수 있다.

여러 해 전 교양수업 시간에 선호하는 직업이 무엇인지 물었더니 펀드 매니저를 희망하는 학생들이 가장 많았다. 아마 수입이 가장 많은 직업으로 알고 있어서 그랬던 것 같다. 20세기식으로 보면 연봉이라는 돈의 양적 가치가 가장 중요한 직업선택 기준인 것은 틀림없어 보인다. 하지만 두 가지 점에서 필자는 반론을 제기했다. 하나는 21세기에도 연봉이 삶의 최고의 가치가 될 것인지, 다른 하나는 20세기에 최고의 수입을 보장하던 펀드 매니저와 같은 직업이 21세기에도 가장 많은 수입을 보장해줄지에 대한 의문이었다. 지금 국민소득 3만 달러 시대에 막 접어드는 오늘의 삶의 가치와 앞으로 맞게 될 5만 달러 시대의 삶의 가치는 다를 수밖에 없다.

지금 젊은이들의 부모가 된 베이비붐 세대는 1970년대 말이나 1980년대 초에 대학을 졸업하고 사회에 진출했다. 당시에는 현재의 30분의 1에 불과한 1,000달러 전후의 1인당 국민소득으로 가정보다는 직장, 기업 조직에 대한 충성, 부동산 투기 등으로 모두들 정신없이 내달렸다.

국민소득 3만 달러 시대에 접어들면서 젊은 사람들의 소비행태나 삶의 양식은 부모 세대와는 전혀 다르게 변화했다. 베이비붐 세대의 부모들로서는 이해하기 어려운 생활방식일지 모른다. 앞에서 살펴 본 것처럼 젊은이들은 집을 사지 않고 전·월세로 살면서도 여행을 즐긴다. 가전제품보다 인테리어나 외식에 쉽게 지갑을 연다. 값비싼 외제 자동차나 구두, 핸드백, 시계 등의 고급 브랜드에 기꺼이 지출한다. 재력이 풍부한 부모 세대는 스타벅스 커피를 비싸다고 여겨 1,000원짜리 커피를 편의점에서 사 마시지만 부모에게 용돈을 타 쓰는 자녀들은 커피값이 5,000원을 넘어도 전혀 개의치 않는다.

소비 형식은 끊임없이 변화한다. 필자가 1980년대 말 미국유학을 마치고 귀국했을 때 축하한다고 많은 친지들이 식사 대접으로 우리 가족을 한다고 초대한 곳이 고기의 질은 나쁘지만 무한정 먹을 수 있는 고기뷔페 집이었다. 1988년 서울올림픽을 계기로 국민소득이 약 5천 달러 정도로 상승한 결과로 우리도 고기를 마음껏 먹게 되었다는 상징이었을 것이다. 이제 3만 달러를 조금 넘는 국민소득을 갖게 되니 그런 식당은 일부 대학가나 변두리를 제외하고는 자취를 감추었다. 요즘은 풀코스 요리나 무한리필을 제공하는 식당보다는 단품이라도 제대로 질이 좋은 음식이나 분위기 있는 식당을 찾게 된다.

앞으로 5만 달러 시대로 접어들고, 더 나아가 10만 달러 시대가 된다면, 우리의 소비형태가 어떻게 변화할까? 국민소득이 2만 달러가 되기 전, 치킨과 맥주를 즐기는 소비 패턴의 시절에 성공했던 치킨집과 피자집은 5만 달러 시대에도 여전히 성업을 할 수 있을까?

인문학적 소양을 갖춘 학생이 경영학을 전공하고 싶다고 하면 필자는 일본에서 엄청난 대중적 인기를 누리고 있는 시오노 나나미塩野七生의 이야기를 들려준다. 정말 돈을 많이 벌고 싶으면, 그 학생이 사회에 나가 활약하게 될 앞으로 20~30년 후를 생각해보도록 권한다. 그때가 되면 우리 국민이 최소한 5만 달러 이상의 소득을 누리게 될 텐데 그쯤 되면 사람들은 돈보다는 문학, 철학, 역사에 관심을 더 많이 갖게 될 것이다.

시오노 나나미는 학부에서 문학을 전공하고 이탈리아로 대학원 유학을 갔다가 이탈리아인과 결혼해서 그곳에 정착하여 살았다. 그러던 중 50세 가까운 나이에 로마의 역사를 재미있게 소개하고 싶어서 《로마인 이야기》를 집필하기 시작했다. 아침 일찍 집안일을 마치고 매일 로마의 국립도서관에 가서 자료를 찾아 글을 썼고 15년간 매년 한 권씩 책을 냈다고 한다.

《로마인 이야기》 시리즈는 일본뿐 아니라 많은 나라에서 번역되어서 시오노 나나미는 인세만으로도 매달 수억 원 이상의 수입을 얻는다. 웬만큼 잘 나가는 펀드 매니저보다 훨씬 많은 부를 누리고 있는 것이다. 그녀가 소개하는 로마 이야기는 역사교과서에서 접해서 모두 다잘 아는 이야기들이다. 하지만 이처럼 익숙한 소재를 어떤 관점에서어떻게 지금의 독자들에게 흥미를 유발하는 이야기로 만드는가 하는것은 작가의 역사적 문제의식과 문학적 재능, 그리고 독자를 끌어당기는 글재주에 있다.

'해리 포터'의 작가 조앤 롤링Joan K. Rowling은 2016년 한 해에 1,000억 원이 넘는 출판인세 수입을 올렸다. 잘 아는 대로 조앤 롤링은 영국엑시터대학에서 불문학과 고전학을 전공한 가난한 소설가 지망생이었다. 학교 교사로 28세에 이혼모가 되어 혼자 어린 딸을 키우며 정부 보조금까지 받으며 생활해야 했다. 《해리포터와 마법사의 돌》 원고는12군데 대형출판사로부터 출판을 거절당했고, 마지막에 소규모 출판사인 블룸즈버리 출판사로부터 겨우 인세 2백만 원 정도를 미리 받고초판은 5백 부만 출간했다. 그랬던 것이 나중에 미국 아동출판사로부터 인정을 받아 7부 《죽음의 성물》에 이르기까지 출간될 때마다 전 세계의 어린이들의 사랑을 받는 대히트를 치게 된 것이다.

한국의 K-Pop에 선풍적 인기를 선사하고 있는 방탄소년단의 소속사인 방시혁 대표의 빅히트엔터테인먼트의 기업가치는 1조 6천억 원에서 2조 원까지 추정되고 있다. 이른바 유니콘기업이라고 하는 비상장 벤처기업이 2018년에 전 세계에 236개가 있다고 하는데 한국에는쿠팡, 옐로모바일, 엘앤피코스메틱 3개밖에 없고, 빅히트엔터테인먼트가 곧 합류하게 될 것이라고 한다. 제조업이 아니고 유통과 네트워크, 그리고 마스크 팩으로 성공한 화장품회사가 유니콘 기업이 된 것이다. 20~30년 전에 대학생들이 이런 변화를 상상이나 했을 것인가?

그렇기 때문에 미래에 돈을 벌고 싶다고 하더라도 지금 많은 돈을 버는 전공을 택할 것이 아니라 30년 후 돈을 벌기 위한 전공에 자기 실력을 키우는 소질을 맞추는 것이 중요하다. 단순히 돈을 많이 버는 것이 아니라 자기가 잘할 수 있고, 좋아하는 일을 찾아 열심히 하다 보면 돈은 저절로 따라올 가능성이 높다. 또한 누구나 다양한 방식으로 어느 정도 먹고 살 수 있는 30년 후 삶에서 돈이 최고의 가치가 아닐 가능성이 더 많다.

21세기의 미래를 위해 20세기의 패러다임으로 고생하는 것은 어리석은 일이다. 그런 점에서 아이스하키가 최고 인기 스포츠인 캐나다에서 국민 영웅이 된 아이스하키 선수 웨인 그레츠키Wayne Gretzky의 이야기는 의미심장하다.

> **"훌륭한 아이스하키 선수는 퍽이 있는 곳으로 달려가지만,**
> **위대한 아이스하키 선수는 퍽이 향하는 곳으로 달려간다."**

200가지가 넘는 전술을 외워서 구사한다는 미식축구의 쿼터백은 러닝백이 달려가는 곳을 향해 정확히 공을 던진다. 뛰어난 쿼터백은 뒷걸음질 치면서도 상대편 수비수들의 맹렬한 견제를 받고 있는 자기 팀의 러닝백에게 공을 정확하게 던져 성공시킨다. 어떤 때는 20~30센티미터도 차이 나지 않게 러닝백이 공을 잡는다. 모두 뛰어난 예측력을 갖춘 쿼터백과 러닝백의 하모니이다.

21세기의 사회가 어떻게 변화할지 예측하고 달려가는 것이 필요한 것이지, 모든 사람들이 이미 경험한 20세기 방식으로 노력하는 것은 쓸데없는 낭비가 될 가능성이 높다. 엄청나게 많은 스펙에 투자한 사람은 스펙 수집을 취미로 하는 것에 만족해야 할 것이다. 스펙을 많이 갖추었다는 것이 자기 만족감 이상의 효과를 얻기는 어렵다는 것을 쉽게 깨닫게 될 것이다.

'친구 따라 강남 간다'고 영어 하나 잘해서 출세하기를 바라며 미국이나 호주 등으로 자식을 조기 유학 보낸 부모들 중에서 가족이 붕괴되고 황폐해진 경우를 주위에서 많이 보게 된다. 물론 모두 실패한 것은 아니지만 조기 유학을 거쳐 외국 대학까지 나온 자녀가 20년 전 유학을 보낼 때 기대했던 것만큼 성공적인 결과를 얻었다고 자랑스럽게 이야기할 부모들은 그리 많지 않은 것이 사실이다.

우리 사회는 20세기 후반에 "하면 된다"라는 신념으로 고도경제성장 과정에서 엄청난 것을 성취했다. 외국에서 볼 때 거의 불가능한 일들을 이루어냈다. 산업 불모지에서 시작해 철강, 조선, 반도체, 가전제품, 자동차, 스마트폰 등에서 세계적인 경쟁력을 갖춘 대기업들을 만들어 냈다. 5,000만 명에 불과한 인구를 갖고서 이처럼 주요 산업 전반에 걸쳐 우수한 제품을 생산하고 더 나아가 세계 1, 2위의 경쟁력을 보이는 산업을 갖고 있는 나라는 전 세계에서 한국이 유일하다.

교육 부문에서 한국의 대학들은 엄청난 성장을 기록했다. 세계적인 권위를 가진 영국의 QS 평가에 의하면 4,700여 개 되는 세계의 주요 대학 가운데 한국의 대학들이 100위권에 많이 포진되어 있다. 2018~

2019년 세계 대학평가 순위에서 서울대가 36위, KAIST가 40위, 포스텍이 83위, 고려대가 86위, 성균관대가 100위, 연세대가 107위로 평가되었다. 이것은 같은 해 QS 평가에서 미국의 유수대학인 남가주대학USC이 115위, 피츠버그대학이 136위, 미네소타대학이 156위, 일본의 유수대학인 게이오대학이 198위, 와세다대학이 208위인 것과 비교할 때 한국의 대학들이 이전에는 상상도 못할 정도로 발전한 것을 알수 있다. 특히 등록금은 미국 사립대학의 5분의 1에도 못 미치고, 정부의 경상비 재정지원이 하나도 없는 우리나라 명문 사립대학이 달성한 순위는 기적과 같이 높은 평가인 것이다.

하지만 이런 양적 성장이 더 높은 단계의 질적 성장으로 가기에는 또 다른 차원의 혁신이 필요하다. 선진국의 문턱까지 추격하는 것은 가능한데, 정말 선진국이 되기에는 또 다른 노력이 필요하다는 것이다. 선진국의 제도, 문화, 생활방식, 비전, 삶의 질 등 우리가 본질적으로 바꾸어야 할 것이 너무나 많다. 우리 시대의 패러다임은 선진국의 글로벌 스탠더드와 글로벌 패러다임과 차이가 나는 것이 많다. 그것은 단시일에 따라잡기도 어렵고 시간과 노력이 많이 드는 작업이다.

일본 홋카이도北海島대학에서는 2010년에 스즈키 아키라鈴木章 교수가 처음으로 노벨화학상을 받았다. 2018년 QS 평가에서 고려대는 아시아에서 16위이고, 일본의 동경대가 13위, 교토대가 17위, 홋카이도 대학이 31위였다. 하지만 노벨상 수상으로 볼 때는 한국대학과 일본대학은 엄청난 격차를 보이고 있다. 한국대학에서는 아직 단 1명의 노벨상 수상자도 배출하지 못한 것에 반해 동경대는 이미 10명의 동경대 출신이 노벨상을 받았고, 교토대 출신은 6명이 받았다.

몇 년 전 홋카이도대학 총장이 고려대를 방문했을 때 어떻게 하면 우리도 노벨상을 받을 수 있겠느냐고 우스갯소리 같은 질문을 한 적이 있다. 엄청나게 빠른 속도로 대학의 순위를 올려놓은 우리의 입장에서 이제 노벨상도 빨리 받아야 한다는 강박관념에서 나온 어리석은 질문이었다. 그때 그는 웃으면서 고려대가 1905년 보성전문학교로 개교했는데, 홋카이도대학은 1876년에 삿포로농학교로 개교했기 때문에 노벨상이 나오려면 29년은 더 기다려야 한다고 농담했다.

홋카이도대학은 "소년이여! 야망을 품으라!"Boys! Be Ambitious!는 연설로 우리에게 익숙한 윌리엄 클라크William Clark 박사가 일본 최초의 고등농업교육기관인 삿포로농학교 초대 교장으로 취임하여 학생들에게 개척정신을 불어넣은 곳으로 유명하다. 삿포로의 '양들의 언덕'羊ヶ丘이라는 곳에는 하늘을 향해 손을 뻗은 클라크 박사의 동상이 서 있다. 그는 근대화 초기에 일본 젊은이들에게 유럽식 농업을 전수하여, 와인뿐 아니라 우유, 치즈 등 새로운 낙농업의 길을 개척해주었다.

사실 우리가 빠른 기간에 연구 성과를 내서 세계 유수의 대학들과 어깨를 나란히 할 정도로 성장한 것은 대단한 일이지만 노벨상 수상자와 같은 연구자를 배출하는 것은 또 다른 문제이다. 노벨상의 업적을 내기 위해서는 오랜 연구 전통과 연구 문화가 있어야 하는데 우리나라의 대학이나 연구소는 매우 빠른 추격자로서는 성공했지만 창조적 연구가 활성화된 것은 아니기 때문이다. 그런데 20세기에 성공한 연구육성 정책에 고무되어 마찬가지의 전략으로 노벨상 타기를 기대하는 것은 어리석은 일이다.

언제나 노벨상 선정 시기가 되면 목이 빠지게 노벨상 수상 소식을 기다리는 우리도 이제는 차분히 창조적인 연구를 시작해야 한다. 연구의 저변을 확대하고 중고등학생들부터 문과, 이과의 구별을 없애고, 대학에서 창의적이고 논리적인 사고력과 문제해결 능력을 키워내야 한다. 호기심에 가득 찬 학생들이 넘쳐나야지, 정답을 정확하게 맞히는 학생들로 가득한 사회에서 노벨상을 기대한다는 것은 우물에서 숭늉을 찾는 격이다. 20세기 방식이 아니라 21세기 새로운 패러다임으로 우리 교육의 틀을 바꾸지 않으면 창조적 연구는 불가능하다.

미래로의 여정은 이미 시작되었다. 린다 그래튼이 지적하는 것과 같이 우리가 아무리 통제하려고 해도 거부할 수 없는 '당연한 미래' default future가 앞에 펼쳐져 있다. 이런 미래에 수동적으로 대응하기 보다는 '설계된 미래' crafted future를 만들어가는 것이 중요하다. 다양한 미래의 조건들을 조합하고 불확실성을 제거하면서 헤쳐 나가는 개척정신이 미래를 슬기롭게 대처하기 위해 제일 중요한 덕목으로 우리에게 다가온다.

인류는 끊임없이 개척하며 발전했다. 이성계가 조선을 개국한 지 꼭 100년이 되던 해인 1492년에 콜럼버스가 황금을 찾아 대서양을 건너 미 대륙을 발견하였고, 스페인의 남미 정복이 시작되었다. 스페인의 남미 정복은 서구 제국주의가 원주민의 문화와 인종을 말살한 인류 역사의 그늘이기도 하지만, 유럽의 여러 나라들이 대서양을 넘어 새로운 항로를 개척하는 계기를 만들기도 했다. 동서양의 교류와 신세계에 대한 동경이 끊임없는 인간의 개척 욕구를 자극한 것이다.

미국의 개척정신은 영국에서 종교적 박해를 피해 메이플라워호를 타고 대서양을 건너 뉴잉글랜드에 정착한 청교도의 정신으로 시작되었다. 이러한 개척정신은 1849년 서부 샌프란시스코 인근 네바다주 리노에서 발견된 금광을 찾아 대륙횡단을 감행한 골드러시로 활짝 꽃피우게 되었다. 동부의 미국인들이 역마차에 온 가족을 싣고 대륙횡단을 시도했던 개척정신은 서부영화에서 흔히 볼 수 있는 미국 문화의 상징이었다. 인디언의 습격 위험을 감수하고 끝없이 펼쳐진 대지에서 허기와 추위를 참아가며 일확천금을 찾아 대륙횡단을 했던 서부개척 시대에 미국인들의 도전정신과 개척정신이 시작된 것이다.

샌프란시스코의 유명한 미식축구팀의 명칭이 '49ers'라고 하는 것도 바로 이러한 서부개척 정신에서 유래한 것이다. 1849년 황금을 찾아 대륙횡단을 감행했던 개척자들의 모험정신을 샌프란시스코 팀이 자신들의 이름으로 차용한 것이다. 이와 같은 서부 개척정신이 지금은 스탠퍼드대학을 중심으로 한 실리콘밸리에 그 뿌리를 내리고 있다.

사회는 끊임없이 변화한다. 기존의 노멀은 뉴 노멀이 등장하면 과거의 노멀로 전락하여 사회로부터 배척을 받는다. 기성세대는 신세대에 밀려 뒷방으로 서서히 물러나게 된다. 이전에는 당연하고 그럴 듯하던 것이 뉴 노멀이 등장하면 이상하고 촌스러운 것으로 변화한다. 아주 많은 시간이 흘러 앤티크가 되어서 다시 멋을 풍기게 되기 전까지는 모두 버려야 하는 과거의 유물로 전락하고 만다.

특히 기존의 노멀에만 집착하면 시대착오적이고 고집불통의 완고한 인간으로 치부된다. 뉴 노멀은 끝없이 새로운 가치와 제도, 문화와 사상을 만들어낸다. 자신에게 익숙한 길이라고 기존의 노멀만을 강조하면 뉴 노멀로 가는 길에서 낙오되고 도태되기 쉽다. 인류의 진화과정을 보면 인간은 끊임없이 뉴 노멀에 적응하고 변화하는 과정을 겪어 왔다.

　뉴 노멀 사회로 가는 길은 실패와 좌절로 점철된 길이다. 이전의 노멀 사회에서 성공을 보장해주던 길은 어느 순간 막다른 길이 되고, 그 길을 질주하던 사람들은 방향을 잃고 방황한다. 언젠가는 유람선이 찾아와 멋진 여행지로 안내해 줄 것을 기대하고 무턱대고 기다리기만 해서는 안 된다. 뗏목이 되었건, 요트가 되었건 자기 스스로 항해할 수단을 만들어서 먼 바닷길을 떠나지 않으면 멋진 여행을 하기 어려운 시대가 되었다. 도전하고 개척하지 않으면 장밋빛 미래는 결코 다가오지 않는다.

뉴 노멀에 적응하기 위한 조건들

급변하는 사회에서 뉴 노멀에 적응하기는 쉽지 않다. 적응했나 싶으면 어느새 새로운 뉴 노멀이 등장해서 우리를 당황하게 만들곤 한다. 이런 뉴 노멀에 적응하기 위해서는 어떤 대응을 해야 하나?

뉴 노멀에 적응하기 위해서는 몇 가지 조건이 필요하다. 먼저 기존의 노멀을 모두 포기해야 한다. 그리고 새로운 변화를 적극적으로 수용해야 한다. 열린 자세가 아니면 서서히 가라앉아 도태될 수밖에 없다. 위험을 감수하는 과감한 도전정신이 없으면 뉴 노멀에 쉽게 적응하거나 성공할 수 없다.

포기

농경사회의 전통을 기반으로 형성된 우리의 문화적 특성은 현재의 상황을 툴툴 털고 일어나 떠나지 못하는 정주민적 성향이 강하다. 자기의 땅을 갈고 그곳에서 1년 간 땀 흘려 얻은 수확물로 가족을 먹이고 보살피며 정주해 온 오랜 농경사회의 문화는 유목민의 문화와 사뭇 다르다. 농경사회에서는 오랜 기간 정착하여 안정적인 시스템을 유지하면서 자신이 축적한 부를 바탕으로 영토를 넓히기도 하고, 자손에게 상속하여 대를 잇기도 한다.

그렇기 때문에 농경사회의 문화를 버리는 것이 유목사회와 같이 빨리 변화하는 뉴 노멀의 사회에 적응하는 지름길이 될 것이다. 기득권을 포기할 때 새로운 개척이 가능하다. 특히 한 번 성공을 겪고 나면 그 성공에 도취되어 쉽게 포기하지 못하는 타성을 버려야 한다. 지금 일류 대학은 기존의 명문대학 졸업장이라는 기득권을 버려야 하고, 지금 일류 기업은 기존의 성공신화를 포기해야 한다.

지식경영의 대가로 일본뿐 아니라 세계적으로 인정받는 히토츠바시一橋대학의 노나카 이쿠지로野中郁次郎 명예교수는 일찍이 동료 교수들과 함께 《일본제국은 왜 실패하였는가》失敗の本質라는 책을 출판해서 제 2차 세계대전에서 일본이 참패한 원인을 조직이론으로 분석했다. 이보다 앞서 하버드대학의 정책대학원인 케네디스쿨에서 20년 이상 원장을 역임한 그레이엄 앨리슨Graham Allison 교수는 《결정의 본질》The Essence of Decision이라는 책을 통해 미국의 쿠바 미사일 사태를 정책결정 이론으로 분석한 바 있다. 제 3차 세계대전이 발발할 수도 있었던 긴박한 외교 사태를 맞아서 미국 백악관의 정치 지도자들이 어떻게 정책결정을 하는가를 분석한 정치학과 행정학 분야의 대표적 교과서가 바로 《결정의 본질》이다. 이 책을 모델로 하여 노나카 교수 등은 일본이 태평양 전쟁의 다양한 전투에서 비참하게 패한 원인을 '실패의 본질'이라는 관점에서 분석해냈다.

한마디로 말해 노나카 교수는 청일전쟁과 러일전쟁의 승리라고 하는 성공신화가 태평양 전쟁에서 일본이 대부분의 전투에서 패배한 근본적 원인이라고 분석했다. 즉, 청일전쟁과 러일전쟁에서 일본이 승리한 데에는 일본의 우세한 군사력뿐만 아니라 다양한 요소가 작용했다. 군사적 요인뿐 아니라 외교적, 정치적 요소들이 복잡하게 작용하여 일본이 두 전쟁에서 승리했던 것이다.

예를 들어 러일전쟁만 하더라도 일본의 함대가 러시아군을 공격하는 데 함포의 역할이 매우 중요했다. 하지만 더 나아가 일본군이 러일전쟁 막바지에 러시아군에 다소 밀리기 시작할 때 마침 영국의 전쟁 종결 중재가 다행스럽게도 일본에게는 큰 도움이 되었다. 만약 조금만 더 전쟁이 지속되었다면 일본이 러일전쟁에서 승리했을 것이라고 장담하기는 어려웠다는 것이다. 하지만 일본 군대의 장교들과 전략가들은 러일전쟁에서 승리한 것은 러시아군에 비해 막강한 일본 해군의 함포사격 능력 때문이었다고 굳게 믿었다. 이들은 러일전쟁 승리의 신화에 도취되어 함포사격을 제일 중요한 승리 요인으로 생각하며 이 전략에만 매달리면서 태평양전쟁에 임했다.

일본군은 자신들의 뛰어난 군사전략과 투철한 군인정신만 있으면 어떤 전투라도 승리할 것이라고 확신했다. 하지만 일본군의 정신력에 대한 지나친 자부심이 태평양 전쟁을 패배로 몰아넣게 될 줄은 꿈에도 생각하지 못했다. 그들은 일본 해군의 함포사격 능력과 일본 육군의 치열한 전투의식만 있으면 어떤 전투에서라도 승리할 것이라고 믿었다. 그래서 세계 최대의 포를 탑재한 전함 야마토호를 구축하고 해전의 승리를 장담했다. 그러나 야마토호는 출정도 한 번 해보지 못하고 미 공군의 공습으로 침몰하고 말았다.

일본 육군의 뛰어난 정신력은 미국이 개발한 레이더 기술을 압도할 것이라고 자만했다. 하지만 일본군은 노몬한 전투를 비롯하여 중국과 동남아에서 벌어진 모든 전투에서 비참하게 패배했다. 미국이 가진 자원과 기술력을 과소평가하고 자신들의 전투 능력과 투철한 애국정신만을 믿고 있었던 일본 장군들은 모든 전투에서 승리의 가능성이 없는데도 부하들을 죽음으로 내모는 비극적 결과를 초래했다. 결국 청일전쟁과 러일전쟁의 성공신화에 빠져 있었던 것이 일본군이 모든 전투에서 실패한 가장 큰 요인이라는 것이 노나카 교수가 조직 이론을 적용하여 분석한 연구의 결과이다.

우리는 미래의 변화를 예견하고 실패의 가능성을 줄이기 위해 지금 갖고 있는 기득권을 포기하고 새로운 시도를 해야 함에도 불구하고, 종종 머뭇거리고 기득권을 붙들고 있는 경우가 많다. 오히려 기득권을 포기하는 일은 대부분 처절한 실패를 경험하고 난 다음에야 어쩔 수 없이 마지못해 받아들이곤 한다.

미국보다 기업의 구조조정이 늦었던 우리나라가 IMF 경제위기를 혹독하게 겪으면서 외국 투자가나 금융, 그리고 헤지펀드의 공격으로 많은 것을 잃어버린 후 뼈를 깎는 어려움을 감수해야 했던 것을 기억해야 한다. 그렇기에 처절하게 실패하기 전에 미래의 변화를 읽고 버려야 할 기득권을 빨리 포기하는 것이 필요하다.

빌 게이츠가 하버드대학에서 학업을 중도에 포기한 것이나, 스티브 잡스가 대학진학을 포기하고 일찍 IT에 매달린 것이 오히려 남들보다 앞서서 성공할 수 있었던 가능성을 열어 주었다. 그들이 대학졸업장이라는 기득권에 안주했다면 연봉이 높은 직장인으로 성공했을 수는 있었겠지만, 전 세계의 IT 문화와 산업을 바꾸는 혁신은 이루지 못했을 것이다.

찰스 핸디Charles Handy는 《코끼리와 벼룩》The Elephant and Flea이라는 책을 통해 대기업 석유회사인 셀의 임원직을 과감히 던지고 새롭게 얻은 윈저성의 왕립 세인트조지 하우스 학장이라는 안정적인 직업도 포기하고 자신만의 일을 찾아 40대 중반에 프리랜서가 되겠다고 선언했다. 그의 아내는 이러한 결정에 매우 많은 걱정을 했지만, 핸디의 생각은 달랐다. 조직의 틀 안에서 개인이 능력을 발휘하고 자신의 꿈을 이루는 것은 거의 불가능하다는 것이다. 책 제목이 말해주듯, 코끼리는 자기 발목만큼도 점프를 못 하지만 벼룩은 제 키의 40배 이상을 점프할 수 있다고 한다. 코끼리와 같이 대규모 관료제화된 조직 안에서는 개인이 할 수 있는 일이 극히 제한적이지만, 조직의 틀에 얽매이지 않는 자유로운 개인은 엄청난 도약을 할 수 있다는 것을 비유한 것이다.

물론 벼룩과 같은 개인이 되면 위기에 쉽게 노출되고 환경변화의 불확실성이 높아 생존이 위협받기 때문에 조직의 보호를 필요로 할 수도 있다. 하지만 코끼리와 같이 거대한 경직된 조직 내에서는 개인의 능력이 아무리 뛰어나도 도약하는 데 한계가 있기 때문에 현명한 벼룩이 되어 자신의 능력을 몇십 배 발휘하는 삶의 방식을 선택할 수도 있다는 것이다. 특히 21세기 많은 대규모 조직들이 대형화를 통한 규모의 경제에서 이익을 얻던 방식을 과감하게 포기하고 끊임없는 효율화를 위해 다운사이징하고 있다는 점을 떠올리면 개인의 능력을 최대한 발휘할 수 있는 방법이 무엇인지 고민할 필요가 있다.

포기하지 못하는 또 다른 이유는 모든 것을 독점하려는 욕심 때문이다. 우리 사회에서는 자신이 가진 기술로 독점적 이익을 얻으려고 하기 때문에 창업에 실패하는 경우가 많다. 기술을 가진 개인이 직접 사업을 하기보다 기업가정신을 가진 사람들이 이를 상품화하여 더 큰 부가가치를 만들 수 있도록 자신의 기술을 과감하게 투자자에게 팔고 포기하는 것이 더 현명한 선택일 수 있다. 하지만 많은 경우 자신의 기술에 대한 자신감으로 이를 포기하지 못하고 제품 생산과 사업화까지 하려고 하다가 실패하고 마는 경우를 종종 보게 된다. 여러 차례의 작은 성공을 통해 작은 이익을 얻기보다는 장기적으로 한 번에 큰 이익을 얻으려고 하는 사람들이 많다는 것이다. 그렇게 하면 기술을 통한 벤처기업의 성공은 이루기 어렵다.

기술개발을 잘하는 사람은 자신이 개발한 기술을 재빠르게 다른 사람에게 양도하고 자신은 또 다른 기술을 개발하는 것이 훨씬 유리함에도 불구하고 쉽게 포기하지 못한다. 특히 우리나라가 그렇다. 하지만 모든 것을 손에 쥐려고 하면 이익은 모래알처럼 손가락 사이로 술술 빠져나간다.

애플, 구글 등 미국의 신흥 대기업들은 끝없이 M&A를 통해 사업을 확장해 나간다. 그리고 빠르게 사업을 정리하고 다른 사업에 뛰어들기도 한다. 모든 것을 독점하여 이익을 얻으려고 하기보다는 유연하고 단기적인 승부에 강하다. 이들은 네트워크를 활용하여 고정된 조직의 틀보다 훨씬 빠르게 새로운 사업 환경에 적응하고 있다.

엄청나게 빨리 변하는 21세기에는 농경사회와 같은 삶의 방식보다는 유목민의 삶의 방식이 더욱 효과적이다. 소유보다는 공유, 정착보다는 이동, 안주보다는 변화, 독식보다는 분배가 더 적절한 방식이 될 것이다. 이를 위해 우리는 농경사회의 문화에서 익숙해진 승자독식, 우리 안에 갇힌 폐쇄 조직, 한 번 획득한 기득권으로 평생 보장을 받으려는 생각 등을 빠르게 포기해야 뉴 노멀에 적응할 수 있을 것이다.

개방과 포용

21세기 조직의 특징은 네트워크화이다. 기존 조직의 경계는 점점 불분명해지고 보다 많은 조직은 열린 조직으로 변화할 것이다. 개방과 포용을 적극적으로 활용하면 경계가 확실하게 구획된 기존 조직보다 훨씬 높은 효용을 창출할 수 있다. 왜냐하면 조직과 조직, 조직과 개인 또는 개인과 개인 간의 상호작용에 대한 거래비용이 인터넷의 발달로 거의 제로에 가깝게 수렴하기 때문에 훨씬 다양하고 유용한 조직 운영이 가능해지기 때문이다.

일본의 전통적인 기업 조직의 운영에서 매우 특이한 세 가지 장점으로서 3종신기三種神器를 꼽곤 했다. 종신고용제, 연공서열제, 기업별 노조가 바로 그것이다. 사회에서 좋은 사람을 구하기 어려울 때 일본 기업은 잘 훈련된 조직 내의 인재를 빼앗기지 않기 위해 높은 담을 쌓았다. 미국의 기업 조직과는 달리 정년까지 고용의 안정성을 보장하고, 오래 근무할수록 연봉이 올라가는 것이 종신고용제와 연공서열제의 특성이다. 한 조직에 충성하고 평생직장에서 직원들을 가족처럼 생각하며 일하는 것이 기업이나 근로자 모두에게 이익이 되었다. 이러한 전형적인 일본 기업 조직의 특성이 고도경제성장 과정에서는 매우 효율적인 것처럼 여겨졌다. 게다가 일본에서는 직장을 자기의 집이나 가

문처럼 여겨서 산업별 노조보다는 기업별 노조를 중심으로 기업과 자신의 운명을 같이하는 것을 당연한 것으로 생각했다. 심지어 기업이 어려울 때에는 직원들이 임금을 동결하거나 낮추어서 기업의 생존에 도움을 주기도 했다.

1980년대에는 이러한 일본의 기업문화가 미국의 단기적이고 개인 중심적인 기업문화보다 훨씬 효과적이라며 일본 기업 조직의 우수성을 높게 평가했다. 장기적인 신뢰관계는 단기적인 계약이나 이해관계보다는 사회적 비용이 적게 드는 아주 효율적인 조직운영의 특성으로 이해했다. 미국과 전혀 다른 이런 조직의 특성을 윌리엄 오우치William Ouchi는 'Z이론'theory Z이라고 명명하여 조직의 효과성에 대한 일반적 이론을 도출하기도 했다.

하지만 이러한 조직의 특성은 인재가 희귀하고 숙련된 노동력의 가치가 높을 때에만 효과적일 수 있다. 조직 구성원이 자주 바뀌게 되면 인력 운영에 거래비용이 많이 들기 때문에 이를 극복하기 위해 나타나는 현상에 불과하다. 1980년대 후반 이후 이른바 헤드헌터들이 나타나고, 인터넷을 통해 필요한 전문가를 쉽게 찾을 수 있고, 조직의 업무 자체가 다양화, 세분화되고 아웃소싱이 확대되면서 일본에서도 3종신기의 문화가 빠른 속도로 붕괴하고 있다. 필요한 인력을 모두 조직 내부에 갖고 있는 것이 오히려 엄청난 부담과 비용으로 작용하기 시작했다. 호봉제를 기반으로 하는 연공서열제는 붕괴하였고, 프로젝트팀 중심의 인사제도 운영이 보편화되고, 한 직장에서의 근무 연한보다는 능력에 기반을 둔 연봉제가 나타났다. 기업 조직도 닫힌 조직체계closed system에서 열린 조직체계open system로 변화하기 시작했다.

최근 대규모 다국적 제약회사들은 신약 개발을 위해 모든 단계에 연구비를 투자하지는 않는다. 대부분 임상실험 1상과 2상의 기초연구개발은 대학이나 연구소에 맡기는 경우가 많다. 이전에는 제약회사가 기초연구 단계에서부터 직접 연구개발에 투자해서 독점적인 이익을 얻는 닫힌 조직시스템으로 운영했다. 하지만 이제 많은 나라에서 정부가 과학기술 정책이나 산업 정책의 차원에서 바이오 기초연구에 대규모의 연구개발비를 직접 투자한다. 그렇기 때문에 제약회사의 입장에서는 이러한 기초연구는 대학이나 연구소에 맡기고 자신들은 관련 기초연구에 대한 다양한 정보를 수집하여 이를 활용하는 방법을 통해 다음 단계의 연구개발에 집중한다.

　심지어 MIT나 스탠퍼드대학에서 바이오를 전공한 졸업생들이 바이오 관련 기술개발 정보만 수집해서 분석하고 이를 관련 기업에 중개하거나 정보를 판매하는 스타트업 기업들을 창업하기도 한다. 독일의 어떤 바이오 정보기업은 많은 한국 대학들의 생명과학 관련 석사학위 논문까지 일일이 분석하여 기업에 정보를 제공해주기도 한다. 기술개발 정보의 네트워크 활용에 뛰어나면 그만큼 이익을 극대화할 수 있기 때문이다.

　바이오 관련 제약회사만 그런 것이 아니다. 그리고 기술개발에 관련된 것만 네트워크화되는 것도 아니다. 많은 글로벌 기업들이 일관 생산시스템을 갖추지 않고 다양한 국제 분업을 통해 제품을 생산하는 것도 이러한 개방성에 기초한 네트워크화이다. 아이폰이나 삼성 스마트폰이 미국이나 한국뿐만 아니라 중국과 베트남에서 대량 생산되어 세계시장에 공급되는 것은 널리 알려진 사실이다. 아이폰과 삼성 스마트폰은 삼성반도체 부품을 사용하기도 해서 애플과 삼성은 경쟁자인 동시에 협력자가 되기도 한다. 이제는 모든 시장이 서로 긴밀하게 연결되어 있고 기업들은 조직의 벽을 넘어 투자와 개발을 치열하게 하고 있다.

얼마 전 히토츠바시대학의 이노베이션연구센터 소장인 요네쿠라 세이치로米倉誠一郎 교수가 흥미로운 이야기를 들려주었다. 하버드대학에서 경영사를 전공하여 박사학위를 받은 요네쿠라 교수는 필자가 히토츠바시대학 산업경영연구소에서 통산성 연구를 할 때 막역하게 지낸 일본의 혁신경영에 대한 권위자이다. 다른 일본 학자들과는 달리 미국에서 유학을 해서 한일 관계에 대해서도 솔직하게 이야기하는 편이다. 혁신정책에 관한 국제학회에 발표자로 초청을 했는데, 많은 유럽과 미국의 혁신연구자들 사이에서 그가 발표한 논문의 주제는 '일본은 죽었는가?'였다.

삼성은 소니를 제치고 전자제품뿐 아니라 반도체에서도 전 세계 시장을 석권하였다. 요즈음 많은 한국 사람들은 1980년대 일본 전자산업의 영광을 한국이 빼앗아왔다고 의기양양해 한다. 하지만 요네쿠라 교수의 분석은 조금 달랐다. 최종제품의 관점에서 보면 맞는 이야기이지만 지금은 많은 전자제품이 다양한 부품들을 조립하여 만들어진 것이기 때문에 부가가치가 높은 핵심부품이나 소재의 관점에서 보면 반드시 그런 것은 아니라는 것이다. 여전히 기술적으로 뛰어난 많은 부품들이 일본의 기술에 의해 만들어지고 있다. 그래서 최종조립을 하여 자국의 제품으로 출시한다고 그 회사나 그 나라는 성공하고 다른 나라나 기업들은 망했다고 볼 수 없다는 것이다.

1980년대의 일본 기업들은 지금의 한국 기업과 마찬가지로 완제품 시장에서 전 세계를 석권하는 전략을 갖고 있었다. 하지만 지금은 일본 기업이 대량생산시스템을 갖춘 한국 기업과 경쟁하는 것은 의미가 없다고 본다. 1980년대 당시의 전략과 지금의 일본 기업의 전략이 다르기 때문에 완제품만 갖고 성공과 실패를 가를 수 없다는 것이다. 이런 요네쿠라 교수의 설명에 모두 수긍할 수는 없지만 상당히 일리가 있는 부분이 많았다.

　　이전에 한국이 전 세계 LED모니터 시장을 석권하기 시작할 때 들었던 이야기도 비슷했다. LED모니터를 만들 때 부품 비용의 3분의 1은 3M이 개발한 모니터에 붙이는 필름 비용이라는 것이다. 최종 완제품에 'Made in Korea'라고 붙이고 삼성이나 LG의 이름으로 제품이 판매되어서 한국이 전 세계 전자제품 시장을 석권한 것 같지만, 그 안의 핵심부품은 독점적인 기술을 가진 선진국 기업의 제품이라고 한다면 이야기는 다르다. 그렇기에 소니나 다른 일본 기업들은 이제 완제품보다는 기술이 뛰어난 부품에 관심이 많다는 것이다.

　　물론 우리나라 전자산업이 전 세계를 석권하고 기술력도 날이 갈수록 향상되어 세계를 놀라게 하고 있어 외국에 다닐 때마다 가슴 뿌듯한 경험이 많다. 하지만 이제는 전 세계의 제품 생산이 다양한 네트워크로 연결되어 있어서 이를 단순하게 평가하기는 어렵다. 반도체만 하더라도 대부분 일본이나 미국, 또는 독일의 자동화된 생산설비가 없으면 생산이 불가능한 것이 사실이다.

　　이처럼 기업이나 산업시스템에 있어서도 네트워크 현상은 새로운 뉴 노멀로 등장하고 있다. 닫혀 있는 조직보다는 열린 조직이 더 많은 효과를 얻는다. 가장 큰 이유는 인터넷 등 컴퓨터 네트워크의 발전으로 이전에는 상상도 할 수 없었던 많은 일들이 네트워크를 통해 가능하게 되었기 때문이다. 앞에서 소개했던 뉴욕의 출판사가 만약 인도에 있는 편집자에게 DHL이나 EMS를 이용해서 편집원고를 보내 협조를 구한다면 이는 시간과 비용이 엄청나게 드는 업무의 연결방식이 된다. 하지만 인터넷을 통해 이를 연결하는 것은 비용이나 시간이 제로에 가까운 업무의 연결방식이 된다. 에어비앤비, 우버 택시의 모델도 모두 개방과 포용에서 나온 기업 모델이다.

예일대학 에이미 추아Amy Chua 교수의 《제국의 미래》Day of Empire에서도 인류 역사상 제국이 되었던 나라들의 공통점은 그 나라들이 다른 민족에 대해서 얼마나 개방적이었는지에 달려 있었다고 지적한다. 추아 교수는 제국을 이루었던 대표적인 국가들을 선정하여 이들 국가의 공통점을 개방성의 관점에서 분석했다.

당나라는 최치원과 같은 많은 신라의 문인들을 높은 관직으로 등용하여 이들의 지혜를 활용하여 제국으로 발돋움했다. 스페인은 유대인들과 이슬람 문화를 받아들여 제국으로 발전했다. 하지만 유대인들의 부가 확대되자 스페인은 이들을 견제하기 시작했다. 대신에 스페인만이 가지고 있는 민족적 자부심과 문화적 특성을 강조하면서 유대인들에게 엄청난 세금을 부과하는 등 유대인들을 배척하기 시작했다. 그러자 유대인들은 당시 가장 자유롭고 개방적인 네덜란드로 이주했다고 한다. 스페인과는 반대로 작은 나라 네덜란드는 매우 개방적인 이주정책을 펼쳤다. 유대인들에게 세금을 감면하고 적극적으로 이들을 포용하는 정책을 펴서 엄청난 부가 스페인에서 네덜란드로 유입되었고 네덜란드가 결국은 제국의 반열에 오르는 계기를 마련했다고 한다.

최근 미국 트럼프 정부가 외국인 유학생을 규제하려는 것에 대해 많은 미국의 대학총장들이 우려를 보이는 것도 이런 이유 때문이다. 외국의 뛰어난 인재들이 실리콘밸리와 같은 기회와 도전의 플랫폼에서 실력을 발휘할 수 있게 만든 것이 미국의 저력이었다. 미국의 많은 이공계 대학에서 뛰어난 외국인 유학생이 연구조교로 실험에 참여하지 않았다면 미국 대학들이 지금처럼 세계적인 연구업적을 이룰 수 없었을 것이다. 한국, 중국, 인도의 뛰어난 기술력을 가진 연구자들이 없었다면 현재와 같은 실리콘밸리의 영광을 장담하기 어려웠을 것이다.

사실 지난 수십 년 간 미국에서 고도의 힘든 지적 노동에 외국인 유학생이 크게 공헌했고, 일반 미국인들이 하기 싫어하는 낮은 임금의 서비스 노동은 저개발국의 외국인 노동자들이 대신 담당했다는 사실을 잊어서는 안 될 것이다. 특히 고부가가치의 연구 노동을 담당하는 대학원 유학생들은 미국정부의 입장에서 보면 엄청난 무료 자원을 얻는 셈이다. 이들이 자신의 나라에서 대학을 졸업할 때까지 미국 정부는 단 한 푼의 교육비도 그 나라에 투자하지 않았다. 외국 정부나 개인이 지불한 교육비를 통해 키워낸 고급 인적자원을 미국은 무료로 얻게 된 것이다. 대부분의 외국인 유학생들은 초중고와 대학과정 16년간의 교육비를 자신의 모국 정부나 가족이 부담했고, 대학졸업 후 미국에 유학을 오기 때문이다. 외국인 대학원생들이 참여하여 만들어내는 최고의 연구개발 지식들로 인해 미국 경제의 고부가가치가 창출됐다는 사실을 망각해서는 안 된다. 이런 정책을 통해 고급 연구인력을 제한

하는 일이 지속된다면 미국의 미래는 그리 밝지 못할 것이다.

　미국이 기회의 나라이고 열린 사회였기에 지난 20세기에 크게 발전했다는 것은 누구나 알고 있는 역사적 사실이다. 이제 21세기가 지식사회로 변화하면서 그런 현상은 더욱 심화될 것이고, 어느 나라이건 보다 더 열린 사회일수록 더 크게 발전할 것이다. 뉴 노멀 사회의 특성인 열린 사회와 네트워크 사회로 빠르게 변화할 것이기 때문이다.

도전

창조와 풍요는 도전 없이는 불가능하다. 세계 창업의 메카라고 하는 실리콘밸리에서는 실패를 거듭해본 경험이 있는 벤처기업에 대해 오히려 투자를 우선한다고 한다. 도전 없이 열매만 따려고 하는 나약한 지성으로 가득 찬 사회에 미래는 없다. 언제나 성공만 거듭하는 행운을 기대하는 것만큼 어리석은 일은 없다.

　얼마 전 독일에서 한 국제회의에 참석했다가 쉬는 시간에 독일인 교수와 환담을 나누면서 재미있는 이야기를 들었다.

　언제나 운이 없다고 불평만 하는 사나이가 있었다. 다른 사람에게는 로또와 같은 행운이 늘 찾아오는 것 같은데 왜 자신에게는 그런 행운이 찾아오지 않느냐고 하나님께 불평을 늘어놓았다. 그랬더니 하나님이 그 말을 듣고 모든 사람의 운명을 적어 놓은 장부를 들여다보더니 그의 이름을 발견하고 이렇게 말했다.

　"어? 여기 자네 이름이 있네. 자네에게도 로또와 같은 행운을 주려고 이미 정해 놓았네. 그런데 여기 명단에는 이름이 적혀 있는데, 자네가 아직까지 로또 티켓을 사지 않아서 아직 그 행운을 자네에게 못 주고 있는 모양이네."

우리는 노력이나 도전은 하지 않고 다른 사람들이 이룬 성취를 부러워하는 경우가 많다. 그리고 다른 사람의 성취를 마치 운이 좋아서 얻게 된 것으로 생각하곤 한다. 하지만 흔한 이야기로 눈물 젖은 빵을 먹어보지 못하고 성공하는 경우는 드물다. 데니스 홍의 《로봇 다빈치, 꿈을 설계하다》를 읽어 보면 데니스 홍 교수가 지금은 매우 성공한 로봇공학자로 대접받고 있지만, 그가 유학을 떠나 오늘 UCLA 교수가 되기까지 경험한 좌절과 시련은 웬만한 사람은 감당하기 어려운 고통의 연속이었다는 것을 잘 알 수 있다.

데니스 홍은 고려대 기계공학과에 다니다가 우리나라의 교육시스템이 마음에 들지 않아 미국행을 택했다. 기계를 분해하고 조립하면서 어렸을 때부터 품어왔던 기계공학자의 꿈을 키우는 재미있는 대학생활을 기대했지만 교수님이 교실에서 강의만 하는 수업 중심의 대학생활은 만족스럽지 않았기 때문이다.

이처럼 자기 정체성이 강한 그가 처음부터 미국 유학생활에서 성공한 것은 아니었다. 어찌 보면 무모한 도전이었을지 모른다. 대부분의 유학생들이 겪는 과정이지만 처음부터 미국 대학으로부터 성공적으로 인정받는 유학생은 거의 없다. 좌절하기도 하고 포기하고 싶은 시간들로 점철된 유학생활이 대부분이다. 하지만 그는 언제나 긍정적인 사고로 도전에 도전을 거듭하는 과정을 거쳤다.

유학시절뿐 아니라 대학교수가 되어서도 마찬가지였다. 연구비를 따고 실험할 때도 그랬다고 한다. 연구와 실험에서 거듭되는 실패에 심지어 깊은 밤 실험실에 혼자 남아 눈물을 흘렸다고 고백하기도 한다. 유명한 교수가 된 지금은 아련한 옛 추억으로 떠올릴 수도 있겠지만 당시에는 얼마나 힘든 순간이었을까?

도전 없는 성공은 없다. 아무도 생각하지 못했던 일을 시도하고, 성공시키는 것이 앞서가면서 세계를 **바꾸는** 사람들의 특성이다. 시각장애인이 자율주행자동차 운전을 하게 만들겠다는 무모한 도전은 데니스 홍 교수처럼 실패를 거듭해 본 도전정신이 강한 사람이기에 가능했을 것이다.

영화 〈여인의 향기〉에서 시각장애인이 된 퇴역군인 알 파치노가 자긍심을 갖고 인생을 마치기 위해 버킷 리스트에 있는 페라리를 몰고 싶어 한다. 자신을 도와주는 대학생을 데리고 그의 지시에 따라 페라리를 운전하며 좋아하는 모습은 관객의 손에 땀을 쥐게 한다. 데니스 홍은 이런 모습을 실제로 구현하고 싶었던 것 같다. 꿈을 현실로 바꾸기 위해 로봇을 이용한 자율주행자동차를 만들어냈다. 실제로 데니스 홍 교수팀이 만든 자율주행자동차를 시각장애인이 운전하고 차에서 내리는 순간 시각장애인 자신뿐 아니라, 사랑하는 가족, 그리고 데니스 홍 교수 연구실 연구원들은 모두 감격의 눈물을 흘렸다고 한다. 불가능하다고 생각한 것을 가능하게 만들기 위해 도전하는 것이 뉴 노멀 사회로 변화하는 데 요구되는 덕목이다. 데니스 홍 교수는 지금도 여전히 개구쟁이처럼 긍정적인 마음으로 새로운 도전을 계속하고 있다.

한국이 지난 50여 년 만에 전 세계에서 역사적으로 전무후무한 경제적 성공을 이룬 것을 개발도상국의 많은 지도자들은 매우 부러워한다. 한국의 성공신화에 대한 이야기를 들려주어도 그들은 자기 나라의 국민들이 게으르고 도전하지 않기 때문에 공염불에 그치고 마는 경우가 많다고 한숨을 쉰다. 한국은 너무 가난했던 현실을 극복하기 위해 상상하기 어려운 도전을 해서 오늘의 경제적 부를 이룬 것인데 그들은 도전하지 않고 현실에 안주하고 있다는 것이다.

사실이라고 믿기 어려운 이야기 같지만 선박 제조에 대한 경험이 전무한 상태에서 현대 정주영 회장이 우리나라 지폐에 그려져 있던 거북선의 그림을 보여주면서 선박 제조 수주를 할 수 있었다는 전설과 같은 일화가 있다. 이뿐 아니라 삼성, SK, LG, 현대, 대우 등 우리나라 대표기업들은 지금 돌이켜보면 말도 안 되는 도전을 통해 오늘날 세계적인 기업으로 도약할 수 있었다.

구한말 도전하지 않고 개척하지 않으면서 과거에 안주하다가 나라를 일본에 빼앗긴 수모와, 한국전쟁의 참화 속에서 살아남기 위해 몸부림치던 비참함을 경험한 우리 민족에게 좌고우면左顧右眄할 여유는 없었다. 오직 생존하기 위해 도전하던 개척정신으로 우리는 50년 만에 국민소득이 400배 증가한 고도경제성장을 이룩해냈다. 특히 철강, 자동차, 반도체, 조선 등 세계 선진국에서만 가능했던 산업구조를 구축하고, 이를 바탕으로 한 수출경쟁력을 통해 이루어냈다는 것은 대단한 개척정신의 결과이다.

이런 도전이 없이 성공한 나라는 없다. 지금 세계적으로 1인당 국민소득 1, 2위를 다투는 노르웨이는 프리드쇼프 난센Fridtjof Nansen과 같은 북극 탐험가의 도전정신을 이어받았다. 난센은 많은 사람들이 가 보지 않았던 북극을 탐험하겠다고 도전했다. 당시에는 북극 탐험은 살아 돌아올 가능성을 점치기 어려운 상황이었다. 그럼에도 불구하고 그린란드를 탐험하고 나서 북극해로 흐르는 해류를 이용하면 북극점에 갈 수 있다고 사람들을 설득했다.

난센은 1893년 6월 요한센을 비롯한 탐험대 13명과 함께 북극 항해선 프람Fram호를 타고 항해를 시작했다. 마침내 1895년 4월 8일 북극점에 가까운 북위 86도 14분까지 가는 신기록을 달성했다. 하지만 난센은 추위와 식량 부족으로 더 이상 북극까지 갈 수 없어 북극해의 프레더릭 잭슨 아일랜드라는 섬에 정박했다. 이곳에서 돌로 오두막을 짓고 북극곰과 바다코끼리의 고기를 먹으면서 1895년 8월 26일부터 다음해 5월 19일까지 머물다가 영국 탐험대에 의해 구조되었다. 난센은 북극탐험을 시도한 최초의 영웅이 되었다.

당시 동토凍土의 척박한 땅에서 살던 노르웨이 사람들은 개척정신과 도전정신이 매우 강인했다. 남극점을 인류 최초로 정복한 로알 아문센 Roald Amundsen도 노르웨이 탐험가였다. 아문센은 북극점에 도전한 난센의 도움으로 '프람호'를 물려받아 1911년 인류 사상 최초로 남극점을 탐험했다.

원래 난센이 밟지 못한 북극점에 도전하기 위해 준비하던 아문센은 1909년 미국인 로버트 피어리Robert Peary가 북극점을 인류 최초로 밟게 되자, 남극점을 탐험하는 것으로 방향을 바꾸었다. 영국 정부의 후원을 받은 로버트 스콧보다 철저한 준비와 계획으로 단 35일 먼저 남극점을 밟게 된 아문센은 사전에 에스키모에게 추위와 싸워 이길 수 있는 도전정신을 배우고 생존하는 법을 체득했다. 아문센은 스콧이 선택한 모터썰매 대신에 개썰매를 타고 남극점에 도달했다. 그리고 눈보라 속에서도 식량을 저장한 텐트를 확인할 수 있도록 여러 개의 깃대를 일정한 간격으로 사방에 세웠다. 반면에 스콧은 모터썰매가 추위에 얼어붙어 쓰지 못하게 되자 이를 힘들게 끌고 다녀야만 했다. 게다가 식량 텐트에 깃대 하나만 세워둔 스콧의 탐험대는 눈보라 속에서 식량 텐트를 발견하지 못해 추위와 굶주림으로 쓰러져 최후를 맞게 되었다. 결국 철저한 준비와 투철한 도전정신으로 무장한 아문센이 1911년 12월 14일 남극점을 밟은 최초의 인간이 되었다.

미국인 피어리에게 북극점 최초 도달의 기록은 빼앗겼지만 개척정신으로 충만한 난센은 사회 개혁에서도 남다른 모습을 보였다. 북극 탐험을 마치고 귀국한 난센은 자신의 경험을 바탕으로 해양생물학에 대한 저술을 시작했다. 그리고 저술뿐 아니라 크리스티아니아대학에서 해양학 교수로 평생을 보내고 정치가로서도 왕성한 활동을 했다.

난센은 1905년 노르웨이가 스웨덴으로부터 분리, 독립하는 데 기여하고 1906~1908년까지 노르웨이 초대 주영대사를 역임했다. 제 1차 세계대전이 끝난 다음에는 포로 송환, 난민 구제, 러시아의 기근 구제 등을 위해 적극적으로 활동했다. 1920년에는 국제연맹의 난민 고등판무관으로 임명되어 독일 제국 연합군 출신 전쟁포로 약 50만 명을 소련으로부터 송환하는 책임을 맡아 1922년 9월 42만 7,866명의 전쟁포로를 송환하는 결과를 이루어냈다. 난센은 이후에도 국제연맹의 군축위원회에 노르웨이 대표로 참여하기도 했다.

특히 난센은 제 1차 세계대전 뒤에 국적이 박탈된 러시아 난민 약

150만 명에게 신분증명서를 발급하자고 1922년 제네바회의에서 발의했다. 이 안은 국제연맹 이사회의 승인을 얻어 제네바회의에 참석한 53개국이 통상적인 여권 대신에 일명 '난센 여권'이라는 신분증을 발행하여 난민들의 신분을 보장하게 된 것이다. 이처럼 다양한 국제사회의 문제 해결을 위해 노력한 공로로 난센은 1922년 노벨 평화상을 수상했다.

세상에는 풀기 어려운 많은 문제들이 있다. 하지만 도전과 개척정신으로 착실히 준비하여 미래를 열어나가는 많은 지성들이 있기 때문에 인류의 문명은 진화해 나가는 것이다. 현실에 안주하거나 과거의 패러다임을 벗어버리지 못하면 현재의 많은 문제들은 풀기 어려운 숙제로 남는다. 도전하고 개척하는 지성이 불가능한 것으로 보이는 문제들을 과감하게 풀어나갈 때 미래의 새로운 길은 열리게 된다.

개척하는 지성의 특성

뉴 노멀 시대에 성공하기 위해서는 20세기형 기능적인 전문인이 아니라 끝없이 도전하고 개척하는 지성이 되어야 한다. 21세기 변화에 빠르게 대응하여 능력을 계발하지 않는 사람은 단순 노동자로서 도태하고 말 것이다. 그리고 이러한 변화는 매우 빠르게 나타날 것이다.

존 데이비슨 록펠러, 토머스 에디슨, 빌 게이츠, 스티브 잡스, 세르게이 브린, 마윈, 손정의 같은 인물들의 위대한 점은 변화하는 시기에 빠르게 미래를 읽어내고, 구체적인 인류 진화의 산물을 창출해냈다는 것이다. 이것을 통해 혁신과 창조를 이루어낼 때 그들은 남들과 달리 부를 축적할 수 있었다. 필자는 이것이 개척하는 지성의 능력이며, 미래의 세대에 무엇보다 필요한 것이 개척하는 지성의 능력을 함양하는 일이라고 본다.

그러면 개척하는 지성의 능력을 어떻게 함양할 수 있는가? 이것은 타고 나는 것인가 아니면 훈련을 통해 습득할 수 있는 것인가 아니면 우연한 기회에 단순히 행운처럼 얻을 수 있는 것에 불과한 것인가? 그리고 이것은 20세기에 꼭 필요하다고 생각했던 지식의 능력과는 어떻게 다른가?

개척하는 지성이 되기 위해서는 디지털화될 수도 없고 자동화될 수도 없는 일을 할 수 있는 능력을 갖추어야 한다. 즉, 컴퓨터나 인공지능으로 '대체 불가능한 노동력'을 소유한 프로페셔널이 되어야 한다는 말이다. 20세기에 전문가의 영역으로 인정받았던 많은 지식 노동들이 단순화된 노동으로 전락하게 될 가능성이 크다. 21세기에는 기존의 지적 능력과는 전혀 다른 고도의 전문성과 문제해결 능력을 갖추고 창의적인 아이디어를 만들어내는 전문능력을 갖춘 인재를 요구한다.

네트워크를 통해 고용을 아웃소싱하는 새로운 노동시장에서는 남다른 특성을 소유한 전문가가 되지 않고 흔히 구할 수 있는 보편적인 지적 능력만을 갖고 있으면 그의 노동가치는 끊임없이 하락할 것이다. 자신만의 암묵지, 독창적인 상상력, 그리고 남다른 문제해결 능력을 갖춘 사람이 선호되는 사회로 바뀐다는 것이다.

그러면 개척하는 지성이 되기 위해 필요한 조건은 무엇인가? 지식의 관점에서 보면 끊임없이 자신만의 차별화된 암묵지를 만들어낼 수 있는 능력이 필요하다. 하지만 암묵지만을 갖고 있다고 해서 개척하는 지성이 되는 것은 아니다. 개척하는 지성은 단순히 지적 능력뿐 아니라 감성 능력과 실천 능력을 함께 갖추어야 한다.

《보보스》의 저자인 데이비드 브룩스David Brooks는 《인간의 품격》*The Road to Character*이라는 최근의 저서에서 "삶은 성공이 아닌 성장의 이야기"라고 주장한다. 인간의 품격을 높이기 위해서는 끊임없는 절제와 훈련을 통해 자신을 단련해야 한다는 것이다. 대학입시를 통해 명문대학에 입학했다고 일생을 편하게 살 수 있을 것이라는 기대는 빨리 접어야 한다. 100년의 삶에서 18~19세의 능력이 평생을 좌우하는 보증서가 될 것이라는 생각은 시대착오적이다. 언제든지 재기가 가능하고, 대기만성도 가능한 시대가 온다. 그러나 일찍 포기하고 20세기식 사고에 사로잡혀 있으면 그 기회는 영원히 잡지 못할 것이다.

20세기에는 지적 능력만 있으면 전문가로서 대접받을 수 있었다. 하지만 이제는 지적 능력에 더하여 함께 일을 하기 위한 감성 능력과 일을 끝까지 책임감을 갖고 추진하는 실천 능력이 있어야 한다. 이와 같은 종합적인 능력은 지적 훈련뿐 아니라 오랜 기간 인성과 품격을 향상시키는 훈련을 통해서 체득될 것이다. 기능적 훈련을 통해 지식 습득만 해서는 21세기가 필요로 하는 고도화된 프로페셔널리즘을 갖춘 인재로 성장하기 어렵다.

암묵지 능력

개척하는 지성에게 필요한 지적 능력은 기존의 지적 능력과 매우 다를 것이다. 단순히 객관화된 형식지를 마치 노동하듯이 힘들게 암기를 통해 습득하는 것만으로는 불충분하다. 삶에 대한 끝없는 호기심과 열정으로 자신이 이해하는 암묵지를 개발해내는 능력이 필요하다. 《수상록》의 저자 몽테뉴는 이렇게 말했다.

> "다른 사람의 지식을 전수받아 지식인이 될 수는 있지만,
> 다른 사람의 지혜를 통해 지혜로운 사람이 될 수는 없다"

이처럼 지식과 지혜는 다르다. 20세기가 지식이 필요한 시대였다면 21세기는 지혜가 필요한 시대이다. 마찬가지로 20세기가 형식지가 필요한 시대였다면 21세기는 암묵지가 필요한 시대가 되었다. 객관화된 지식은 이제 너무나 쉽게 확인하고 찾아볼 수 있기 때문이다. 컴퓨터의 도움이나 인터넷을 활용하면 지식은 아주 쉽게 얻을 수 있다. 하지만 지식을 체화시켜 더 복잡하게 구조화하고 더 나은 통찰력을 발휘하기 위해서는 끊임없이 암묵지를 계발해야 한다.

창의적인 아이디어는 공상과는 다르다. 형식지에 대한 이해가 선행되고 이를 바탕으로 기존 지식을 파괴하고, 차이를 밝히고, 이를 재구성해서 새롭게 이해해야만 창의적 아이디어를 도출할 수 있다. 최근 디자인 사고design thinking, 시스템 사고system thinking, 창조적 사고creative thinking가 다양한 분야에서 폭넓게 논의되는 것은 지식을 대상이 아니

라 방법으로 보는 것이 중요하기 때문이다. 즉, 전공 지식을 쌓듯이 객관화되고 정형화된 콘텐츠 중심의 내용을 암기하는 것에 그쳐서는 안 된다는 것이다. 물론 형식지를 선행적으로 이해하고 알고 있는 것이 개인의 암묵지를 만들어내는 데 매우 중요한 필수조건이다. 하지만 형식지만 갖고 사회문제나 기술적 문제를 해결할 수 있는 것은 아니다. 즉, 형식지가 충분조건은 아니라는 것이다.

인간은 보편적이고 객관적인 현상의 집합을 보고 새로운 현상을 유추해내는 뛰어난 능력을 갖고 있다. 보편적 현상들이 개별적으로 존재할 때는 큰 의미를 갖지 못하지만 이들이 연결될 때 이를 통해 새로운 의미를 유추하고 새로운 해석과 상상을 할 수 있다.

불교에서 선사들의 말 한마디 한마디가 살아서 의미를 갖게 될 때 우리가 삶의 깨달음을 얻는 것이 대표적인 예이다. 성철 스님의 "산은 산이고, 물은 물이다"라는 말씀은 우리에게 많은 것을 생각하게 해준다. 성철 스님의 대표적인 법문으로 우리 삶에 크게 영향을 미치는 이 문장은 객관적인 사실을 언급한 2개의 문장으로 나누어 보면 정말 아무 의미 없는 동어반복이다. 하지만 그 의미가 무엇인지를 곰곰이 생각해보면 우리가 미처 생각하지 못했던 깊은 의미를 발견할 수 있게 된다. 이런 의미를 만들어내는 능력이 바로 암묵지의 능력이다.

어린 시절 누구나 피카소의 그림을 보고 '저런 추상화라면 나도 그리겠다'라고 한 번쯤은 생각해봤을 것이다. 언뜻 보면 생각 없이 쉽게 그린 그림처럼 보인다. 하지만 시간이 지날수록, 그리고 깊이 느끼면서 그림을 보면 볼수록 함부로 범접하기 어려운 깊은 암묵지가 배어 있는 것을 깨닫게 된다.

암묵지는 깊은 사고와 반성에서 나오게 된다. 암묵지는 현상에 대한 끊임없는 분리와 재구성을 통해 형성된다. 암묵지는 단순히 가르쳐준다고 쉽게 얻어낼 수 없다. 다른 사람과 차별화된 암묵지를 많이 소유하는 것은 단순한 노력보다는 깊은 성찰과 끊임없는 훈련을 통해 가능하다.

바로 이러한 측면이 인공지능에서 컴퓨터가 최종적으로 극복해야 하는 한계가 될 것이다. 어쩌면 인공지능이 영원히 풀지 못하는 숙제로 남을 수도 있다. 객관적인 데이터의 축적을 통해 반복적인 문제 해결방식을 딥러닝으로 배운다고 하더라도, 암묵적인 의미를 인간처럼 감성적으로 깨닫고 느끼는 능력은 쉽게 얻을 수 없기 때문이다. 이러한 암묵지의 생산과 이해는 접근하기 어려운 인간만의 영역으로 남을지 모른다.

암묵지는 배울 수 있는 것이 아니다. 배울 수 있으면 그것은 이미 암묵지가 아니다. 객관화되어 가르칠 수 있는 지식이 되면 그것은 이미 형식지가 되어 버린 것이다. 관심 있는 문제에 대한 끝없는 호기심과 열정을 갖고 자신만의 방법으로 문제를 푸는 훈련을 통해 암묵지를 체득할 수 있다.

더 나아가 공상이나 상상만으로 암묵지를 얻을 수는 없다. 엄청나게 많은 양의 독서와 형식지의 습득을 통해서만 다른 사람이 갖지 못한 암묵지를 새롭게 개발해낼 수 있는 것이다. 기존 지식에 대한 충분한 이해가 없으면서 암묵지를 얻겠다고 하는 것은 우물에 가서 숭늉을 찾는 것과 마찬가지이다.

호기심과 열정

개척하는 지성에게 필요한 또 다른 덕목은 호기심이다. 뉴턴은 만유인력 법칙을 발견하고 미적분법을 창시하여 근대 과학혁명을 완결한 과학자이다. 하지만 위대한 과학자인 그도 진리의 큰 바다 앞에서는 별볼일 없는 존재라고 고백했다. 뉴턴은 자신을 엄청난 진리의 큰 바닷가 모래사장에서 한 개의 자갈이나 예쁜 조개껍질을 발견하고 즐거워하는 소년에 불과하다고 했다. 진리의 바다는 아직도 발견되지 않은 채 끝없이 펼쳐져 있다. 개척하는 지성이 되기 위해서는 자연현상, 사회현상, 그리고 인간에 대한 끝없는 호기심을 갖는 것이 필요하다.

하버드대학 교육대학원장을 역임하고 최근 버지니아대학 총장으로 취임한 제임스 라이언James E. Ryan 교수는 졸업식 축사의 내용을 《하버드 마지막 강의》*Wait, What? and Life's Other Essential Questions*라는 책에서 소개하고 있다. 그는 "하버드는 졸업생에게 마지막으로 무엇을 가르칠까?"라는 주제의 연설을 통해 다섯 가지 질문하는 법을 강조했다. 그 질문의 두 번째가 호기심이다.

주어진 객관화된 지식만을 습득하여 지식이 풍부한 사람이 되었다고 자족하고 모든 문제를 자신의 지식의 틀 안에서만 해결하려고 하면 개척하는 지성이 될 수 없다. 끝없는 호기심으로 기존의 지식에 대한 반론을 제기하고 새로운 이론적 틀을 제시하려고 노력하는 것이 필요하다. 호기심은 주어진 현상이나 알고 있는 지식에 대해 끝없이 의심하고 문제를 제기하는 것에서부터 출발한다. "왜?"라는 질문이 없으면 호기심도 없다.

필자가 스탠퍼드대학에서 박사학위 논문을 마치고 지도교수들의 서명을 받으려고 마치James G. March 교수를 찾아갔을 때, 마치 교수는 빙그레 웃으며 서명을 해주면서 이런 질문을 했다. "이것이 진실인가(Is this truth)?" 논문지도도 해주고, 논문심사도 하고, 논문이 통과되었다고 축하도 해준 지도교수가 갓 박사학위를 받은 제자에게 그 논문이 자기 지식의 전부인 양 자만할까봐 해준 깊이 있는 충고였다. 모든 과학적 논증은 언제나 진실이 아닌 것으로 부정될 수 있다는 포퍼주의의 질문일 수도 있었다. 박사논문은 시작에 불과하고 학문의 세계에 발을 들여 놓으면서 끊임없는 의문과 호기심을 가져야 한다는 마치 교수의 충고는 스탠퍼드를 떠나기 전 나에게 준 무엇보다 귀한 지적 선물이 되어 지금도 마음속에 간직하고 있다.

종종 특강을 하고 나서 질문을 받는 경우가 있다. 다 그런 것은 아니지만 아무도 질문을 하지 않아 강의로만 마치는 경우가 적지 않다. 일전에 오바마 대통령도 한국을 방문하여 기자회견을 했을 때 연설을 마치고 질문을 유도했더니 한국 기자들 중에서 아무도 질문을 하지 않아 어색한 분위기가 연출되었다고 한다. 여러 차례 한국 기자에게 우선권을 주었는데도 어느 누구도 질문하지 않아 결국에는 중국 기자가 질문을 했다고 한다. 우리 사회에서 정답은 잘 배워서 알아도 질문하는 법은 배우지 못한 이유일지 모른다.

혁신 이론가 슘페터Joseph Schumpeter는 과학의 혁신을 위해서는 기존 현상에 대한 창조적 파괴creative destruction가 필요하다고 했다. 포퍼Karl Popper는 언제나 새로운 과학적 지식이나 이론에 의해 부정될 수 있는 가능성falsifiability이 존재해야만 과학이라고 할 수 있다고 했다.

그렇기 때문에 절대적으로 진리인 것처럼 여겨지는 것은 우리가 믿는 종교적 차원의 믿음에서만 가능하다. 과학적 진리는 새로운 이론이 나타나 객관적으로 증명되면 이전의 이론은 새로운 이론에 진리의 자리를 내주어야 한다. 과학의 영역에서는 현재 존재하는 진리가 언제나 수정될 수 있다는 가능성이 존재해야만 과학이라고 할 수 있다. 즉, 지금 존재하는 과학적 진리는 잠정적 진리에 머물러야만 한다는 것이다.

뉴턴의 만유인력의 법칙은 아인슈타인의 상대성이론에 의해 수정되고 새로운 과학 패러다임으로 대체되었다. 끝없는 부정과 의심은 호기심을 낳고, 이런 호기심의 결과로 대안의 설명들이 나온다. 이 같은 대안이 축적되어 새로운 패러다임이 형성된다는 것이 앞에서도 이야기한 토머스 쿤의 《과학혁명의 구조》이다.

이것이 과학에서의 상대주의를 의미한다. 또한 이러한 상대주의의 이념은 사회과학적으로 넓은 의미로 인식될 때 다양성과 상대적 가치의 중요성으로 확대된다. 다름의 가치를 중시하고, 소수자의 의견을 존중하고, 자신만이 절대적으로 옳다고 하는 독선을 벗어나야 한다. 절대는 도그마이고, 독선이고, 지적 횡포이다.

자유론의 대가 밀John Stuart Mill이 이야기하는 것처럼 개인의 자유는 천부적인 권리이기 때문에 아무도 침해할 수 없고, 무제한적인 권리이다. 하지만 그가 강조한 자유의 또 다른 중요한 특성은 개인의 자유는 다른 사람의 자유를 침해하지 않는 범위 안에서만 가능하다는 것이다. 즉, 다른 사람을 인정하고 존중하는 최소한의 상대주의 안에서 개인의 자유가 보장되어야 한다는 것이다.

호기심은 자신이 기존에 믿고 알고 있던 것에 대해 의심을 해보는 것에서 시작된다. 독선적인 사람은 자신의 절대성을 믿기 때문에 다른 사람이나 사물에 대해 호기심을 갖기 어렵다. 나와 다를 수 있다는 상대주의적 관점으로 다른 사람을 존중할 때, 어떻게 다른지, 왜 다른지에 대해 호기심을 가질 수 있다. 자신도 다른 사람의 관점에서 볼 때 잘못될 수 있고, 다른 사람의 입장에서 다른 생각과 행동을 할 수 있다는 것을 객관화해서 이해하게 된다.

이처럼 서로 다른 현상에 대해 관심을 갖고 궁금해 하기 시작하면서 호기심을 키우게 된다. 그리고 이런 호기심을 통해 자신의 세계관이나 가치관이 형성될 수 있는 것이다. 호기심은 다른 사람과 다르게 생각하는 차별화, 기존 사고에 대한 발상의 전환, 그리고 보편적으로 받아들이는 것에 대해 다르게 생각하기로 나타난다. 호기심은 데카르트René Descartes의 "나는 생각한다. 그러므로 나는 존재한다"라는 명제처럼 자신의 자아를 타자와 사물에 대한 인식의 상대주의로부터 출발하여 깨닫게 한다. 이런 호기심을 통해 다양한 개인들에 의해 새로운 관점이 나타나고, 새로운 해석방법과 이론이 나타난다.

더 나아가 호기심이 진정한 가치를 지니려면 호기심을 통해 새로운 발견을 하기 위한 치열한 열정이 있어야 한다. 밤을 새워 자신의 호기심을 구체적으로 밝혀내고, 새로운 현상에 대한 객관적 증명을 하기 위한 연구자들의 노력과 같은 열정이 있어야 한다. 어떤 새로운 일을 개척하기 위해서는 이처럼 끝없는 열정과 노력이 뒤따라야 한다.

말콤 글래드웰Malcolm Gladwell의 저서 《아웃라이어》Outliers에 의해 널리 소개된 바와 같이 콜로라도대학의 심리학자 앤더스 에릭슨K. Anders

Ericsson 교수가 주장한 '1만 시간의 법칙'도 이러한 열정을 의미한다. 즉, 한 분야의 전문가가 되기 위해서는 최소한 1만 시간 정도의 열정을 들여 훈련해야 한다는 것이다. 단순히 호기심이나 관심만 있다고 모든 문제를 해결할 수 있는 것은 아니다. 최소한의 노력과 열정을 통해 그 호기심을 충족하고, 더 나아가 새로운 변화를 만들어낼 수 있는 것이다.

개척하는 지성이 되기 위해 필요한 덕목으로 끊임없이 새로운 호기심을 키우고 이를 통해 실천적 결과를 얻기 위해 끝없는 열정으로 탐구하고 고민하는 능력이 필요하다. 남들이 걸어온 똑같은 길을 답습하고, 자기만의 호기심이 없고, 호기심을 탐구하기 위한 열정이 없다면 21세기의 사회에서 필요한 인재로 대접받지 못할 것이다. 20세기처럼 조직에 매몰되어 주어진 일만 하는 사회적 특성은 서서히 사라질 것이기 때문이다.

공감능력

얼마 전 반기문 전 유엔 사무총장이 고려대에서 한 특강에서 어릴 적 선생님께 들은 이야기라고 하면서 소개해 준 경구가 있다.

"지식은 말하는 입에서 나오지만, 지혜는 말을 듣는 귀에서 나온다."

꽤 의미심장한 말이다. 반기문 총장도 유엔 사무총장을 하면서 전 세계의 많은 정치 지도자들과 만나 다양한 문제를 해결하고자 할 때 많이 들으려고 노력했다고 한다. 듣는 것이 말하는 것보다 어려운 것이 사실이다.

듣는 것은 상대방과 공감하려는 것을 의미한다. 21세기 개척하는 지성이 되기 위해 필요한 능력의 또 다른 하나는 공감능력이다. 왜냐하면 21세기에는 한편으로는 개인화가 심화되는 것 같지만 다른 한편으로는 더불어 사는 사회의 요구가 강하게 표출되기 때문이다. 21세기 인류사회는 마치 원심력과 구심력이 동시에 작용하는 모순처럼 보이지만 개인화와 공동체의 요구라는 두 가지 특성이 조화를 이루면서 발전해 나갈 것이다.

영어로 동정이라고 하는 단어는 sympathy이다. sym은 같다는 뜻이고 pathy는 감정이라는 뜻이다. 그래서 우리말의 동정同情이나 영어의 sympathy, 모두 다른 사람의 감정을 내 감정과 같이한다는 뜻을 말한다. 공감도 다른 사람의 감정을 공유한다는 뜻이고, 공감을 의미하는 영어의 empathy도 다른 사람의 감정을 내 것으로 만든다는 뜻이다. 영어 어원 em은 만든다, 되게 한다는 뜻을 갖고 있다.

21세기 인류의 대표적인 특성은 개인화된 인간이라고 할 수 있다. 사이버 공간에서 활동하는 시간이 늘어나면서 개인화되는 성향이 강하게 나타난다. 특히 사이버 공간에서는 익명성이 보장되고 개인적 행동에 대해 규제하는 규범도 비교적 자유롭기 때문에 개인의 자유를 만끽하는 현상들이 늘어난다. 이것이 확장되어 개인은 자신의 권리를 끝없이 주장하고 자신을 대중에게 자신 있게 표현한다. 트윗을 하고 인스타그램에 셀카 사진을 당당하게 올려놓는다. 지하철 좌석에 앉아 기초화장부터 색조 화장까지 주위 시선은 아랑곳하지 않고 장시간 화장을 하는 사람들까지 생기고 있다.

혼밥, 혼술이 유행하고, 혼자 해외여행도 가고, 혼자 하는 취미생활을 즐긴다. 군중 속에서 홀로 있을 때도 고독을 느끼지 않고, 오히려 편안함을 느낀다. 시끄러운 커피숍에서 이어폰을 끼고 혼자 음악을 들으면서 책을 보거나 휴대폰과 씨름하는 모습을 종종 보게 된다. 결혼도 하지 않고 아이도 낳지 않고 개인적인 삶을 즐기려고 하는 경향을 흔히 볼 수 있다. 이런 개인화된 현상으로 인해서 직장에서도 재택근무를 선호하기도 하고 회식자리를 피하기도 한다.

하지만, 21세기의 또 다른 사회적 특성은 다른 사람과 더불어 사는 삶을 강조한다. 개인적으로 잘게 쪼개진 일을 혼자서 기능적으로 잘하는 것은 모두 기계가 더 잘할 수 있는 일이 되었다. 단순 반복적인 일이 아니라 상황에 따라 주어진 문제를 여러 명이 합심하여 프로젝트 형태로 풀어야 하는 복잡한 일들이 늘어난다.

따라서 21세기의 많은 일들이 주어진 과업 지시에 따라 개별화된 업무만을 수행하는 20세기의 제조업 방식이 아니라 협업과 프로젝트 중심의 일로 바뀐다. 어떤 상황이든지, 협업할 구성원이 누구이든지 주어진 환경에서 문제를 잘 풀어 낼 수 있는 능력이 필요한 시기가 되었다. 언제나 최적의 상황에서 프로젝트를 수행할 수는 없기 때문이다. 이 경우 다른 사람과 조화를 이루어 팀워크를 보여주어야 하고, 다른 사람의 마음을 읽어가면서 문제를 풀어야 한다.

혼자 자기 영역에서 개인기만 발휘하면서 일을 하는 것보다는 팀워크가 중요하다. 앞의 히딩크 감독의 예에서 본 것처럼 현대 축구에서 포지션별로 자신의 위치만 지키는 지역방어보다 자신의 포지션과 관계없이 종횡무진 뛰면서 팀의 승리를 이끄는 토털 사커가 대세를 이룬 것과 마찬가지 이치이다.

그렇기 때문에 21세기에서 개인의 인지적 능력 못지않게 중요한 것이 공감과 같은 사회적 능력이다. 한동안 우리 사회에서도 IQ보다 EQ Emotional Quotient가 중요하다는 이야기가 유행처럼 번진 적이 있다. 다른 사람을 이해하고 공감하는 능력이 없으면 업무의 수행에서 많은 문제가 발생한다. 그리고 공감을 잘하는 사람이 업무 수행능력이 보다 높은 사람으로 평가될 수 있다.

한국노동연구원의 김종욱 연구원의 최근 보고서 〈그토록 원하던 첫 직장을 스스로 빠르게 나가는 이유는〉을 보면 취업 후 1년 이내에 평균 36.2%의 직장인이 이직을 한다고 한다. 남성 평균이 40.2%, 여성 평균이 32.9%라고 한다. 구체적인 이직 이유를 물어보니 남성은 임금 수준과 인간관계, 여성은 임금 수준과 안정적 지위가 보장되지 않은 것이 가장 큰 이유라고 한다.

이 보고서에서 무엇보다 눈에 뜨이는 특이한 사실은 이전 같으면 큰 문제가 되지 않았을 것이 이제는 심각한 문제가 된다는 것이다. 바로 인간관계 문제이다. 남성들의 경우 1년 이내에 직장을 옮기는 가장 큰 이유의 하나가 인간관계 때문이다. 혼자 공부하고, 혼자 게임하고, 혼자 생활하고, 혼자 밥 먹고, 혼자 여행 다니는 것에 익숙해지면 조직 생활이 쉽지 않다.

20세기처럼 조직화된 직장에서 업무를 수행하고 그 속에서 살아남은 남성 상사들의 입장에서 보면 아무 일도 아닌 것이 남성 신입사원에게는 심각한 부담으로 작용한다. 그래서 남성 신입사원들이 상사나 동료들과의 인간관계에 적응하지 못해서 그렇게 힘들게 들어간 직장을 어쩔 수 없이 떠난다는 것이다. 21세기 직장에서의 일은 점점 더 프로젝트와 같이 협업을 필요로 하는데 신입사원들은 홀로 생활하는 데 익숙해지면서 공감능력이 떨어지다 보니 직장 안에서 많은 문제가 발생하는 것이다.

이러한 공감능력은 인간의 일이 기계로 대체되는 과정에서 더욱 중요한 능력으로 부각되고 있다. 협력, 공감, 유연성과 같은 것은 기계가 수행할 수 없는 인간의 사회적 기술이다. 토머스 프리드먼이 《늦어서 고마워》에서 인용한 하버드대학 교육학과 클레어 케인 밀러 교수의 2015년 〈뉴욕타임스〉 기고에 따르면, 1980년 이후에 고도의 사회적 기술이 필요한 직업이 다른 직업에 비해 더 많이 늘어났다고 한다. 더 나아가서 2000년 이후에는 인지적 기술보다 사회적 기술이 필요한 직업에서 임금이 지속적으로 상승했다고 한다.

즉, 인간의 인지적 능력을 대체하는 기계와 컴퓨터의 능력이 비약적으로 발전하는 대신에 그런 기계들이 할 수 없는 사회적 기술의 필요성이 증가한다는 것이다. 인지적 능력만 필요한 작업에서는 기계가 인간의 노동력을 빠르게 대체하고 있다. 하지만 감성적이고 사회적인 기술이 필요한 작업은 기계가 쉽게 인간의 노동력을 대체할 수 없다. 그렇기 때문에 인간에게 고유한 사회적 기술이 필요한 직업이 21세기에는 더 각광을 받고 더 많은 임금을 받게 되는 것은 당연한 일이다.

지식과 이성적 판단은 많은 부분이 인공지능에 의해 이루어질 수 있다. 전문가들이 지식의 전문성으로 대접받던 시대는 지났다. 이제는 감성적인 공감능력과 도덕적 판단 능력이 뛰어난 사람들이 능력 있는 전문가로서 인정을 받는 시대가 온다. 그렇다면 사회적 리더가 되기 위해서는 무엇을 함양해야 하는가? 기계가 대체할 수 없는 것은 인간의 감성과 도덕적 판단력이기 때문에 미래의 리더에게 필요한 것은 공감능력과 도덕적 실천력이다.

더 나아가 사회도 20세기의 경쟁 사회보다는 21세기의 더불어 사는 사회로 바뀌어야 한다는 인식이 급격하게 확산되고 있다. 그동안 우리들은 적자생존과 같이 경쟁에서 살아남는 사람만이 인류 진화의 결과물이라고 생각해왔다. 하지만 인류가 다른 종보다 더 강하게, 더 빨리 진화해서 세계를 정복할 수 있었던 것은 협동 정신 때문이었다는 것이 많은 사회생물학자들의 공통적인 견해이다.

더불어 사는 사회라는 의식이 집단이나 조직을 지키기 위해서는 필수적이라는 것은 동물의 세계에서도 잘 나타나고 있다. 얼룩말은 사자의 거친 이빨에 쉽게 공격을 당해 언제나 희생만 당하는 불쌍한 동물인 것처럼 보인다. 그러나 일반적으로 얼룩말은 아프리카의 험한 환경 속에서도 30% 정도가 자기의 수명을 다해 산다고 한다. 이에 반해 사자는 10% 정도만 자기의 수명을 제대로 누린다. 그만큼 동물의 왕국에서 제왕적 위치를 누리는 사자나 치타 등 맹수들의 생존율이 생각만큼 높지 않다는 것이다.

언뜻 보면 얼룩말은 사자의 공격에 취약하고 언제나 한두 마리의 얼룩말들이 사자의 먹잇감이 되는 것처럼 보인다. 하지만 반드시 얼룩말이 사자에게 희생만 당하는 것은 아니다. 얼룩말 떼를 쫓다가 숨을 헐떡거리며 포기하는 사자들도 우리는 종종 보게 된다. 얼룩말들은 집단으로 움직이면서 풀을 뜯을 때에도 각자 서로 경계를 늦추지 않고 사자 등의 공격에 예민하게 대처한다.

그리고 사자의 공격이 있을 때에도 아무렇게나 도망가는 것이 아니고, 약하거나 잘 달리지 못하는 얼룩말들을 집단의 가운데에 넣고 감싸면서 도망간다. 그리고 잘 달리는 얼룩말들은 사자들을 혼란에 빠뜨리려고 이리저리 방향을 바꾸어가면서 도망을 간다고 한다. 만약 도망을 못 가는 상황이 벌어지면 얼룩말들은 집단으로 모여 사자의 공격을 막는다. 얼룩말들이 머리를 서로 맞대고 뒷발로 사자의 공격에 대항하는 것이다. 얼룩말의 뒷발질은 사자의 갈비뼈를 부러뜨릴 정도로 강력해서 사자들도 쉽게 달려들지 못한다. 이처럼 사자들의 얼룩말 사냥이 그리 간단한 것만은 아니다.

치타, 표범, 사자 등 빠른 속도로 달릴 수 있는 맹수들은 얼룩말 등 먹잇감 주위까지 눈치 채지 못하게 엎드려서 살금살금 기어간다. 이는 엄청나게 빠른 속도로 달리는 그들이지만 빨리 달리는 대신 오래 달리지는 못하기 때문이다. 달리는 데 필요한 그들의 근육은 다른 짐승과 다르다. 즉, 인간이나 얼룩말들의 근육은 주로 흰 근육으로 이루어져 있어서 빠르게 달리지는 못해도 오래 달릴 수는 있다. 하지만 치타나 표범 등 빠른 짐승들은 근육이 피가 많이 통하는 붉은 색으로서 100미터 정도는 무서운 속도로 빨리 달릴 수 있지만 오래 달리지는 못한다고 한다. 그래서 종종 〈동물의 왕국〉에서 사자나 표범 등이 빠르게 먹잇감을 향해 돌진하지만 실패하면 곧 포기하고 마는 것을 볼 수 있다. 오히려 얼룩말과 같이 집단적으로 무리들을 보호하고 경계하는 시스템을 갖추고 있을 때 아무리 사납고 순발력이 뛰어난 맹수라고 하더라도 쉽게 먹잇감을 얻지 못하게 되는 것이다.

인간이 이기적인 존재이고 경쟁력으로 적자생존에서 살아남았다는 사회적 다윈주의Social Darwinism의 이론은 한계가 있다. 인간이 지구를 정복하고 사회와 국가를 형성하게 된 데에는 적자생존만으로는 설명하기 어려운 인간 본성의 공감능력과 이타주의 성향이 필요했기 때문이다. 지금 사회가 경쟁과 이기심으로 가득 찬 것처럼 보이는 것은 현대 사회에서 적자생존과 탐욕스러운 자본주의가 극대화되면서 공감능력이 무뎌진 것뿐이다. 사회와 조직의 생존전략은 함께 가는 것이다.

지식은 본래 인간과 사회, 그리고 자연의 본질적인 특성을 탐구하는 것이다. 그래서 지식의 외부효과externality는 인간과 사회의 발전에 공헌하는 것이다. 그렇기 때문에 20세기식 패러다임으로 명문 대학에 진학하고 대기업에 취업하기 위해 유치원부터 치열하게 경쟁만 하며 살아온 21세기 대학생들이 개척하는 지성이 되기 위해서 무엇보다 먼저 갖추어야 할 능력은 인지적 능력인 지식이 아니라 사회적 능력인 공감능력이다. 더불어 사는 사회에서 이웃과 공감하지 못하면 리더로서 성공할 수 없다. 이제 사이버 공간에서 자신만의 삶에 함몰되어 미시적 능력만 키우기보다는 협업과 융합, 그리고 이를 이끌어내는 공감능력을 배양하는 것이 무엇보다 필요하다.

제레미 리프킨은 《공감의 시대》*The Empathic Civilization*에서 경쟁에 의한 적자생존과 부의 집중화를 초래하는 경제 패러다임은 20세기로 끝이 났다고 주장한다. 월가의 몰락이라고 하는 2007년 세계 금융위기는 자본의 탐욕에 종지부를 찍는 인식을 확산시켰다. 사회적 가치, 윤리 등이 기업에서도 중요하게 고려해야 하는 개념으로 등장하기 시작했다. 사회적 기업이 나타나고 사회혁신가의 길을 걷고자 하는 젊은이들이 늘어나고 있다. 리프킨은 이제 공감을 통한 사회적 변화 과정에서 오픈 소스와 네트워크를 통한 협력으로 새로운 문명의 시대가 열리고 있다고 주장한다.

공감능력을 키우기 위해서는 어떻게 해야 되는가? 먼저 인간에 대한 이해가 선행되어야 한다. 인문학은 인간에 대한 학문이다. 인간이 어떻게 생각하고, 어떻게 행동하고, 어떻게 표현하고, 어떻게 살아왔는가를 설명해주는 것이 이른바 문사철文史哲이라고 하는 문학과 역사와 철학에 대한 지적 탐구이다.

이제는 기업이 일방적으로 공급자의 입장에서 제품을 만들어 파는 것에 소비자들이 만족하지 않는다. 제품을 사용하는 소비자들이 어떻게 느끼고, 어떻게 반응하는가를 꼼꼼히 살펴서 제품을 만들어야 한다. 그렇지 않으면 그 제품은 아무리 성능이 뛰어나도 팔리지 않는다. 스티브 잡스가 아이폰을 만들 때에도 이러한 인문학적 요소들을 반영하여 인간에게 편리하고 느낌이 좋은 제품을 만들기 위해 노력했다고 한다. 그렇기에 최근에는 기업에서도 인문학에 대한 이해를 높이기 위해 많은 노력을 한다.

하지만 서강대 철학과 서동욱 교수가 기획한 책 《싸우는 인문학》에서는 요즘 인문학이 '팔리는 인문학', '경영에 이용되는 인문학', '정치적 수사에 활용되는 인문학'과 같이 실용적 인문학으로 인식되는 현상에 대해 비판하면서 인문학을 재정의하려고 한다. 간단히 말해 인문학은 인간에 대한 이해를 높이고, 인간다움을 닦는 후마니타스Humanitas 교육을 의미한다. 인문학적 융합과 같은 개념이 기능적인 인문학, 실용적 인문학으로 치우칠 때 오히려 인문학의 본질적 의미를 잃어버린다는 것이다. 따라서 인간에 대한 진정한 이해를 추구하는 인문학이 새로운 비판 정신으로 "싸우는 인문학"의 정신을 회복해야 한다고 주장한다.

이런 관점에서 볼 때, 인간에 대한 이해를 바탕으로 인성, 도덕적 감성, 공감능력을 키우는 것이 21세기 개척하는 지성의 중요한 덕목이 될 것이다. 인지적 능력과 합리성만 갖고 사회를 이해하는 것은 한계가 있다. 《정의론》에서 이야기하는 것처럼 단순한 경제적 합리성만을 갖고 정의로운지 정의롭지 못한지를 판단하기는 어렵다. 보다 복잡한 사회적 현상과 인간의 특성을 이해하고 감성적 판단을 하는 것이 필요하다. 나와 다른 사람에 대한 이해와 공감능력이 있어야 개척하는 지성으로 활약할 수 있다.

시간과 공간의 확장 능력

미래의 개척하는 지성이 되기 위해서는 현재의 시간과 공간의 확장 능력이 필요하다. 눈앞에 닥친 현실만 보고 달려가면 지금처럼 변화가 빠른 시대에는 실패하기 쉽다. 현 시점이 아니고 과거와 미래의 변화를 종합적으로 감지할 수 있는 능력이 필요하다.

미국에서는 많은 대학의 학부 학생들이 구체적인 전공 학과로 입학하지 않는다. 전공이 정해지지 않은 학부생으로 입학해서 재학 중에 수강한 전공과목들이 일정한 조건을 갖추면 그 전공을 수학했다고 인정해준다. 그런데 학생들이나 학부모들이 교수들에게 어느 학부 전공을 선택하는 것이 좋은지 추천해 달라고 하면 많은 교수들은 역사학을 제일 많이 추천한다고 한다. 그 이유는 역사 속에는 인간과 사회의 다양한 모습들이 여러 환경적인 요소들에 의해 역동적으로 전개되는 현상을 배울 수 있기 때문이다.

앞에서 살펴본 세기말과 세기 초의 문명사의 변천과정을 보더라도 과거로부터 얻을 수 있는 지혜는 이루 말할 수 없이 많다. 아직도 우리는 《삼국지》에서 지혜를 구하고, 많은 지도자들의 자서전이나 전기를 읽으면서 시대와 사회를 배울 수 있다. 최근에는 정치나 전쟁과 같은 거시적인 역사뿐 아니라 카를로 진즈부르그Carlo Ginzburg의 《치즈와 구더기》The Cheese and the Worms와 같은 미시사微視史, microhistory를 통해 인간과 사회를 흥미롭게 이해할 수 있다. 우연한 기회로 역사가 전개되는 것 같지만 역사의 과정을 하나하나 반추해보면 필연적인 인과관계가 보이기도 한다. 이를 통해 현재나 미래의 문제를 해결하는 데 많은 지혜를 얻을 수 있다.

사회가 발전할수록 그리고 경제수준이 높아질수록 문사철 인문학에 대한 관심이 늘어나게 된다. 그 가운데 역사는 가장 현실적 함의를 많이 품고 있는 지혜의 장이다. 앞에서 소개한 시오노 나나미의 《로마인 이야기》가 일본 사회뿐 아니라 경제적으로 여유가 생긴 선진국에서 많이 읽히는 이유는 바로 역사를 통해 지혜를 배울 수 있기 때문이다.

역사에 대한 이해는 미래 변화의 가능성을 예견하고 그 트렌드를 파악하게 해준다. 현재에만 집착하는 것이 아니라 개척하는 지성이 과거와 미래라고 하는 거시적인 시간적 지평을 확장하게 될 때 오히려 현재에 대한 이해의 폭과 깊이를 더할 수 있다.

예를 들어 남북 화해와 북미 외교 정상화가 초래할 한반도의 미래 전망에 대해서도 단순히 남북 교역과 한반도 평화의 관점을 넘어서 거시적으로 볼 필요가 있다. 트럼프 미국 대통령과 김정은 북한 국무위원장은 싱가포르에서 열린 역사적 정상회담을 통해 남북 평화시대의 길을 열었다. 분단과 전쟁으로 나뉘어졌던 한반도가 북한과 미국의 극적인 화해와 협력을 통해 새로운 평화시대를 기대할 수 있게 되었다. 급격한 통일까지는 이르지 못하더라도 남북의 평화 공존과 번영의 틀이 마련될 것으로 기대된다.

북한이 개방되면 낙후되고 취약한 사회간접자본에 대한 대규모 투자, 경제건설 등이 미래에 대한 희망으로 떠오른다. 민족적 차원에서 다시 한민족이 대립과 갈등을 넘어서서 평화의 시대를 맞는다는 것도 중요하지만 많은 기업인들은 북한 시장의 개방과 세계경제 질서의 참여에 더욱 많은 기대를 갖는다. 정치적 의미뿐 아니라 경제적 의미에서도 북한과의 관계 개선은 21세기 한반도의 새로운 가능성을 열어주는 것이다.

하지만 시간과 공간의 개념을 거시적으로 더욱 확대한다면 북한의 개방은 더 큰 미래의 구상과 가능성을 보여줄 것이다. 흔히 그동안 한국은 북한의 공산주의 체제로 인해 섬나라가 되었다고 한다. 중국 옌지延吉나 러시아 블라디보스토크를 가더라도 우리는 북한 영공을 통과할 수 없어서 중국으로 우회해야 한다.

블라디보스토크에 있는 극동연방대학 총장은 주로 인천공항을 허브공항으로 이용하여 외국으로 여행한다고 한다. 그가 이용하는 러시아 국적 비행기는 북한 영공을 거쳐 인천에 올 수 있기 때문에 블라디보스토크에서 인천까지 한 시간이면 도착한다. 그러나 한국 국적기는 북한 영공을 통과할 수 없어서 인천에서 중국을 거쳐 블라디보스토크까지 2시간 반 정도 걸린다.

만약 북한이 개방된다면 한반도를 둘러싼 동북아시아 정치와 경제에 엄청난 변화가 나타날 수 있다. 단순히 남북한의 인도적 교류와 상호 방문, 그리고 북한에 대한 대규모 투자의 관점이 아니라 동북아 전체에서 21세기 시대사적 대변혁이 일어날 가능성이 높은 것이다.

먼저 중국은 낙후된 동북 3성의 개발에 더욱 박차를 가할 것이다. 그동안 중국과 한국에서는 동북 3성에 대한 관심을 동북공정과 같은 역사 중심으로 논란을 벌여 왔다. 하지만 이에 못지않게 중국은 신장 위구르 자치구나 시닝西寧이 위치한 서역과 마찬가지로 낙후된 동북 변방에 대한 경제개발에도 전략적으로 큰 관심을 가지고 있다. 이런 관점에서 볼 때 남북과 북미의 관계 개선이 이루어지면, 과거에 중화학 공업 중심으로 발전했다가 낙후된 지역으로 전락한 동북 3성에 대한 중국의 미래 전략이 더욱 적극적으로 추진될 가능성이 높다.

이미 동북 3성의 대학에 대해 대규모 투자를 추진하고 인프라 건설 등 다양한 투자가 이루어진 것을 볼 때 이 지역에 대한 전략적 투자가 활성화될 것은 쉽게 이해할 수 있다. 여러 해 전부터 CCTV를 통해 중국 정부는 압록강변의 신의주와 마주한 단둥丹東이 아시아 항구 가운데 대표적인 허브 항구가 될 것이라는 광고를 끊임없이 해오고 있다. 중국 정부의 동북 거점에 대한 전략을 엿볼 수 있는 대목이다.

중국은 지린吉林성 창춘長春의 지린대학, 헤이룽장黑龍江성 하얼빈哈爾濱의 하얼빈공대, 랴오닝遼寧성 선양瀋陽의 랴오닝대학과 같이 뛰어난 지식 인프라를 바탕으로 새로운 동북 3성의 경제사회 발전을 활발하게 전개해 나갈 것이다. 북한에 막혀 일본과 러시아 그리고 한국, 더 나아가 미국으로 연결되는 거대한 사회경제적 지역의 발전 가능성이 제한되어 왔다. 북한이 개방되면 과거에 만주라고 일컬어져 왔던 20세기 초 거대한 지역공동체였던 동북 3성이 21세기에 새롭게 태어날 가능성이 높다.

일본도 단순히 북한과의 수교와 북한에 대한 투자 진출뿐 아니라 19세기 후반부터 꿈꾸어 왔던 만주 진출에 대한 새로운 계획을 추진할 것이다. 잘 아는 대로 일본은 만주 진출로 제국주의의 꿈을 키웠던 나라이다. 한상일 국민대 명예교수의 대표적 저술《일본제국주의의 한 연구》를 보면 20세기 초에 일본이 한반도를 디딤돌로 하고 이른바 대륙낭인이라는 정치세력을 통해 만주를 거쳐 시베리아까지 펼쳐지는 대류으로 진출하기 위해 어떤 거대한 전략을 갖고 있었는지를 잘 알 수 있다.

당시에 대표적인 혁신관료로서 상공부의 기시 노부스케岸信介가 있었다. 아베 수상의 외조부이기도 한 기시 노부스케는 만주 진출에 앞장선 상공부 관료였다. 일본은 1931년 만주를 점령하여 만주국을 세우고 남만주철도회사満鐵, 관동군, 만철조사부 등을 통해 대륙진출을 위한 치밀한 전략을 세웠다. 당시 상공부는 일본산이라고 하는 닛산日産 자동차 회사를 설립하여 만주에서 군용자동차를 생산하고 만주 진출의 대표적 기업으로 성장시키기도 했다. 이런 역사적 관점에서 보면 북한의 개방 이후 일본의 동북 3성 진출과 경제개발에 대한 관심이 적을 수가 없다.

러시아는 2012년 APEC 정상회담을 블라디보스토크에서 개최하는 등 아시아 태평양 시대를 겨냥하여 동방진출을 적극적으로 도모하고 있다. 푸틴 대통령은 블라디보스토크에 있는 대학들을 합병하여 극동연방대학교를 만들어서 블라디보스토크 바로 앞에 있는 루스키섬이라는 곳으로 이전시켰다. 극동연방대학교는 최근 러시아에서 최상위 5위권 대학으로 선정되기도 했다. 푸틴 대통령이 동방진출을 위해 전략적으로 지원하는 하나의 예라고 할 수 있다.

극동연방대학교가 위치한 루스키섬은 블라디보스토크에서 연륙교로 연결된 섬이다. 원래는 해군기지여서 민간인의 접근이 불가능했던 곳이다. 루스키섬은 러시아가 태평양연안을 지키는 대표적인 군사 요충지였다. 이곳에 2012년 APEC 정상회담을 개최하기 위해 대규모 건물을 짓고 APEC 행사가 끝난 다음에는 극동연방대학이 그곳을 캠퍼스로 활용할 수 있도록 해주었다. 그리고 해군기지였던 섬을 여름이면 누구나 즐길 수 있는 해변으로 일반인들에게 개방했다.

더 나아가 매년 9월이면 푸틴 대통령은 루스키섬의 극동연방대학교 숙소에서 직접 머무르면서 동러시아경제포럼East Russia Economic Forum을 개최한다. 블라디보스토크의 블라디가 지배한다는 뜻이고 보스토크가 동방을 의미한다고 하니 푸틴과 러시아의 동방에 대한 미래 전략을 가늠할 수 있게 해준다. 아마 북한이 개방을 하면 러시아는 북한이 1991년부터 개발한 나진선봉 자유경제무역지대를 적극적으로 활용하려고 할 것이다.

역사를 단편적으로 보지 않고 거시적으로 보고, 긴 흐름의 축으로서 이해한다면 현재와 미래에 대한 혜안을 얻을 수 있다. 지나간 과거의 역사가 현실에서 반복되고 미래에도 새롭게 재탄생되는 현상을 눈여겨보아야 한다. 특히 글로벌 현상을 이해하는 데에는 역사에 대한 거시적 이해가 매우 중요하다.

역사를 거시적으로 이해하는 것 못지않게 중요한 것이 공간을 확장시켜 글로벌한 관점에서 현상을 이해하는 것이다. 외국의 시각으로, 그리고 글로벌한 환경의 관점에서 국내 사회 현상을 보면 매우 객관적으로, 그리고 정확하게 현상을 이해할 수 있다. 예를 들어 우리가 일본이나 중국을 이해하는 것과 그들이 우리를 이해하는 것과는 많은 차이가 있다.

일본에 체류하면서 느낀 한국과 일본의 상대방에 대한 인식의 차이는 너무나 컸다. 우리는 일제강점기를 일본이라는 국가와 국민들에 의해 수탈당하고 강제로 점령당한 것으로 당연히 알고 있다. 그렇기 때문에 일본이라는 나라뿐 아니라 일본인들에 대해서도 강한 반감과 거부감을 가질 수밖에 없다. 하지만 개인적으로 만나는 일본인들은 친절하고 한국인에 대해 그리 큰 반감이 없다는 이야기를 종종 한다.

일본에서 학위논문 자료를 조사하기 위해 연구하고 생활하면서 제일 크게 놀란 사실은 일본인들은 일본이 한국이나 중국, 그리고 동남아를 침략한 침략국이었고 자신들은 그 나라의 국민들이었기 때문에 가해자로서 반성해야 한다는 의식이 별로 크지 않았다는 점이었다. 일본인들은 당시 일본 정부가 군사 독재정부였기 때문에 문제가 있었다고 생각한다. 우리는 당시 일본과 일본 정부, 그리고 일본인을 동일시하는데 그들은 일본 정부와 일본인을 분리해서 인식한다.

대부분의 일본인들은 당시에 한국인이나 중국인에 대해 자신들이 가해자였다는 생각을 거의 하지 않는다. 오히려 자신들은 일제 군국주의의 군사독재 때문에 희생을 당한 피해자였다고 생각한다. 태평양 전쟁을 일으킨 군사독재 정권의 희생자인 동시에 미국에 의해 전 세계에서 유일하게 히로시마, 나가사키에 원자탄이 투하되어 수십만의 일본인이 살상된 피해자들로 자신을 생각한다.

우리가 상상하는 것과 달리 태평양 전쟁과 제국주의적 침략에 대해 일본인들은 가해자 의식이 거의 없었고 오히려 자신을 피해자로 생각한다는 것을 알고 충격이 컸다. 일본인 중에 가깝게 지내고 나중에 편하게 이야기할 수 있는 사이가 되어 한일 간의 역사를 이야기해 주면 깜짝 놀라는 사람들이 많았다. 왜 한반도가 분단되었는지, 왜 일본 제국주의 총독부에 의해 조선이 강점되어 수탈되었는지, 심지어 일제 총독부가 언어를 바꾸고, 조선인들의 성을 일본 성으로 바꾸고, 문화를 말살하려 했는지, 한국전쟁은 왜 일어났는지 등에 대해 설명해주었더니 전혀 생각해보지 못한 것들이라고 놀라는 일본인들이 많았다.

한국인들은 극단적인 결심이나 각오를 표현할 때 "내가 그러면 성을 간다"라고 한다. 그만큼 한국사회에서 성은 목숨보다 중요한 가치이다. 서양이나 일본에서는 여성들이 결혼을 하면 자신의 성을 남편 성으로 바꾸는 것을 당연하게 여겼다. 하지만 우리 사회에서는 가문이 중요했기 때문에 여성이 결혼을 해도 남편의 성으로 성을 바꾸지 않는다. 한국문화를 연구하는 데 제일 중요한 자료 중 하나가 족보인 것만 보아도 잘 알 수 있다. 하지만 일본 사람들은 쉽게 성을 간다. 데릴사위로 들어가서 성을 바꾸기도 하고, 양자로 들어가서 성을 바꾸기도 한다. 그렇기 때문에 많은 일본 사람들은 성을 바꾼다는 것을 대수롭지 않게 생각하는 것 같다.

현재 일본의 수상인 아베의 외할아버지로서 56, 57대 일본 내각의 총리를 역임한 기시 노부스케의 친동생이 61, 62, 63대 총리를 역임한 사토 에이사쿠佐藤榮作라는 것은 유명한 사실이다. 친형제인데 성이 다른 것이다. 사토 에이사쿠 수상도 원래는 성이 기시였다. 둘째 형인 기시 노부스케는 가문의 성을 이어받았고, 사토 에이사쿠는 외갓집에 데릴사위로 들어가 외삼촌의 성인 사토를 이어받은 것이다. 이처럼 일본인들은 성을 쉽게 바꾼다. 그래서인지 일제강점기에 우리에게 일본식으로 성을 갈게 한 것에 대한 죄의식이 일본인들에게는 우리만큼 뼈아프지 않은 것 같다. 이웃 나라의 역사와 문화에 무지한 정치권력이 한 민족에게 참을 수 없는 고통을 주었다는 것을 아직도 모르는 일본인들이 많다는 사실은 안타까운 일이다.

이처럼 자신의 전통, 자신의 사고, 자신의 가치만을 중심으로 행동하면 자신만의 생각에 빠져서 남에게 심각한 피해를 줄 수 있다. 그렇기 때문에 21세기 글로벌 환경 속에서 생활해야 하는 우리들은 다른 문화에 대한 이해를 높이고 보다 많은 언어를 습득하는 것이 필요하다. 언어를 배운다는 것은 서로 다른 언어를 가진 사람들과 단순히 의사소통을 편하게 하기 위한 것만은 아니다. 외국어를 배우면 단어 하나하나에서 다른 사회에서 사용하는 언어에 담겨진 뜻을 알게 되고, 그것을 통해 비로소 그 사회나 문화를 이해하게 된다.

앞으로 인공지능이 발전하여 통역이나 번역이 자동으로 되는 세상이 온다고 한다. 지금도 구글 번역기가 외국어를 번역하는 데 많은 도움을 주는 것은 사실이다. 하지만 아직도 단순 번역은 가능하지만 뜻을 제대로 전달하지 못하거나 오역이 생기는 경우도 많다. 자동 통번역기가 나온다고 해서 외국어를 배우는 것이 무의미하게 되지는 않을 것이다. 외국어를 배우는 과정에서 다른 사회와 문화를 알게 되기 때문이다. 단순히 단어의 일대일 대응을 통한 번역에 만족해서는 안 된다. 단어의 직역에는 한계가 있기 때문이다.

예를 들어 같은 한자 문화권에서도 한자의 뜻은 다르게 이해될 수 있다. 한국에서는 초코파이의 이미지를 '정'情이라는 개념을 통해 전달한다. 즉, 정을 나누고 싶은 사람에게 전하는 선물이라는 것을 강조한다. 하지만 중국에서 '정'은 연인 간의 사랑을 뜻하는 애정의 의미가 강하기 때문에 사람 간의 정을 말하는 것으로는 적절치 않다. 그래서 중국에서는 '정' 대신에 어질 '인'이 더 가까운 뜻이라고 해서 '정'을 '인'仁

한국과 중국의 초코파이 광고

으로 변환시켜서 초코파이 광고를 한다.

번역을 제2의 창작이라고 하고, 작가 못지않게 번역가의 능력을 높이 사는 것은 번역이 각 언어가 가진 개별적 의미를 깊게 인식하고 깊은 고민 끝에 가장 적확한 단어를 선택해야 하는 치열한 지적 노동의 산물이기 때문이다.

21세기 중반이 되면 외국에서 생활하는 시간이 국내에서 생활하는 시간보다 더 많을지도 모른다. 인류가 생활하는 공간이 엄청나게 넓게 확장되는 것을 의미한다. 비즈니스도 단순히 국내에서만 하지 않는다. 대학도 국내에서만 강의를 듣는 것은 급속하게 축소될 것이다. 온라인대중공개강좌MOOC뿐만 아니라 다양한 교육방법을 통해 전 세계의 강의를 들을 수 있는 가능성이 크게 열릴 것이다.

일전에 미국 일리노이대학UIUC에 가보니 교육학 석사과정 수업의 한 과목을 전부 온라인 수업으로 운영하고 있었다. 멕시코, 중국, 한국, 유럽의 초·중·고 교사들이 컴퓨터에 접속하여 일리노이대학의 석사과정 학생으로 등록하여 온라인 학습을 하고 있었다. 수업을 시작하면 교수는 학생들이 출석했는지 컴퓨터로 확인한다. 그러면 출석한 학생들의 사진이 컴퓨터 화면에 뜨고 불이 들어온다. 나라마다 시간은 다르지만 전 세계의 학생들이 컴퓨터를 통해 동시에 출석하여 교수가 질문하고 토론도 한다. 발언하고 싶은 학생이 컴퓨터에서 신청을 하면 교수의 화면에 불이 들어온다. 교수가 그 학생에게 발언할 기회를 주면 세계 곳곳의 모든 학생들이 컴퓨터로 그 내용을 함께 듣고 토론을 한다. 한 학기에 한 번 오프라인에서 만나 수업을 한다고 하는데 그해에는 스페인 바르셀로나에 모여서 일주일 간 수학여행 겸 수업을 진행한다고 했다.

앞으로의 세상은 이렇게 바뀌어 나간다. 그렇기 때문에 시간과 공간을 초월하여 생활할 수 있는 능력과 자신감을 키워가야 한다. 역사적 감각을 확장하여 미래를 예견하고, 다른 언어와 문화를 습득하여 공간을 확장해야 개척하는 지성으로 성장할 수 있다.

문제해결과 디자인 능력

21세기에는 주어진 문제에 정답을 갖고 그것을 활용하여 대량생산을 하는 기능적 지식을 요구하지 않는다. 오히려 누구도 풀 수 없고 아직 아무도 해답을 알지 못하는 문제를 해결하기 위해 도전하는 자세와 능력이 필요하다. 퀴즈처럼 단순 반복적인 문제들은 우리 인간이 컴퓨터에게 당해내기 어렵다.

사회의 다양한 문제를 해결하기 위해서는 사회혁신가가 되어야 한다. 사회혁신가는 진보적인 이념을 갖고 사회를 바꾸어 나가야 한다는 것만을 의미하지 않는다. 보다 더 넓은 의미로 사회에서 발생하는 많은 문제들과 기존의 제도나 운영방식이 갖고 있는 비효율을 찾아내서 현재 존재하는 해결방법이 아닌 더 나은 방법으로 이를 풀어내기 위해서 고민하고 해결방안을 위한 정책 디자인을 하는 사람을 의미한다. 이를 위해서는 복잡한 문제를 분석하고 이를 다시 재구성하고, 창의적인 아이디어를 내서 문제를 해결하는 능력을 끊임없이 계발해야 한다.

켄 베인Ken Bain 교수가 쓴 《최고의 공부》*What the Best College Students Do*를 보면 일반적으로 사람들이 답이 없는 문제를 대하는 방법에 대해 이렇게 설명하고 있다. 높은 수준의 문제해결 방식을 이해하는 사람들이 있는 반면에 낮은 수준의 문제해결 방식을 이해하는 사람들도 있다고 한다. 사회가 복잡해질수록 낮은 수준의 문제해결 방식만으로는 이해갈등과 사회적 비용만 증폭될 수 있다. 그렇기 때문에 고도의 문제해결 방안을 찾아내는 훈련이 개척하는 지성에게는 요구된다.

베인 교수에 의하면 지식을 이해하는 데 제일 낮은 첫 단계에 있는 사람들은 지식을 '절대적으로 존재하는 것'처럼 믿는다. 보지 못하면 믿지 못하는 것과 같이 자신의 오감을 통해서만 객관적 진실을 이해할 수 있다고 생각한다. 인간은 동물과 마찬가지로 자신의 경험이나 오감을 통해서 사물이나 현상을 인식할 수 있다. 하지만 이 수준에 그치고 말면 인간은 매우 주관적인 지식 획득의 단계에 머물게 된다.

다음 두 번째 단계에 있는 사람들은 자신의 경험만이 아니라 다른 사람의 객관적인 주장이나 정보를 통해 지식을 얻는다. 그리고 이러한 세상의 지식은 어디에서나 얻을 수 있다고 생각한다. 하지만 이렇게 되면 직접 경험을 통해 지식을 얻기보다는 지식의 권위자에 의존한다. 흔히 많은 대학생들이 이런 수준에 있는 것 같다. 매우 복잡한 현상을 체계적으로 분석하라고 시험문제를 내면 학생들은 종종 답안지를 제출하고 나서 "이 문제를 잘 풀기 위해서는 어떤 책을 보아야 하나요?"라고 물어보곤 한다. 자신이 생각하기보다는 지식의 권위자가 쓴 교과서를 찾아보려고 한다. 사회 현상에 대한 문제는 정답이 있는 것이 아니라 자신이 갖고 있는 지식을 바탕으로 나름대로 분석하고 답을 찾아나가야 하는데, 이런 훈련을 받지 못한 학생들은 끊임없이 정답이 어딘가에 존재할 것이라고 생각하고 그 답을 찾아보기 위해 노력한다.

세 번째 단계의 사람은 권위자의 능력에 의존하기는 하지만 권위자에게도 한계가 있음을 인식한다. 하지만 자신이 이 한계를 극복하기 위해 고민하고 노력하지는 않는다. 단지 기존 지식에 대한 비판적 사고의 가능성을 믿는다. 누군가 또 다른 전문가에 의해 이런 내용이 수정될 것이라는 기대를 갖고 또 다른 지식이 등장하기를 기대한다. 베인 교수는 이 단계의 이해를 '전반성적 사고'前反省的思考라고 한다.

네 번째 단계의 사람은 '약한 의미의 비판적 사고'로서 증명할 수 있으면 믿지만 그렇지 않으면 믿을 수 없다고 생각한다. 이 단계에서는 객관적 증거가 중요하고 이를 통해 설득당하게 된다는 것이다. 자신이 다양한 증거를 얻으려 하고 자신의 논리로 이해하려고 한다. 다소 과학적인 합리성에 기반하여 객관적인 증거가 나타나면 이를 수용할 수 있다고 생각하는 단계라고 볼 수 있다.

다섯 번째 단계의 사람은 증거들이 있어도 각각의 증거는 일정한 해석에 기반을 두고 있다고 인식하면서 증거에 대한 객관성을 따져보기 시작한다. 즉, 현상이나 사실을 비판적으로 인식한다는 것이다. 따라서 객관적 사실만이 아니라 자신이 이를 해석하고 논증할 수 있는 논리적 추론과정을 통해서 새로운 인식이 가능하다고 믿는 것이다. 네 번째와 다섯 번째 단계를 벤 케인 교수는 '유사반성적 사고'類似反省的思考라고 본다.

여섯 번째 단계의 사람은 문제에 대해 다양한 관점과 증거를 비교 검토하고 나름대로의 결론을 도출한다. 즉, 그것이 객관적으로 증명이 되든 안 되든 자신만의 문제해결 방식을 찾기 위해 증거를 분석하고 자신의 논리에 따라 결론을 내린다는 것이다.

일곱 번째 단계의 사람은 여섯 번째 단계에서 분석하고 결론을 내린 것이 과연 가장 합리적인 것인가를 다시 반성해보고 새로운 증거나 분석방법을 찾으려고 부단히 노력한다. 즉, 결론을 내린 것에 대해서도 새로운 합리적 탐구를 통해 문제를 재구성해보거나 새로운 증거나 관점을 얻기 위해 고민한다는 것이다. 이 여섯 번째와 일곱 번째의 두 단계를 '반성적 사고'反省的 思考라고 한다.

문제해결과 디자인 능력은 인식능력이 아니라 판단능력이고 문제를 해결하기 위한 실천능력이다. 똑같이 등산을 해도 가는 길이 다를 수 있다. 같은 목적지를 향해 갈 때에도 그곳까지 가는 길과 수단은 다양할 수 있다. 이를 최적화하기 위한 문제해결 방법을 찾는 것은 디자인, 즉 설계에 해당된다. 동일한 문제를 풀더라도 디자인을 잘하면 열 배이상의 효과를 얻을 수 있다. 같은 와이셔츠도 디자인에 따라 값이 열배 이상 차이가 날 수 있다. 셔츠의 원단, 단추 등 부품의 질, 고객에게 맞는 스타일, 색상, 질감, 멋 등 다양한 요소들을 조합하여 디자인하면 대량생산된 셔츠보다 열 배 이상 비싸게 판매할 수 있다.

일을 잘하는 사람은 디자인을 잘하는 사람이다. 정책 결정을 하는 정치인들이나 관료들도 마찬가지이다. 예를 들어 동일한 복지정책이라고 하더라도 단순히 어려운 사람에게 돈을 나누어주는 것과 그들이 자활하여 새로운 경제적 가치를 창출할 수 있게 지원하는 정책을 설계하는 것과는 차이가 있다. 결과적으로 모두 어려운 사람을 도와주는 정책일 것이다. 하지만 정교하게 사전에 디자인된 정책은 단순하게 정책을 집행하는 것보다 수십 배의 가치를 창출할 수 있다.

구슬은 많더라도 꿰어야 보배가 된다. 정보가 아무리 많더라도 이를 거시적으로 파악하고 종합하는 능력이 있어야 귀중한 지식이 된다. 디자인 능력을 높이기 위해서는 단편적인 지식들을 복합적으로 구조화하는 능력이 필요하다. 디자인 능력은 복합적인 문제를 단순하면서도 보기 좋게 해결하기 위한 문제해결 능력을 의미하기 때문이다.

디자인하면 건축물, 제품 디자인을 떠올리거나 모양을 멋있게 하는 것만 생각하기 쉽다. 하지만, 사회의 모든 문제들을 잘 해결하기 위해서는 남들과 달리 심미적으로 뛰어날 뿐만 아니라 효율적이고 실현가능한 디자인, 즉 정교한 설계가 필요하다. 검증된 지식과 독창적인 아이디어를 적절하게 활용해서 문제를 해결하기 위한 설계를 하는 것이 21세기에는 더 많이 요구될 것이다. 개척하는 지성에게 요구되는 능력은 복잡한 문제를 다른 사람과 차별화하여 보기 좋게 해결하는 디자인 능력을 말한다.

독창성

미국 출장 중에 흥미로운 문구를 발견했다. 요즘 젊은이들에게 주는 충고인 것 같다.

"목소리가 되라, 메아리가 되지 말고(Be a voice, not an echo)…"

다른 사람의 목소리를 따라 하기만 하는 앵무새가 되지 말고 자기 목소리를 내는 사람이 되라는 말이다. 자신만의 의견이나 창의적인 아이디어를 말해야지, 다른 사람이 이미 한 이야기나 아이디어를 따라 해서는 안 된다는 것이다.

20세기식 훈련을 받은 사람이 21세기에 적응하기 어려운 가장 큰 이유는 무엇보다도 홀로 서서 자신만의 독창적인 아이디어나 생각을 만들어내야 하기 때문이다. 집단적인 가치나 정답을 맞히도록 교육받은 사람이 자신만의 생각을 주장하는 것은 쉽지 않다. 많은 심리학 연구에 따르면 형제 중에서 장남이 집단에 순응적인 경향이 있고, 막내나 둘째, 셋째는 도전적이고 독창적인 성향을 많이 갖는다고 한다. 전통적인 가치체계나 기존의 방식에 순응하기보다는 현실에 도전하고 문제의식을 갖고 새롭게 문제를 풀어보려고 할 때 독창적인 발상이 가능해진다.

펜실베이니아대학 와튼 스쿨의 조직심리학 교수인 애덤 그랜트Adam Grant는 《오리지널스》Originals라는 최근 저서에서 독창성의 사례들을 체계적으로 분석하면서 독창적인 아이디어를 만들기 위해서는 다음과 같은 훈련이 필요하다고 제안하고 있다. 먼저 기존 체제에 대해 의문을 제기하는 습관을 들여야 한다. 체제순응적이고 기존의 권위자들이 제시한 지식을 받아들이기보다는 항상 의문을 제기하는 훈련을 해야 한다는 것이다. 앞의 켄 베인 교수가 설명한 '반성적 사고'가 끊임없이 일어나야만 독창적인 아이디어를 생각해낼 수 있다.

다음으로 위대한 천재라고 하더라도 언제나 독창적인 아이디어를 성공적으로 만드는 것은 아니라고 한다. 켄 베인 교수는 심리학자 딘 사이먼튼Dean Simonton의 연구를 소개하면서 평균적으로 천재들의 독창적인 발상은 동료집단과 비교해볼 때 질적으로 우수한 것이 아니라 양적으로 우수했다고 한다. 대표적인 예로 아인슈타인도 뛰어난 천재성에도 불구하고 그가 쓴 248편의 논문들 가운데 대부분은 물리학에 별로 큰 영향을 미치지 못했다고 한다. 그렇게 많은 논문들 가운데 일반 상대성이론과 특수상대성이론에 대한 논문만이 주목을 받았다고 한다. 에디슨도 특허가 1,093개나 되지만 탁월한 발명품은 손에 꼽을 정도라고 한다. 그렇기 때문에 끊임없이 자신만의 독창적인 아이디어를 만들어내다 보면, 많은 양적인 업적 가운데 탁월한 독창성을 인정받는 것이 나올 수 있다는 것이다.

세 번째로 새로운 영역에 관심을 갖고 그것에 몰입하라는 것이다. 통계적으로 볼 때 일반적인 과학자보다 노벨상 수상자의 경우에 예술 활동에 관여하는 확률이 훨씬 높았다고 한다. 자신의 전문분야뿐 아니라 새로운 영역에 호기심을 갖고 끊임없이 도전하면 훨씬 독창성이 증가한다. 또한 다양한 문화적 차이를 이해하는 외국 생활의 경험 등도 독창성을 증가시키는 데 큰 도움이 된다. 앞에서 이야기한 공간의 확장, 공감 등의 개척하는 지성에 필요한 요소들이 결국은 독창성을 키우는 데에도 크게 긍정적인 효과가 있다고 볼 수 있다.

　네 번째로 독창성에서 중요한 요소는 할 일을 전략적으로 미루고 오랜 기간 이를 고민하는 것도 필요하다고 한다. 젊은 날 번득이는 머리로 창의적인 아이디어를 만들어낼 수도 있지만 천재들의 역작 가운데에는 오랜 기간 미루어오다가 탄생된 것도 많다는 것이다. 레오나르도 다빈치의 걸작 〈최후의 만찬〉은 구상하는 데에만 15년이 걸렸다고 한다. 로버트 프로스트의 시 가운데 92%는 나이 마흔이 넘어서 만든 작품이다. 알프레드 히치콕도 감독으로 입문한 지 30년이 지나 60세 전후해서 제일 유명한 작품들을 만들었다고 한다. 일반인들은 게으르기 때문에 자신이 해야 할 일을 미루거나 해보지도 않고 포기한다. 하지만 창의적인 사람들은 오랜 시간 생각을 가다듬고 숙성시키는 과정을 지속하면서 결국은 그것을 이루어낼 때 독창성이 드러난다는 것이다.

　다섯 번째로 주변의 동료들로부터 자신의 아이디어나 생각에 대해 많은 피드백을 받는 것이 중요하다고 한다. 자신의 생각이 독창적이라고 해도, 가까운 동료들이 볼 때에는 그렇지 않은 경우가 많다. 왜냐하면 자신에 대해서는 '긍정의 오류'false positive에 빠지기 쉽기 때문이다. 사람들은 일반적으로 자신에 대해서는 긍정적으로 평가하는 경향이 높기 때문에 다른 사람들, 특히 동료들의 평가를 겸허하게 받아보는 것이 좋다. 이런 피드백 과정을 통해 자신의 독창적인 아이디어를 발전시킬 수 있기 때문이다.

　다른 사람과의 차별성을 통해 독창성은 키워지고 창조는 가능해진다. 그렇다고 해서 창조적인 아이디어나 독창적인 능력이 타고난 천재적 기질에서만 나타나는 것은 아니다. 필자는 뉴턴이 사과가 떨어지는 것을 보고 만유인력의 법칙을 발견했다고는 믿지 않는다. 그레이엄 벨이 전화기를 발명했다고 하고 스티븐슨에 의해 증기기관이 발명되었다고 하지만, 그 이전에도 유사한 발명은 끊임없이 나타났다. 단지 우리가 알고 있는 그 사람들에 의해 그 발명이 현실화되고 새로운 길이 열렸기 때문에 그들을 발명가라고 부르고 창조적인 천재라고 부르는 것이다. 다른 사람보다 한 발 앞서는 생각뿐 아니라 그것을 끝까지 붙들고 성공을 이루려고 하는 끈기가 독창성을 만들어낼 수 있다.

이처럼 개척하는 지성에게 요구되는 덕목들은 개별적인 것처럼 보이지만 자세히 보면 각각의 내용들은 상호 밀접하게 연결되어 있다. 주어진 객관화된 지식을 주워 담기만 하는 것이 아니라 호기심을 갖고 자신만의 암묵지를 만들고, 이것을 매우 독창적인 아이디어로까지 발전시켜야 한다. 이를 위해서는 시간과 공간을 매우 거시적으로 접근해서, 역사적 사실이나 서로 다른 사회나 문화에 대한 이해를 통해 사고의 폭을 확장시켜야 한다. 이 과정에서 우리는 서로 다른 사람에 대한 공감능력을 키워야 한다. 호기심에서 출발하여 독창적인 아이디어를 만들고 이를 구체적으로 실현시키기 위해서 치밀한 디자인 능력을 키워서 복잡한 문제를 해결해야 한다. 바로 이런 덕목들이 21세기를 살아 나가는 개척하는 지성에게 필요한 요소들이다.

개척하는 지성과 인류의 미래

이제 21세기 대학생들은 개척하는 지성이 되어야 한다. 지식과 지성은 다르다. 많은 전문 지식만을 갖춘 사람은 21세기에 우리가 슈퍼컴퓨터와 경쟁하게 될 때 뒤처질 것이다. 인공지능의 발전으로 지식의 축적과 활용은 인간보다 컴퓨터나 로봇이 더 잘할 수 있다. 하지만 지성이나 지혜는 인간이 더 잘할 수 있는 영역으로 남을 것이다. 감성적이고 도덕적인 판단이 필요한 일에서 뛰어난 인간의 덕목들이 발휘될 것이다.

20세기에는 지식을 통해 전문가가 되고 지식을 많이 갖고 있으면 사회에서 능력이 뛰어난 것으로 인정받았다. 하지만 21세기에는 지적 능력보다는 감성능력과 판단능력이 더 중요해질 것이다. 이러한 능력을 갖춘 개척하는 지성이 인류의 미래문명사를 새롭게 쓸 것이다.

그러기 위해서는 20세기의 성공모델에 집착하는 어리석음을 빨리 버려야 한다. 만약에 우리의 수명이 20세기처럼 60세 전후에서 끝난다면 가장 안정적이고 편안한 공무원이 되기 위해 공무원시험에 매달리는 것이 합리적 선택일 것이다. 하지만 우리가 100세를 넘어 살게 되면 이야기는 달라진다. 게다가 지금처럼 빠르게 세상이 달라지고 있는 것을 보면 미래의 변화는 우리의 상상을 초월할 것이다.

공무원에게 제일 매력적인 것이 연금제도라고 하지만 기모경제에서 세금을 어떻게 효과적으로 걷고 쓰느냐는 지금과는 전혀 달라질 수 있다. 앞으로 자원이 고갈될 연금에 대한 공적 지원이 그리 만만할 것처럼 보이지는 않는다. 이미 그런 조짐을 보이고 있지만 공무원연금이 지금처럼 지속적으로 여유롭게 지불될 가능성은 높지 않다. 어쩌면 국민연금과 비슷한 수준으로 수렴될 가능성이 더 높을지 모른다.

물론 이 경우 높은 공무원연금을 얻기 위해 공무원 노조나 퇴직자들의 이익집단 활동이 예상되지만 20~30년 후에도 지금처럼 국민들로부터 차별화된 이익을 보장받으리라는 생각은 버리는 것이 좋다. 이제 사이버 공간을 통해 깨어있는 시민들이 곳곳에서 활약할 것이고, 특정 집단의 이익 추구 행위는 엄청난 비판과 압력을 받아 더 이상 공짜 점심은 없는 균형점을 찾게 될 것이다.

이미 '김영란법' 등을 통해 사회 곳곳에서 기존의 기득권이 서서히 붕괴되고 새로운 균형점을 찾아가는 과정을 우리 사회는 겪고 있다. 사회 어느 곳에나 있었던 지대추구행위rent seeking behavior는 인터넷과 SNS를 통해 빠른 속도로 시정될 것이다. 이전에 군인들이 받았던 많은 특혜나 공기업들이 누렸던 혜택들이 끊임없이 사라지고 있는 것을 보면 쉽게 그 추이를 짐작할 수 있다.

이제 특권층은 없다. 심지어 대통령, 장관들조차도 선거 과정이나 청문회를 통해 개인적인 삶까지 낱낱이 파헤쳐진다. 《권력의 종말》에서 모이제스 나임이 논의하듯이 20세기까지 권력을 향유하던 계층과 집단은 끊임없는 도전을 받게 된다. '위키리크스'처럼 정치적인 정보의 공개뿐 아니라 신상털기라고 하는 현상을 통해 손쉽게 인터넷에서 확인되고 급속하게 SNS를 통해 확산되기 때문에 개인의 행동은 강요받은 도덕에 의해 제한된다.

단순히 경제적 부에 국한된 문제만은 아니다. 남성이 여성에 대해 우월적 지위를 이용하여 여성에 대해 폭력이나 추행 등 다양한 인권 침해 행위를 벌이고도 아무 문제없이 지나가던 20세기식 사회의식은 급격히 변화하고 있다. 문화권력과 예술권력을 등에 업고 마치 아방가르드식 행위라는 변명으로 성적 폭력을 자행하고도 멀쩡하게 권위를 인정받던 시대는 끝이 났다. 미투운동과 위드미운동을 통해 20세기에 눈감아 주었던 사회의식은 이제 종말을 고하게 되었다.

대기업 회장이나 그 가족들이 고용인들을 함부로 대하는 것은 이제 범죄이고 정신병으로 치유되어야 할 대상이 되었다. 더불어 사는 사회에서 타인에 대한 존중은 프랑스 혁명 이후 자유와 인권 개념의 진보 못지않게 빠르게 확산되고 있다. 사이버 공간과 SNS를 통한 개인의 의사 표현의 자유는 끝을 알 수 없을 정도로 확대되고 있다. 모든 사람들이 모든 사람들의 평가의 대상이 될 수 있는 시대가 왔다.

이처럼 돌이킬 수 없는 사이버 정치 상황에서 특정 집단이 편안하게 이익을 향유할 수 있는 시대는 지나갔다. 20세기의 유산을 아직도 붙들고 30년 후에도 향유할 수 있다고 생각한다면 대단한 시대착오이다. 우리 인류는 어쩔 수 없이 한 곳에 오래 정주하며 삶을 유지하는 농경사회나 치열한 자본주의의 경쟁을 바탕으로 한 산업사회의 문화라는 옷을 끊임없이 벗어 던지고 있다. 유목민족처럼 더 많은 풀이 있는 곳을 향해 자신의 가축들을 몰고 다니든지, 아니면 사냥을 해서 생계를 유지해야 한다.

농경사회에 익숙한 사람들은 불안해할지 모르지만 유발 하라리의 《사피엔스》를 보면 오히려 수렵시대의 인류가 농경시대보다 단백질 섭취량이 더 많았고, 굶주리는 사람이 더 적었고, 계급의 착취가 없이 더 평등하게 삶을 영위했다고 한다. 농경사회가 되면서 부의 축적이 나타났고, 부의 축적은 사람들 간에 계급사회를 형성하게 했다. 이후에는 다시 계급과 부의 대물림으로 공정하지 못한 사회경제적 관계가 나타났다고 한다.

세상은 빠르게 돌아간다. 기모경제에 익숙하여 끊임없이 자신을 계발하고 새로운 일을 만들고 찾아가는 사람과, 주어진 일만 30년 정도 하다가 은퇴한 60대는 전혀 다른 종류의 사람이 될 것이다. 직장의 조직 생활만 해온 퇴직자들이 당연히 받을 것으로 기대하는 연금은 점점 줄어들 것이고, 겨우 기초생활만 유지할 정도의 연금만 갖고 생활하는 사람은 최소한의 경제생활로 30년 이상의 노후를 버텨내야 한다. 하지만 기모경제에 적응한 사람은 몸이 움직일 수 있는 80세를 넘어서까지 20년 이상을 더 일할 수 있게 될 가능성이 크다. 그리고 이 일은 생계를 위한 것이 아니라 자신이 즐기는 일, 일할 시간과 양을 스스로 선택할 수 있는 일이 될 것이다.

스스로 고용되어 스스로 일하는 개인 고용self-employed이 직장보다 더 안정적일 수 있다. 스스로 만든 일을 오랜 기간 하게 되면 어떤 상황에서도 문제를 해결할 수 있는 능력을 몸에 익히게 된다. 이처럼 개인 고용으로 일을 하면 은퇴라는 개념이 없기 때문에 60세에 은퇴를 하고 새롭게 일을 시작하려는 직장인이나 공무원과는 비교가 안 될 정도로 60대 이후에 경쟁력 차이가 나타나게 될 것이다.

아직은 우리 사회가 불안정과 미래에 대한 불확실성 때문에 기모경제에서 활동하는 것을 불안하게 생각한다. 특히 사회안전망이 갖추어져 있지 않기 때문에 거주가 불안정하거나, 의료 혜택에 대한 불안감으로 안정된 직장을 원하기 쉽다. 하지만 우리나라는 세계 최고의 의료보험제도를 갖추고 있고, 그 혜택은 점점 확대되고 있다. 아직도 집은 소유나 전세의 개념이 보편적이지만 월세나 임대아파트도 빠른 속도로 확산되고 있다. 그리고 국가가 국민들이 최소한의 인간적 대우를 받을 수 있도록 복지제도를 지속적으로 강화할 것이다.

자동차도 이제 소유의 개념에서 리스의 개념으로 많이 바뀌어가고 있다. 회사에서도 노트북, 프린터, 사무용 가구까지 렌탈과 리스로 대체하며, 젊은 부부들은 침대까지 리스하고 있다. 제레미 리프킨이 《소유의 종말》*The Age of Access*에서 밝힌 것처럼 이제 소유가 시들해지기 시작했다. 신제품이 빠른 속도로 나오기 때문에 얼리어답터들은 오랜 기간 제품을 사용하는 것보다는 새로운 제품을 리스해서 쓰는 것을 더 선호한다.

앞으로 10년 정도 지나면 자율주행자동차가 보편화되어서 사람들은 굳이 자동차를 소유하기보다는 필요할 때마다 자신이 원하는 종류의 다양한 자동차를 사용하는 시대로 바뀔 것이다. 자동차의 소유는 급속히 줄어들고, 보험이나 자동차보유세의 개념도 변화할 것이다. 자동차 주차공간도 지금처럼 많이 필요하지 않게 된다. 원할 때 인터넷이나 스마트폰으로 연락만 하면 알아서 운전해주는 자율주행자동차를 이용할 수 있는데 굳이 자신의 자동차를 소유해서 관리하고 운전하는 수고를 들일 필요가 없기 때문이다.

유통의 네트워크화로 개인이나 회사가 감가상각을 계상하며 한 제품을 오래 쓰다가 새로운 제품으로 교체하는 것이 아니라 손쉽게 자기가 원하는 신제품이나 중고제품을 효율적으로 사용할 수 있게 될 것이다. 비싼 리스비를 감수하고도 언제나 신제품을 사용하려는 사람들도 있을 것이고, 중고품이나 기간이 지난 모델의 제품을 싼 리스비로 사용하려는 사람들도 있을 것이다. 이처럼 선호가 다양한 그룹의 소비자들이 나타날 것이다. 그렇게 되면 제품을 다양하게 이용할 수 있도록 많은 매개인, 즉 리스회사들이 네트워크 경제를 통해 서비스를 제공할 것이다.

우리나라는 자동차를 오래 타지 않는 문화이다 보니 많은 중고차들이 동남아시아나 몽골 등으로 수출되어 엄청나게 인기를 얻으며 판매되기도 한다. 이처럼 비용의 다양성과 선호의 다양성이 네트워크 경제를 활용하여 국내뿐 아니라 해외까지 크게 발전될 것이다.

21세기 우리나라의 경제적 수준으로 볼 때 반드시 돈을 많이 벌어야 행복한 삶이 가능한 것은 아닐 수 있다. 적게 벌어, 적게 먹고, 적게 쓰면, 개인적 삶의 자유와 독립성, 그리고 유연성이 보장되므로 더 행복하게 살 수 있다. 경제가 엄청나게 발전했지만 행복의 지수는 이에 반비례하여 심각하게 떨어진 우리 사회를 볼 때 크게 틀린 생각은 아니다. 이러한 삶이 바로 기모경제에서 이야기하는 새로운 21세기의 일의 하나일 수 있다.

물론 모두가 단순 아르바이트나 하면서 살라는 말은 아니다. 그런 삶의 경험을 통해 자신이 정말 잘할 수 있고, 좋아하는 일을 찾아 열심히 노력하여 남들과 차별화된 능력을 보여줄 수도 있다. 삶의 긴 여정에서 어느 순간 자신만의 독창적인 생각과 능력으로 사회에서 일을 찾으면 할 수 있는 일들이 무수히 많을 수 있다. 일과 노동을 금전적 보상과 임금으로부터 분리하는 인식이 20세기의 틀을 벗어나는 중요한 첫 단추가 될 것이다.

일본의 대표적인 작가 무라카미 하루키는 대학 졸업 후 취업하려고 하지 않았다. 이른바 단카이団塊세대라고 하는 일본의 베이비붐 세대로 60년대 학생운동이 격렬할 때 무라카미 하루키는 와세다대학 문학부를 다니고 사회에 나오게 되었다. 《직업으로서의 소설가》라는 자전적 에세이집에서 그는 자신이 동경 시내 외곽 고쿠분지國分寺역 남쪽 출구 근처에 작은 카페를 열었다고 한다. '조직이라고 하는 시스템에 꼬리를 흔들고 싶지 않다'라는 당시 젊은이들의 풍조에 따라 무라카미 하루키도 취업을 포기한 것이다.

대학 시절 결혼한 부인과 3년 정도 아르바이트 등으로 모은 돈을 갖고 카페를 차렸다. 나름대로 아이디어를 내어서 인디밴드와 같은 음악가들을 초대해서 주말에는 카페에서 연주회도 열었다. 아침에는 청소도 하고 재즈 레코드를 틀어주면서 커피, 술, 간단한 요리를 제공하면서 카페를 운영했다. 틈틈이 시간이 나면 자신이 좋아하는 외국 소설을 번역하기도 했다. 그러다가 자신의 글을 창작하기 시작했고, 어느 순간 전업작가가 되었고 지금은 매년 노벨 문학상 후보로 주목을 받는 세계적인 소설가가 되었다.

그의 삶은 어찌 보면 방랑자의 삶과 같다. 그를 유명하게 만든 《노르웨이의 숲》을 쓸 때는 그리스의 여러 도시나 이탈리아 로마의 카페나 여객선 페리, 공항 대합실, 호텔 등에서 글을 썼다고 한다. 지금도 그는 보스턴, 프린스턴, 샌프란시스코 등 미국의 각 도시와 유럽의 도시에서 그곳 대학의 초청을 받아 단기적으로 체류하거나 자신이 살고 싶은 지역에서 생활하면서 글을 쓰는 유목민이다.

이처럼 방랑자 기질이 있어도 그의 삶은 철저하게 규율로 이루어져 있다. 그는 매일 하루도 빠짐없이 200자 원고지 20매 정도의 글을 써 내려간다고 한다. 마치 마키아벨리가 글을 쓸 때는 정장을 하고 마음을 가다듬고 매일 글을 써내려갔다고 하는 것처럼 치열한 정신력이 내재된 것이다. 작가는 군살이 있으면 안 된다는 생각을 가지고 마라톤 마니아로서 매일 1시간 정도 마라톤과 수영을 30년 이상 빠지지 않고 일상화하고 있는 철저한 프로페셔널이다. 소설가는 자유인이라는 생각을 갖고 가장 자유로운 생활을 추구하지만 자신에게는 철저한 완벽주의자의 삶을 살고 있는 것이다. 이처럼 21세기에는 무라카미 하루키처럼 주어진 삶이 아니라 자신만의 삶을 개척해가는 지성들이 늘어날 것이다

이제 21세기의 젊은이들은 미래에 대한 지나친 불안감에서 벗어나야 한다. 고도경제성장기의 사회적 인식에서 벗어나 경제적 가치보다는 삶의 질과 행복에 대한 가치를 우선시해야 한다. 직장에 매몰되어

임금의 노예가 되기보다는 자기 삶과 가정을 비롯한 자기 주변의 삶을 중요하게 생각하는 워라밸을 추구해야 한다. 그러기 위해서는 우선 20세기 모델인 명문 대학, 대기업 등과 같이 조직에 기대어 사는 전통적 가치에서 벗어나야 한다. 자신의 삶을 자기 스스로 개척해보려는 노력이 필요하다.

미래의 인류는 기능적인 지식인을 원하지 않을 것이다. 대신 끝없는 호기심과 열정을 갖고 새로운 미래를 개척하는 지성을 찾을 것이다. 21세기 젊은이들이 보다 많이 개척하는 지성이 되어서 우리 사회의 미래를 밝혀줄 수 있기를 기대해 본다.

글을 마치며

고려대학교 총장이 되기 전 20년 가까이 "미래사회와 조직"이라는 핵심교양과목을 매년 가르쳤습니다. 우리 학생들이 앞으로 살아갈 미래에 대한 고민이 필요하다고 생각해서 전공과목 못지않게 심혈을 기울여 가르친 과목이었습니다. 학생들이 20~30년 후 자신이 살게 될 미래에 대해 깊이 생각하지 않는 것이 걱정되었습니다. 부모님이나 선생님들이 자신들의 20~30년 전 경험을 바탕으로 충고하는 이야기만 듣고 막연하게 미래를 꿈꾸고 있는 것이 안타까웠습니다. 자신의 적성이나 흥미와 관계없이 전공을 정하고 미래의 직업을 선택하곤 했기 때문입니다. 강의를 통해 20년 이상의 시간차가 나는 부모님이나 선생님들의 미래에 대한 판단의 부정확성을 지적하면 놀라는 학생들이 많았습니다.

미국 유학시절 첨단산업정책을 연구한 것이 미래에 대한 관심을 키우는 데 큰 도움이 되었습니다. 너무 빨리 변하는 첨단기술과 산업을 보면서 미래의 사회적 특성에 대한 호기심이 일었습니다. 이로 인해 과학기술정책을 연구하고 미국뿐 아니라 일본의 미래 전략과 정책에 관심을 갖게 되었습니다. 더 나아가 정책을 연구하면서 조직과 인간에 대한 관심을 넓혀 갔습니다. 이런 가운데 자연스럽게 미래의 삶과 미래 사회에 대한 흥미가 키워진 것 같습니다.

지금 우리 사회가 미래를 향하기보다는 과거에 발목이 잡혀 있는 것 같아 걱정이 많습니다. 우리 젊은이들은 미래를 살아야 하는데 말입니다. 이념이나 감성에 치우쳐 현실을 왜곡되게 보고, 미래를 겁내고 포기하는 젊은이들에게 미래를 정확히 이야기해주는 것이 학생들을 가르치는 선생의 입장에서 당연한 책무라고 생각했습니다. 그래서 기회 있을 때마다 여러 곳에서 특강도 하고 칼럼도 쓰곤 했습니다.

고려대학교 총장으로서 4년 동안 미래의 관점에서 많은 교육개혁도 시도했습니다. 그 과정에서 더욱 미래에 대한 생각을 체계적으로 정리해서 전해야겠다는 생각이 들어 책을 쓰기로 했습니다. 지난 2년간 주말이나 해외출장 중 자투리 시간을 모아서 생각을 정리했습니다. 긴 기간 동안 글을 쓰다 보니 어떤 곳에서는 강조하고 싶은 것이 많아서 같은 이야기가 반복되기도 해서 수정을 거듭하곤 했습니다만, 아직도 그런 흔적이 남아 있을 것 같아 걱정입니다. 하지만 당부하고 싶은 마음이 간절해서 그러했던 것으로 이해해주시길 바랍니다.

이곳에 있는 많은 내용들은 미래에 관한 많은 책들로부터 영감과 도움을 받았습니다. 총장의 바쁜 업무 중에도 호기심이 많아 책을 읽는 달콤한 유혹은 쉽게 떨쳐버리기 어려웠습니다. 될 수 있는 대로 쉽게 읽히는 책을 쓰려고 했는데도 평생 교수라는 직업 때문에 어려운 부분이 아직 많이 남아 있을 것입니다. 학자적 글쓰기 버릇 때문에 만연체인 문장들도 많이 남아 있습니다. 글 쓰는 재주 부족으로 의미가 잘 전달되지 않는 부분이 많지 않기만을 바랄 뿐입니다.

몇몇 가까운 분들에게 처음 쓴 글을 보여주고 평을 들었습니다. 좋은 지적들을 반영하려고 했지만 아직도 부족한 부분이 더 많습니다. 아무쪼록 부족한 글이지만 단지 이 책이 미래에 대해 걱정하는 많은 사람들, 특히 젊은이들에게 작은 보탬이 되면 좋겠다는 생각뿐입니다.

2018년 11월

염 재 호

우리 시대 마지막 '보편천재', 막스 베버가
21세기의 학문과 정치에 던지는 메시지

Max Weber | 막스 베버 지음 전성우 옮김

직업으로서의 학문

학문을 '천직'으로 삼고자 하는 자에게는
어떤 덕목이 필요한가?

100여 쪽밖에 되지 않는 이 책은 현대 사회과학 역사상
가장 널리 읽혀온 강연문 중 하나. 학자라는 직업에 필
요한 조건과 학문의 본질 등 가장 근본적인 문제를 특유
의 냉철한 논리로 이야기하지만, 그 안에서 후학들을 향
한 베버의 애정 어린 조언, 자신의 직업을 대하는 베버
의 태도와 소명의식도 엿볼 수 있다.

46판 / 8,500원

직업으로서의 정치

정치의 소명은 무엇이고 그 배반은
언제 일어나는가?

정치에 대한 필생의 사유를 해박한 지식과 특유의 섬세
하고 깊은 통찰력으로 풀어낸 이 강연은 근 1세기의 세월
을 뛰어넘어 오늘날 우리의 정치적 성찰을 이끌어 주기
에도 전혀 손색이 없다.

46판 / 9,500원

나남
nanam
Tel : 031-955-4601
www.nanam.net

언론 의병장의 꿈

조상호(나남출판 발행인) 지음

제2판

언론출판의 한길을 올곧게 걸어온
나남출판 조상호의 자전에세이

출판을 통해 어떤 권력에도 꺾이지 않고
정의의 강처럼 한국사회의 밑바닥을 뜨거운
들불처럼 흐르는 어떤 힘의 주체들을 그리고 있다.

좌우이념의 저수지, 해풍 속의 소나무처럼
세상을 다 들이마셨다. –〈조선일보〉
한국 사회에 뿌린 '지식의 밀알' 어느새 2,500권.
–〈중앙일보〉

신국판·올컬러 / 480면 / 24,000원

나무 심는 마음

조상호(나남출판 발행인) 지음

제3판

꿈꾸는 나무가 되어 그처럼 살고 싶다.

나무를 닮고 싶고 나무처럼 늙고 싶고
영원히 나무 밑에 묻혀 일월성신을
같이하고 싶은 마음

언론출판의 한길을 걸어온 저자는 출판 외에도
다 담아낼 수 없을 만큼 쌓인 경험과 연륜이 있었다.
세상 사람들에게 깨달은 메시지를 전하고 싶었던
그는 나무처럼 살고 싶은 마음을 이 책에 담아냈다.

신국판·올컬러 / 390면 / 22,000원

숲에 산다

조상호(나남출판 발행인) 지음

제2판

질풍노도의 꿈으로 쓴 세상 가장 큰 책

출판사에서 3,500여 권 책을 만들고,
수목원에서 나무를 가꾼 40년 여정을 담다.

생명의 숲에서 개인적 회고로 시작한 기록은
출판사를 자유롭게 드나든 당대의 작가, 지성인들과
만나면서 문화사적 기록으로 확장된다.

신국판·올컬러 / 490면 / 24,000원

나남
nanam
Tel: 031-955-4601
www.nanam.net